上海城市治理报告
（2022—2023）

上海市域社会治理现代化的金山经验

主 编 / 陶希东

上海社会科学院出版社
SHANGHAI ACADEMY OF SOCIAL SCIENCES PRESS

上海社会科学院创新工程（第二轮）
"新发展阶段超大城市治理创新研究"团队成果

《上海城市治理报告（2022—2023）：
上海市域社会治理现代化的金山经验》编委会

主　编：陶希东
编　委：唐卫星　黄杰国　陈卫东　吴筱蓉　方　浩　陆才华
　　　　盛　尉　范华雷　干永飞　孙兴洲　陈　倩　谢迪富
　　　　夏江旗　张　俊　张友庭　苑莉莉

前　言

在人类发展历史进程中,自民族国家产生以来,注重制度体系建设,增强国家治理能力,确保国家长治久安,是任何时代所有国家执政者的共同心愿。在数千年的历史演进中,中华民族创造了灿烂的古代文明,形成了关于国家制度和国家治理的丰富思想,进入近代以后,无数仁人志士为改变中国前途命运,探寻尝试了君主立宪制、议会制、多党制、总统制等各种制度模式,但都以失败而告终。只有中国共产党在成立后,团结带领人民经过革命、建设、改革的长期实践,建立和完善了中国特色社会主义制度,走出了一条成功而独特的中国式现代化国家治理之路。自党的十八大以来,中国特色社会主义进入新时代,中华民族走上了不可逆转的伟大复兴之路,但同时世界正在经历百年未有之大变局,国内外形势发生了深刻的变化,中国特色社会主义发展面临着更多的不确定性和风险挑战,对国家治理体系和治理能力提出了更高要求。党的十八届三中全会首次提出"推进国家治理体系和治理能力现代化"这个重大命题,并把"完善和发展中国特色社会主义制度、推进国家治理体系和治理能力现代化"确定为全面深化改革的总目标。党的十九届四中全会审议通过的《中共中央关于坚持和完善中国特色社会主义制度、推进国家治理体系和治理能力现代化若干重大问题的决定》,对坚持和完善中国特色社会主义制度、推进国家治理体系和治理能力现代化做出了全面部署,提出了明确要求。党的二十大报告强调:从现在起,中国共产党的中心任务就是团结带领全国各族人民全面建成社会主义现代化强国、实现第二个百年奋斗目标,以中国式现代化全面推进中华民族伟大复兴。

社会治理现代化是国家治理体系和治理能力现代化的重要组成部分,市域社会治理现代化成为新时代推动社会治理现代化的重大制度创新。党的十

上海城市治理报告(2022—2023):上海市域社会治理现代化的金山经验

九大报告鲜明提出"中国特色社会主义进入新时代,我国社会主要矛盾已经转化为人民日益增长的美好生活需要和不平衡不充分的发展之间的矛盾"。截至2020年,中国的城市化水平达到63.89%,城镇化取得巨大成就,中国社会已经成为一个"城市型社会"。随着空间城市化、经济市场化、社会网络化发展,人口等各类要素越来越向市域聚集,城市社会治理面临新旧矛盾交织、风险集聚扩散等重大安全挑战,市域在国家治理中的地位和作用日益凸显,以县域为主的传统基层社会治理模式面临转型升级的巨大压力。市域层面具有较为完备的社会治理体系,具有解决社会治理中重大矛盾问题的资源和能力。为此,党的十九届四中全会强调"加快推进市域社会治理现代化"的重大制度创新,旨在将风险隐患化解在萌芽、解决在基层。党的十九届五中全会把"基本实现国家治理体系和治理能力现代化"作为二〇三五年远景目标的内容之一,再次强调"推进市域社会治理现代化"。党的二十大报告进一步指出,我国发展进入战略机遇和风险挑战并存、不确定难预料因素增多的时期,各种"黑天鹅""灰犀牛"事件随时可能发生。我们必须增强忧患意识,坚持底线思维,做到居安思危、未雨绸缪,准备经受风高浪急甚至惊涛骇浪的重大考验。同时站在推进国家安全体系和能力现代化的战略高度,对完善社会治理体系做出新的部署。为了贯彻落实全会精神,从2020年开始,中央政法委会同中央和国家有关部门加强顶层设计,制定实施方案和工作指引,在全国范围内组织实施市域社会治理现代化试点工作,引导和支持地方发挥主观能动性,打造彰显市域特色、市域个性的试点项目,不断推进社会治理理念、制度、体制和方式创新,树立一批市域社会治理新样板、推广一批可复制可推广的经验,努力把重大矛盾风险化解在市域。

金山区作为上海西南门户,地处沪浙两省(市)、三区(市、县)交界处,区域面积1058平方千米,其中陆域面积613平方千米,海域面积445平方千米,常住人口82万。作为全国首批市域社会治理现代化试点城市,金山站在历史、当下和未来的时间轴上,顺应上海"南北转型"战略要求,紧紧围绕全国市域社会治理现代化试点工作目标任务,坚持系统观念、法治思维、强基导向,积极探索实践符合金山实际的市域社会治理新路径、新方法、新举措,不断推进试点工作走深走实、创新发展，为落实"南北转型"战略要求，打造"两区一堡"战略高地，打响"上海湾区"城市品牌，全面推动转型新发展，全力塑造城市新形象提供更有力的治理保障，打造市域社会治理现代化的"金山样本"。正是在这种背景下，金山区委政法委和上海社会科学院社会学研究所城市治理创新团队成立联合课题组，对全区试点以来的市域社会治理现代化工作进行全方位、全地域、全要素的系统梳理和实地调研，旨在总结归纳金山市域社会治理现代化取得的新成效、新经验以及未来发展面临的新挑战、新策略，形成全国市域社会治理现代化的"上海模式""金山经验"，为金山区深入贯彻落实党的二十大精神和上海市第十二次党代会精神，打造"活力湾区""美丽湾区""幸福湾区"提供最坚实、最高效的市域社会治理保障。本报告主要由总报告（整体经验）、特色经验、基层案例三大部分构成，其中，整体经验部分，从全局视角出发，在界定市域社会治理现代化理论内涵、明确国家试点要求的基础上，重点总结了市域社会治理现代化试点取得的主要成效、经验，并从未来视角分析了金山区市域社会治理现代化面临的挑战，提出了进一步深化探索的方向和路径。特色经验部分，主要围绕优化国家安全体系、健全公共安全体系、织密社会治安防控体系、全面推进依法治区工作体系、拓展矛盾预防化解体系、创新基层社会治理体系六大体系，重在归纳总结各自独特的做法和经验，同时分析了面临的挑战及未来策略。基层案例部分，侧重全区11个街镇（高新区），从创新性、典型性、实效性等维度出发，挑选编撰了一批街镇级或村居级的代表性经典案例，对具体做法和成效进行了评价，旨在展示全区基层社会治理创新的活力和能力。

目　录

Ⅰ　总报告

第一章　党建引领"五治一体"的金山市域社会治理现代化 …………… 003
　第一节　市域社会治理现代化的理论内涵分析……………………… 004
　第二节　市域社会治理现代化的国家政策内涵……………………… 013
　第三节　金山市域社会治理现代化试点的举措与经验……………… 026
　第四节　金山市域社会治理现代化面临的新挑战…………………… 048
　第五节　金山区完善市域社会治理现代化的基本策略……………… 054

Ⅱ　特色经验

第二章　金山区优化国家安全体系的经验……………………………… 069
　第一节　国家安全体系的内涵要求…………………………………… 069
　第二节　金山区优化国家安全体系的成效与经验…………………… 070
　第三节　深化国家安全体系建设的挑战与策略……………………… 074
第三章　金山区健全公共安全体系的经验……………………………… 079
　第一节　公共安全体系的内涵要求…………………………………… 079
　第二节　公共安全体系建设的成效与经验…………………………… 080
　第三节　健全公共安全体系的挑战与策略…………………………… 085

第四章　金山区构筑社会治安防控体系的经验 089
　　第一节　社会治安防控体系的内涵要求 089
　　第二节　构筑社会治安防控体系的成效与经验 091
　　第三节　织密社会治安防控体系的挑战与策略 095

第五章　金山区全面推进依法治区工作体系的经验 098
　　第一节　依法治区体系的内涵要求 098
　　第二节　推动依法治区工作体系的成效与经验 100
　　第三节　持续推动依法治区工作的挑战与策略 107

第六章　金山区拓展矛盾预防化解体系的经验 111
　　第一节　矛盾预防化解体系的内涵要求 111
　　第二节　拓展矛盾预防化解体系的成效与经验 113
　　第三节　完善矛盾预防化解体系的挑战与策略 119

第七章　金山区创新基层社会治理体系的经验 123
　　第一节　创新基层社会治理的内涵要求 123
　　第二节　创新基层社会治理体系的成效与经验 125
　　第三节　完善基层社会治理体系的挑战与策略 129

Ⅲ　基层案例

第八章　枫泾镇：社会治理从"独角戏"变为"大合唱" 137
　　第一节　构建"两约三会六平台"治理机制的创新实践 137
　　第二节　新义村用活"村规民约"，助力村民自治 141
　　第三节　枫香居委打造"三双三同"，提升社区温度 144

第九章　朱泾镇：法润珠溪、德泽花海，激发镇域治理新活力 148
　　第一节　厚植法治沃土，激发德治活力，党建引领镇域治理创新 148
　　第二节　待泾村探索"三堂一室"微自治模式，打造乡村治理新格局 151
　　第三节　南圩社区"法律诊所"创新社区调解模式 155

第十章　亭林镇：科技赋能社会治理 159
第一节　小智慧助力大平安——亭林智慧社区建设 159
第二节　东新村组建"新三长"服务队伍，破解"城中村"治理难题 162
第三节　隆亭居民区携手铺就幸福路，同心共建和美家 165

第十一章　漕泾镇：探索"贤治理"新实践 169
第一节　漕泾镇"三张图"推进"贤治理" 169
第二节　水库村"三会三话"推动社会治理"三转变" 173
第三节　护塘村"四张清单"+"三个到底"提升村域治理水平 177

第十二章　山阳镇：全面推进依法治理 182
第一节　深入践行"法治山阳"治理模式 182
第二节　山阳镇金豪居民区以"法治助力"提升小区治理水平 186
第三节　中兴村通过宅基议事实现村事村民管 190

第十三章　金山卫镇："微治理"带动"卫治理" 195
第一节　"微治理"——党建引领基层社会治理的切入点 195
第二节　"微格治理"工作法——星火村深化网格化治理的创新实践 198
第三节　党建引领、居民自治——南门居委会打造和谐宜居的"睦邻坊" 202

第十四章　张堰镇：探索"四雁"齐飞的治理新模式 206
第一节　张堰工业园区以"雁企管家"模式打造最优营商环境 206
第二节　秦阳村域网格治理评议会助力美丽乡村建设 209
第三节　富民居民区"红色管家团"助力"社区微治理" 212

第十五章　廊下镇："一院三堂"基层社会治理新模式 217
第一节　社会治理"公家事"变为群众"自家事" 217
第二节　"村落议站"+"村落管家"——山塘村探索社区治理新路径 221
第三节　中民村以村民帮扶理事会提升治理温度 224

第十六章　吕巷镇：打造基层矛盾调解的"非诉和合"品牌……… 228
　　第一节　基层社会治理的特色实践：创建"非诉社区"……… 228
　　第二节　夹漏村理事会上决事议事，巷邻坊里自治共治 ……… 232
　　第三节　干巷居委会打造"五色服务"社区志愿服务模式 ………… 235

第十七章　石化街道：自治共同体参与基层治理……………… 239
　　第一节　石化街道居民参与"爱心点名"，提升基层治理温度 ……… 239
　　第二节　辰凯居民区构筑美丽街区治理共同体，奏响共建共治
　　　　　　共享交响乐………………………………………… 242
　　第三节　山鑫居民区党建引领社区治理"三驾马车"并驾齐驱 ……… 245

第十八章　高新区："德治"培育社会治理内生动力……………… 249
　　第一节　以"德治园区"建设释放文明引领力 ……………… 249
　　第二节　高楼村"三个注重"提升矛盾纠纷预防化解"法含量" …… 253
　　第三节　恒康居民区以"网格·家"织就精细化治理小区 ………… 257

后记………………………………………………………………… 262

Ⅰ 总报告

第一章
党建引领"五治一体"的金山市域社会治理现代化

自党的十八大以来，中国特色社会主义发展进入新时代，中国社会主要矛盾发生了新变化，以习近平总书记为核心的党中央从世界百年未有之大变局和中华民族伟大复兴战略全局出发，提出了"推动国家治理体系和治理能力现代化"的重大战略议题，为当今及未来我国国家治理、政府治理、社会治理、城市治理等制度创新提供了根本遵循。在"十四五"开局之年，党和人民胜利实现了第一个百年奋斗目标、全面建成小康社会，开启了全面建设社会主义现代化强国的新征程，开始向第二个百年奋斗目标迈进。社会治理是国家治理体系的重要方面。中央提出并实施的市域社会治理现代化战略及试点工作，是社会治理领域为有效贯彻落实"国家治理体系和治理能力现代化"战略的一项重要理论创新、制度创新、实践创新。金山区是2020年全国市域社会治理现代化试点的首批城市之一。近年来，金山将自己嵌入上海全面建设具有世界影响力的社会主义现代化国际大都市乃至全国的发展大局中，以上海市《关于加快推进南北转型发展的实施意见》明确金山打造"上海制造"品牌的重要承载区、实施乡村振兴战略先行区、长三角一体化发展桥头堡、虹桥国际开放枢纽南向拓展带重要节点和上海南部经济发展新增长极的功能定位为引领，全面推进市域社会治理现代化，取得了新成绩，积累了新经验。本章从国家治理体系和治理能力现代化的视野出发，解读市域社会治理现代化的基本理论内涵，重点对金山区市域社会治理现代化试点取得的成效和经验进行全方位总结，并提出当下及未来面临的新挑战及新策略。

第一节　市域社会治理现代化的理论内涵分析[①]

党的十九届四中全会通过的《中共中央关于坚持和完善中国特色社会主义制度、推进国家治理体系和治理能力现代化若干重大问题的决定》提出"加快推进市域社会治理现代化"的行动目标[②],标志着市域社会治理进入新阶段。学术界从不同角度对市域社会治理现代化的概念、内涵、结构和规律进行了研究,形成多种观点。总体来看,目前学术界对"市域社会治理现代化"还没有形成一个统一的理论界定。实际上,"市域社会治理现代化"是"市域社会治理"和"社会治理现代化"相结合的一个新命题,关键在于如何在县域治理和基层治理的基础上,从市域层面再统筹、再重组,构筑起跨城乡、跨县域、跨部门的新型社会治理体制。只有精准阐释"市域社会治理"的本质,才能理解市域社会治理现代化的理论内涵,才能找到正确的推进路径。因此,我们先从理论和实践结合的视角出发,在借鉴前人研究成果及反思审视国内试点经验的基础上,归纳总结市域社会治理现代化的理论内涵,为探寻市域社会治理的发展方向和有效路径提供理论指引。

一、跨越县域:市域社会治理的实践缘起及本质

（一）市域社会治理的实践缘起

根据中国的行政区划制度,我国的城市是有行政等级的,包括直辖市、副省级市、地级市和县级市四个等级。通常而言,"市域"是指一个城市行政边界以内的整个行政区域范围,就直辖市和地级市而言,市域范围包括市辖区、县、县级市、镇、乡等,它是直接面向基层民众,执行国家政令的"亲民""治事"

[①] 陶希东:《市域社会治理现代化:理论内涵、现实困境与优化路径》,《治理现代化研究》2022年第1期。
[②] 《中共中央关于坚持和完善中国特色社会主义制度、推进国家治理体系和治理能力现代化若干重大问题的决定》,《人民日报》2019年11月6日。

的管理层级,因而在国家治理中扮演着举足轻重的角色①。按理说县级市也有市域范围。但根据中央对"市域社会治理"的界定,"市域"主要指"设区的市"所辖范围,即在统县政区的地级及以上城市层面开展的全域型社会治理。从县域社会治理转向市域社会治理,是互联网发展和城镇化进程的时空背景下,社会治理顺应时代变迁的一次深刻变革②,更是破解以县域为主的基层社会治理面临的诸多难题、重构基层社会治理格局的重大创新③。从当前覆盖城乡的传统县域治理或基层社会治理格局来看,主要存在城乡分割、碎片化治理两种倾向,产生了诸多矛盾问题,难以适应中国城市化快速发展(2020年城市化率已经达到63%)、社会大流动(城乡要素双向流动)、经济大融合发展、社会矛盾冲突向市域集中、风险挑战跨域扩散等新发展趋势,更有碍于贯彻新发展理念、顺应新发展阶段、重塑新发展格局的内在要求。

1. 社会治理的倾向之一:城乡二元分治

截至2020年,中国城市化水平已经达到了63%,中国社会已经从原来的"乡村中国"演变成为"城乡中国"④或"城市中国"⑤,城市化进程的加速发展,使得人口、资金、技术、产业等各种要素不断向城市地区集中,城市地域成为各种矛盾、风险的集中地,市域社会风险的放大效应,进一步加剧了社会治理的难度。因此,推进以城市地域为重点的市域社会治理,是顺应我国乡村社会向城市社会演变趋势、化解社会系统性风险的客观选择。但是,与西方国家的实体城市相比,我国的城市则是一个由中心城区(建成区)和周边农村共同构成的广域型行政单元,城乡二元结构渗透在整个市域的政治经济发展和管理之中。尽管改革开放以来,我国城乡二元结构发生了很大变化,尤其随着快速城市化、户籍制度、社会保障制度改革、乡村振兴、脱贫攻坚等战略的实施,城乡

---

① 顾元:《市域社会治理的传统中国经验与启示》,《中共中央党校学报(国家行政学院)》2020年第4期。
② 黄新华、石术:《从县域社会治理到市域社会治理——场域转换中治理重心和治理政策的转变》,《中共福建省委党校(福建行政学院)学报》2020年第4期。
③ 杨磊、许晓东:《市域社会治理的问题导向、结构功能与路径选择》,《改革》2020年第6期。
④ 刘守英:《从乡土中国到城乡中国——中国转型的乡村变迁视角》,《管理世界》2018年第10期。
⑤ 王小章:《"乡土中国"及其终结:费孝通"乡土中国"理论再认识》,《山东社会科学》2015年第2期。

社会开始呈现融合发展之势,既往的城乡社会治理二元结构在一定程度上被打破,但如果以社会治理的公正性目标为准绳,现存的一些基础性管理制度仍然没有变革,中国城乡社会治理仍有明显的二元结构特征[1],一些大中城市普遍面临"城中村""城乡接合部""特大镇"等治理难题,城乡管理体制不顺[2],城乡社会救助、社会保障、公共服务差距明显,尤其是农村公共服务质量低、数量不足。现代化正在改变着城乡要素的大流通、未来农村人口结构的大变化,但城乡二元的社会治理结构下,一方面农村现有的公共服务水平难以满足从城镇流向农村居住人口的需求[3],另一方面,城市社会治理也难以应对城乡接合部日趋多元和复杂化的治理需求,更与城乡融合发展的时代要求相违背。因此,如何顺应城市化发展趋势,从市域层面出发,着眼于城市整体性视角,统筹资源、城乡协同,就成为基层社会治理创新的一个体制性挑战。

2. 社会治理的倾向之二:碎片化治理

长期以来,在我国基层社会治理实践中,客观存在着治理主体彼此独立、治理方式相互排斥、治理机制衔接不畅、治理部门缺乏联动的"治理碎片化问题"[4]。其中,一种情况是因部门利益导致的"条"上的"碎片化治理",彼此分割、难以协调,治理任务被层层转移到基层,基层政府承担了大量社会治理事务,造成了"基层治理力量薄弱"与"繁多的治理任务"间的矛盾[5];具体到一个城市,与市域社会治理相关的部门超过 40 个之多,涉及政法委、组织部、宣传部、统战部、国土、规划、市场监督、住建等,各个部门既缺乏理念上的统一,又存在"出政绩"的冲动,常常职责交叉、重复工作,甚至出现政策打架的情形,使基层不堪重负[6]。另一种则是从区县(县级市)到乡镇(街道)各级治理主体,片面强调"属地化"意识,在各自行政辖区内,制定自己的治理规则,培

---

[1] 党国英:《论城乡社会治理一体化的必要性与实现路径——关于实现"市域社会治理现代化"的思考》,《中国农村经济》2020年第2期。
[2] 邹东升、龚云龙:《城乡结合部社会治理之意义、失灵与创新》,《重庆行政》2013年第12期。
[3] 邓磊:《现代化视角下的乡村振兴》,《华中师范大学学报》2020年第2期。
[4] 陈文:《城市社会"碎片化治理"的生成机理与消解逻辑》,《经济社会体制比较》2017年第3期。
[5] 杨嵘、许晓东:《市域社会治理的问题导向、结构功能与路径选择》,《改革》2020年第6期。
[6] 吴晓林:《城市性与市域社会治理现代化》,《天津社会科学》2020年第3期。

育自己的社会组织、搭建自己的治理信息系统,看似形成了丰富多元的基层社会治理格局,实则导致"各自为政、条块分割、烟囱林立、信息孤岛、对外封闭"①的行政区碎片化治理。在基础设施连接、信息互联互通的背景下,诸多社会矛盾出现明显的跨域化扩散趋势,而区、县、街镇等治理单元因资源、能力所限,无法将矛盾有效化解在当地。这种治理格局难以适应区经济一体化、都市圈城市群崛起的跨界治理要求,更难以对一些重大社会风险做出有效预防和快速响应。

(二)市域社会治理的概念与本质

进入新时代以来,世界百年未有之大变局和世纪疫情交织影响,中华民族处于伟大复兴的关键期,世界发展进入新的动荡变革期,我国步入追求高质量发展、高品质生活、高效能治理的新发展阶段,包括极端天气、疫情、燃气管道爆炸等各类不确定性风险挑战日趋加剧,统筹发展和安全,提升国家治理能力,建设更高水平的平安中国显得尤为关键和重要。基于此,党的十九届四中全会通过的《中共中央关于坚持和完善中国特色社会主义制度、推进国家治理体系和治理能力现代化若干重大问题的决定》,将"完善和发展中国特色社会主义制度、推进国家治理体系和治理能力现代化"确定为全面深化改革的总目标,并针对传统县域社会治理或基层社会治理面临的上述问题和弊端,在"构建基层社会治理格局"章节中正式提出"加快推进市域社会治理现代化",这是市域社会治理第一次被写进中央文件。这一概念一经中央提出后,引起了学术界的关注和研究②,其用意重在通过发挥市级层级的承上启下和统筹协调平台作用,克服或化解传统县域社会治理面临的短板和不足,提高社会治理的整体性、系统性和协同性。所谓"市域社会治理",是指适应新型城镇化、城乡融合发展的大趋势,以直辖市下设的区、设区的地级及以上城市[包括省会城市、副省级城市(计划单列市)、地级市]的市域范围为基本治理单元,立足市域承上启下的中层维度,明确市级层面的主导者、制度设计者、政策协调

---

① 杨安:《大数据与市域社会治理现代化——厦门实践与探索》,《经济》2018年第Z2期。
② 杨磊、许晓东:《市域社会治理的问题导向、结构功能与路径选择》,《改革》2020年第6期。陈宇舟:《市域社会治理:一个概念的社会学意义》,《江西社会科学》2020年第1期。

者等角色定位,发挥立法权、规划权和统筹协调等制度优势,按照市域社会运行规律,以全覆盖、全链条、全要素(人、组织、物、网)、全周期管理为重点,构筑纵向善治指挥链和横向共治同心圆,完善三级联动融合(市—区县—街镇)、跨界共建共治共享的社会治理新体制,整合资源,协同解决市域范围内的公共安全、权益保障、公平正义等问题,普遍提高全市城乡居民获得感、幸福感、安全感的新型基层社会治理模式。市域社会治理具有三个本质内涵:

1. 市域社会治理是市—县区—街镇政府职能体系和竞合关系的"新再造"

在我国现行行政体制下,地级市实行的是市管县体制,市—县之间的权责关系、县区之间的竞争关系,是长期以来十分难以解决的一个问题[①],在传统科层制为主的县域社会治理体系下,上下政府之间职责不清导致的权责冲突和部门主义导向以及区县之间的竞争,大大降低了城市的整体治理效能。因此市域社会治理的本质就是对传统市县政府职能关系的重新再造,即"市域社会治理"除了注重地级市政府在全域治理中的责任主体性、主导性以外,重在发挥地级市的统筹协调平台作用,围绕不同性质的社会治理难题,将市、区(县)、街镇等各级党政部门在社会治理中的职能、权力、责任进行梳理和规范,进一步明晰市县关系的职能体系和权责边界,促进社会治理事权财权相匹配,努力打造权责明晰、高效联动、上下贯通、运转灵活的纵向社会治理指挥体制,构筑与全地域、全要素、全链条、全周期治理要求相适应的新型市—县—街镇政府间职能组合体系与竞合关系,构筑城乡一体化、融合化、公平公正的治理新格局。

2. 市域社会治理是促进社会治理制度系统集成的"新改革"

"统筹""联动""集成"是新时代全面深化改革的基本要求[②]。市域是观察社会矛盾风险走向的晴雨表、守住安全稳定底线的主阵地、满足人民群众新需要的大平台,尤其在当前社会风险系统性、复杂性、跨界性、传导性、流动性

[①] 朱进芳:《共建共治共享视域中新型市县关系构建机制探析》,《桂海论丛》2019年第2期。
[②] 《上海市习近平新时代中国特色社会主义思想研究中心:注重改革措施的系统集成》,《人民日报》2018年12月25日。

第一章　党建引领"五治一体"的金山市域社会治理现代化

特点日趋明显的情况下,"市域社会治理"实质上就是对传统县域社会治理制度的一次纵向系统集成,即市域范围内涉及党建引领、治安防控、公共安全、矛盾化解、国家安全、基层治理、社会服务等改革举措、制度政策的统筹协调与系统集成,处理好市级顶层设计和区县街镇基层创新之间的关系,处理好统筹推进与分类指导的关系,对关联度高、互为条件的改革措施协同推进,对领域相近、功能互补的改革措施配套推进,健全部门协调配合机制打好改革组合拳,实现各项改革横向联动、步调一致,发挥改革整体效能,全面增强社会治理的系统性、整体性、协同性[①]。

3. 市域社会治理是信息网络时代数据化治理的"新探索"

任何一种社会治理模式的选择,都离不开时代发展的特点、趋势和要求。与过去的农业、传统工业时代相比,当今社会是一个高度发达的信息网络社会和高风险社会,移动互联网、大数据、人工智能、云计算、虚拟现实等已经高度渗透到经济社会生活的每一个角落,市域社会治理成为"靠数据说话、靠数据决策"的数字治理过程,这就需要跨层级、跨部门之间系统对接、数据共享、平台共建等数据一体化管理体制的配套支撑。目前,从市到县(区)、街镇的社会治理中,条块分割明显、数据孤岛还比较突出。从这点来说,市域社会治理的实质,就是要发挥市域以城带乡、以点带面、以上带下的积极作用,现实空间和虚拟网络空间互动融合,信息设施联通、网络畅通、平台贯通、数据融通,形成智能化、数据化治理,让科技、数据、信息成为"平安城市"建设的重要支撑,实现"一片云""一张网"管理全市域。

二、协同高效:市域社会治理现代化的核心内涵

一般而言,任何类型的现代化,是动态发展和目标状态的统一体,市域社会治理现代化是市域社会治理不断走向"现代化"的动态过程,也是旨在达到的一种治理愿景。目前,在学术界,关于市域社会治理现代化,存有多种不同理解,如有学者认为,市域社会治理现代化是一种以设区的城市区域为空间范

---

① 张克:《提升基层社会治理系统性、整体性、协同性》,《北京日报》2019 年 12 月 23 日。

围,以党委、政府、群团组织、经济组织、社会组织、自治组织、公民为社会治理主体,以党建、法律、道德、心理、科技、村规民约为社会治理手段,以社会治理理念现代化、社会治理体系现代化、社会治理能力现代化为重点内容,以提高社会治理社会化、法治化、智能化、专业化水平为行动目标,以建设人人有责、人人尽责、人人享有的社会治理共同体为制度目标的整体性社会发展过程[1]。也有学者认为,市域社会治理现代化体现时代特征、中国特色、市域特点的共治共管、共建共享的持续治理行动及其社会化、法治化、智能化、专业化的实施过程[2]。应该说,市域社会治理现代化是以"协同高效治理"为指引,按照整体性、协同性、集成性理念,推动市域社会治理资源配置科学化、均衡化,纵横向政府职能关系法治化、常态及非常态社会应急治理的数字化,进而打造高质量发展、高品质生活的城市区域社会,提高市民安全感、获得感、幸福感的动态过程。其核心内涵包括如下几个方面:

（一）治理理念整体化、协同化、集成化

所谓整体化理念,主要是指着眼于整个市域层面,从不同层级政府的上下联动性运作出发,防范治理资源分散化、治理过程碎片化,推动市域社会治理的整体性发展,最大程度地构建市域社会治理共同体,最大限度地实现市域共同利益。所谓协同化理念,是指克服官僚制过于强调部门分工和层级分化而导致的公共服务和公共管理中的问题转嫁、任务冲突、沟通缺乏、目标针对性不强等问题[3],切实整合跨越公共机构边界、政府层级以及公共、私人、第三部门领域的力量,建立健全互惠共赢的跨界利益协调机制,推动多元治理主体协商决策和形成共识而采取集体行动。所谓集成化理念,主要是指围绕常态化和非常态应急治理需求,对治理资源、治理规则、数据资源、运行平台等做出顶层设计和系统集成,将有限的资源配置到市域社会治理的各个环节与过程,提高治理行动效率。

---

[1] 陈成文、陈静、陈建平:《市域社会治理现代化:理论建构与实践路径》,《江苏社会科学》2020年第1期。
[2] 徐汉明:《市域社会治理现代化:内在逻辑与推进路径》,《理论探索》2020年第1期。
[3] 陈彪、贺芒:《整体性治理的精准指向:突发公共卫生事件治理的一个解释框架》,《求实》2021年第1期。

(二) 市域社会治理资源配置方式多样化、科学化、均衡化

如果从资源配置的视角来看,市域社会治理现代化实际上就是对传统资源配置方式的更新与改革,旨在形成与城乡一体化、高品质生活、高效能治理要求相适应的科学化、均衡化社会治理资源配置方式。一是市域社会治理资源配置方式多样化。既要发挥好政府在公共服务、公共安全等领域的行政化资源配置功能,确保社会治理中公共利益的最大化,又要充分发掘资源配置的市场化、社会化内生机制,拓展社会服务、共建共治的社会化供给渠道,降低社会治理成本。二是市域社会治理资源配置科学化与均衡化。一方面按照"实有人口或常住人口"配置治理资源,为解决市域内"外来流动人口融入难""公共服务非均等化"等问题扫清制度障碍;另一方面建立健全市级统筹协调机制,健全财政转移支付体系,消除治理资源的空间错配问题(如中心城区的街道面积小、人口少,近郊或城乡接合部街镇面积大、人口多,但两者在公安、城管、司法、市场监管等方面的人力配置水平基本相同,致使后者成为社会问题和矛盾的聚集地,也是市域社会治理的堵点、难点和痛点),推动市域社会治理资源分配的均衡、公平,提高市域社会治理的整体效能。

(三) 市域纵横向政府职能权责关系的规范化、协同化

市域社会治理现代化实际上就是市域范围内纵向到底、高效灵活的治理制度及强有力的制度执行力的外在表现①。在纵向上,依法明确不同层级政府之间的权责利关系,构建权责明晰、上下贯通、层层推进的三级纵向治理架构、社会治理指挥体系和链条,在横向上打通多部门之间的阻隔,构建跨部门协同治理体系,是市域社会治理现代化的必要条件。具体而言:一是切实发挥党委总揽全局、协调各方、集中统一领导的制度优势,形成上下贯通、运转灵活的市域纵向社会治理链条,形成强大的市域社会治理合力,全面实现城乡社会治理一体化,具备应对重大风险、抵御重大风险、克服重大阻力和解决重大矛盾问题的能力。二是在市、区层面,政法、公安、司法、民政等多治理部门之间具有清晰的职能边界,既有分工又有合作,变"单兵作战、各自为战"为跨部

---

① 张晓萌:《运用制度威力应对风险挑战》,《人民日报》2020年3月26日。

门的"兵团作战、协同作战",实现组织联动、资源联动、服务联供。

(四)常态及非常态社会应急治理的数字化

发挥大数据、云计算、区块链、人工智能和物联网等信息技术的科技支撑作用,重塑上下级政府之间、不同职能部门之间信息系统互联互通、数据开放共享、治理平台集成共享的数据化治理方式,实现政府决策科学化、社会治理精准化、公共服务高效化,是市域社会治理现代化的基本要求。一是依法健全政府数据开放体系,建设市域大数据政务服务"一网通办"总门户,做到全市域"一网受理、只跑一次、一次办成、全市通办",实现数字化"高效办成一件事"。二是市域城市运行系统互联互通,具备精准化感知、快速化反应的"城市大脑",城市运行"一屏通览、一网统管",实现"高效处置一件事"。三是具备大数据支撑的市域应急预测、预警与防范体系。利用计算机可视化、生物特征识别、人体动线自动检测等人工智能技术为城市安防工作赋能,通过数据采集和大数据分析,变事后解决为事先预测,提高各类犯罪行为和社会危机风险的预测预警能力,将有可能发生的安全危机进行科学预测、预警,全方位保障市域社会的安全高效运行。同时要依法防范大数据和人工智能技术应用带来的数据泄露、隐私泄露等数据安全风险的发生。

(五)市域社会治理指标的规范化、标准化

标准化作为管理现代化的重要途径和现代国家治理体系的重要基石,越来越具有其基础性、战略性、引领性的作用。在兼顾集权统一化治理和多元化、多中心治理的同时,在治理设施平台建设、公共服务、数据共享、执法程序、人才培训等方面,具有统一的治理规范和标准,做到可量化、可统计、可衡量,是市域社会治理现代化的内在要求。一是明确市域提供基本公共服务的质量水平和支出责任,以标准化促进基本公共服务的均等化、普惠化、便捷化,有效满足人民群众对美好生活的期待和向往。二是具备《市域社会治理指数评价体系》《市域社会治理"家门口"服务规范》等市域社会治理标准或规范,借助标准化、规范化手段进一步明确社会管理要求,优化社区服务流程,促进城市精细化管理。

第一章　党建引领"五治一体"的金山市域社会治理现代化

第二节　市域社会治理现代化的国家政策内涵

中央提出"市域社会治理现代化"战略以后，除了学术界开展学理研究外，中央政法委作为主管部门，郭声琨、陈一新等领导同志围绕贯彻落实市域社会治理现代化战略发表了许多重要讲话，形成了市域社会治理现代化的一套政策话语体系和实践操作方案，按照理论和实践相结合的思路，在全国范围内组织实施试点探索，形成了诸多富有时代特征、地方特色、市域特点的市域社会治理现代化经验。我们在总结金山区的市域社会治理现代化经验之前，先对国家层面的市域社会治理现代化政策话语体系，进行回顾性描述，为地方创制特色经验提供方向和目标。

一、全国市域社会治理现代化概念的提出

从概念缘起上看，市域社会治理现代化是在我国"完善党委领导、政府负责、民主协商、社会协同、公众参与、法治保障、科技支撑的社会治理体系""打造共建共治共享社会治理的新格局""推进人人有责、人人尽责、人人享有的社会治理共同体""实行以人民为中心的社会治理"等诸多成熟理念基础上，不断实践、探索、完善而形成的一个富有中国特色的城市社会治理新概念、新模式。最早是在2018年6月4日，在延安干部学院新任地市级党委政法委书记培训示范班开班式上，时任中央政法委秘书长陈一新首次正式提出了"市域社会治理现代化"的概念。他强调，要以习近平新时代中国特色社会主义思想为指导，坚定不移走中国特色社会主义社会治理之路，树立"五大导向"，优化"四大体系"，提升"七大能力"，打造具有中国特色、时代特征、市域特点的社会治理新模式，加快推进新时代市域社会治理的理念、体系和能力现代化，使人民群众有更多的安全感、幸福感和获得感[①]。2018年7月17日，陈一新又在《人民日报》发表题为《推进新时代市域社会治理现代化》的文章，率先

---

① 刘子阳：《市域社会治理要实现"理念体系能力"现代化》，《法制日报》2018年6月6日。

上海城市治理报告（2022—2023）：上海市域社会治理现代化的金山经验

提出了"治理理念现代化、治理体系现代化、治理能力现代化"的理论观点和政策主张①。2018年11月12日，郭声琨在"纪念毛泽东同志批示学习'枫桥经验'55周年暨习近平总书记指示坚持发展'枫桥经验'15周年大会"讲话中指出，要推进市域社会治理创新，在全国东、中、西部选择一批城市，开展市域社会治理现代化试点，创造可复制、可推广的经验，即首次提出关于试点的设想。2019年5月21日，《人民日报》发表陈一新文章《加快推进社会治理现代化》，拓展形成了主要由"社会治理理念现代化、社会治理工作布局现代化、社会治理体制现代化、社会治理方式现代化、社会治理能力现代化"等"五个现代化"组成的社会治理现代化框架，并提出"明确从中央到省、市、县、乡各级党委和政府的社会治理职能……打造市域前线指挥部，把市域社会治理现代化作为社会治理现代化的切入点和突破口，积极探索市域社会治理现代化新模式"②，这一理论观点和核心主张为后来全国开展市域社会治理现代化试点方案提供了"四梁八柱"的作用。2019年10月31日，党的十九届四中全会通过的《中共中央关于坚持和完善中国特色社会主义制度、推进国家治理体系和治理能力现代化若干重大问题的决定》正式提出"加快推进市域社会治理现代化"这一国策。2020年开始，中央政法委制定全国版的试点方案和工作指引，正式启动全国首批247个城市试点。从2020年开始试点到2022年之间，中央政法委相继召开了九次全国市域社会治理现代化试点工作交流会，在历次会议上，陈一新秘书长都提出过许多有针对性的意见和建议，使得市域社会治理现代化的政策内涵得以不断更新、丰富和完善。2022年10月党的二十大报告进一步强调："完善社会治理体系，加快推进市域社会治理现代化，提高市域社会治理能力"；并将市域社会治理现代化放置于国家安全体系和安全能力现代化建设框架之中，这充分体现了市域社会治理现代化是国家治理体系和治理能力现代化的重要组成部分，其核心任务是高水平统筹安全和发展之间的关系，全方位防范化解当今国内外各种不确定性安全风险挑战，全

---

① 陈一新：《推进新时代市域社会治理现代化》，《人民日报》2018年7月17日。
② 陈一新：《加快推进社会治理现代化》，《人民日报》2019年5月21日。

力维护国家安全与社会稳定和谐,为全面建设中国特色社会主义现代化国家、实现中华民族伟大复兴提供强有力的安全保障。

二、市域社会治理现代化的政策内涵

通过全方位分析借鉴市域社会治理现代化概念的这一独特发展过程,可以将市域社会治理现代化的政策性内涵整合归纳和总结提炼为以下几个方面:

(一)主导理念:市域性、人民性、整体性、安全韧性

树立正确的理念,是采取科学治理行动、取得最佳治理效果的先导。市域社会治理与社会治理、基层治理、城市治理、乡村治理之间,既有联系,又有区别,尤其是其社会治理统筹层次上升到市级层面的要求,决定了市域社会治理既要遵循社会治理的一般性要求和理念,更要从城市整体、统筹城乡、体制联动等方面,创新性树立符合市域社会特点和规律的新理念,形成科学明晰的新认识,为防范化解各类不确定重大风险,探寻新的治理制度、治理模式和治理方法。关于治理理念现代化,陈一新提出要树立市域社会治理"五大导向":树立目标导向,通过系统化、科学化、法治化、智能化加快实现市域社会治理现代化;树立政治导向,坚定不移走中国特色社会主义社会治理之路;树立民本导向,让人民群众在实现市域社会治理现代化中有更多的安全感、幸福感和获得感;树立问题导向,在攻坚克难中推动市域社会治理创新发展;树立效果导向,把市域社会治理现代化的美好蓝图变为人民群众看得见、感受得到的实效。这为全国各地推动市域社会治理现代化试点工作提供了有力的指导。可以认为,市域社会治理现代化,需要重点树立市域性、人民性、整体性、安全韧性四大理念。

1. 把握市域性,着力发挥市域单元的独特优势

市域社会治理是国家治理在市域范围的具体实施,是国家治理的重要基石。强调"市域"的层级站位,是市域社会治理现代化的基础和前提。这就要求各级城市政府要重新认识传统县域社会治理存在的时代弊端,重新认识"市域"层级在社会治理中的独特地位和优势,明晰省、市、县、街镇等在整个

行政区域治理中的职责权限和角色定位,是做好市域社会治理现代化的必然要求。实际上,市域社会治理不等同于基层社会治理,市域社会治理既要贯彻落实好中央关于国家治理的大政方针、制度安排、决策部署和上级的任务要求,又要立足实际对本市域社会治理统筹谋划、周密部署、推动实践,在国家治理中具有承上启下的枢纽作用。市域层面具有较为完备的社会治理体系,具有解决社会治理中重大矛盾问题的资源和能力,是将风险隐患化解在萌芽、解决在基层的最直接、最有效力的治理层级,处于推进基层治理现代化的前线位置。

对此,陈一新在 2020 年 10 月 21 日全国市域社会治理现代化试点工作第一次交流会上,做出了非常清晰的解释说明,主要包括三个方面[①]:

一是市域是宏观与微观的转承点,更要成为撬动国家治理现代化的战略支点。市域在推进国家治理体系和治理能力现代化中发挥着承上启下的重要作用。市域层级关键。市域处于国家治理的中观层面,既是国家社会治理大政方针的执行者和落实者,又是基层社会治理的指导者和推动者,是社会治理的"前线指挥部"。市域地位重要。市域是人流、物流、资金流、信息流的重要汇聚节点,政治经济资源集中,对基层的辐射力、影响力很强并较为直接。市域作用独特。与县域相比,市域社会治理对象更多样、治理风险更重大、治理资源更丰富,一些重大复杂问题的解决需要市域层面统筹推进、中观指导、真抓实干;与省域相比,市域对基层情况更了解、指导更直接、管理更具体、行政更高效,党中央大政方针和决策部署的落实需要市域拿出实际操作方案和具体落实举措。要将市域社会治理现代化作为撬动国家治理现代化的战略支点来抓,以"市域之治"助推"中国之治"再创新奇迹。

二是市域是重大矛盾风险的集聚地,更要成为重大矛盾风险的化解地。现实中的一些突出矛盾和重大风险往往在市域产生汇聚,如何将其化解在市域,不再外溢扩散,已成为亟待高度重视和着力解决的重大现实问题。把风险

---

① 长安君:《陈一新:着眼把重大矛盾风险化解在市域 打造社会治理的"前线指挥部" 全国市域社会治理现代化》,"中央政法委长安剑"微博,2020 年 10 月 22 日。

化解在市域优势强。市域具有最优治理半径和最大政策边际效应,是社会矛盾风险排查化解的最直接、最有效的治理层级。把风险化解在市域效率高。市域具有较为完备的社会治理体系,具有解决重大矛盾风险的资源力量和统筹能力,可以第一时间预警、第一时间研判、第一时间处置。把风险化解在市域影响小。市域是防止风险外溢扩散上行的重要关口,将重大矛盾风险化解在市域,可以防止单个风险演变为系统风险、局部风险演变为全局风险,助力巩固全国稳定"基本盘"。要管控好集聚性扩散性流动性风险,把一市一地的平安汇聚成国家长治久安。

三是市域是具有较多行政资源与较强执法司法能力的综合体,更要成为社会治理现代化的集成体。市域社会治理有独特的功能优势、治理能力和运行规律,不能将其等同于基层治理,也不能把基层治理的做法经验直接简单套用于市域社会治理。市域在行政上有更高阶位。在社会治理中,市域属"前线指挥部",而基层是"前沿战斗堡垒"。市域直面基层一线,直面社会治理各类问题,具有快速研判信息、广泛调集力量、紧急协调处置的天然优势。市域在资源上有更多统筹余地。设区的市无论在人口规模、经济体量、地方财政等方面,都达到了一定的规模效应,具备较为雄厚的物质基础和丰富多样的资源手段。市域在法治上有更多手段。设区的市具有相对完备的立法和行政司法权限,可制定地方性法规规章,具有更大更灵活的自主创新探索政策法律空间。要充分发挥好特殊资源优势,加强探索创新和系统集成,为社会治理现代化提供更多制度成果。

2. 把握城市人民性,构建市域社会治理的制度体系[①]

党的十九大报告指出,我国社会主要矛盾已经转化为人民日益增长的美好生活需要和不平衡不充分的发展之间的矛盾。实践充分表明,进入新时代以来,满足人民群众对美好生活的向往,全面树立并自觉践行以人民为中心的新治理理念,是习近平新时代中国特色社会主义社会治理思想的精髓,也是全国各地开展社会治理工作的根本遵循。市域社会治理现代化作为贯彻落实

[①] 吴晓林:《加快推进市域社会治理现代化》,光明网,2021年1月13日。

"推进以人为核心的新型城镇化"战略的适应性治理新方略,关键在人,尤其是要坚持以人民为中心的价值取向,自觉践行"人民城市"最新理念,以满足新时代"人民对美好生活的向往"作为目标取向,推动市域社会治理系统化、整体化的制度设计。一方面,要从满足整个市域所有城乡居民的生活需求、安全需求、精神需求等实际需要出发,构建市域社会治理新体系,科学、合理、公平地配置社会治理资源,在防范化解重大矛盾和风险的同时,为全体居民提供更高品质的公共服务,让所有居民都能共享市域社会治理现代化的红利,不断凝聚市域社会治理的向心力、凝聚力。另一方面,要注重人民在市域社会治理中的主体性地位,建立健全包括市域全体居民的公众参与渠道和机制,形成覆盖全市域的全过程民主体系,激发每个个体参与市域社会治理的积极性、主动性,激活民众的公共精神、公共意识,共同打造既有活力又有秩序的市域社会治理共同体。

3. 把握整体性,重塑市域社会治理的主体间关系

市域社会治理与传统的县域治理或基层治理相比,突出的特点就是市级层面的统筹性与整体性,即为了实现高效能的市域社会治理,既要充分注重市域内不同治理单元的差异性特点,形成有特色的治理"盆景"效应,更要对整个市域的社会问题进行跨层级、跨部门、跨行业、跨地域的整体性治理,推动"盆景"向"风景"转变,提高全市域的总体安全防范水平,建设更高水平的平安城市。而从风险防范的视角来看,整体性治理理念更是当今风险社会中各种安全风险高度交织、相互连锁、跨域扩散的必然选择。为此,在市域社会治理进程中,重在理顺传统科层制体系下的党政之间、条块之间、部门之间、多治理手段之间等多维复杂关系,打破固有的治理利益格局,重组以"解决问题""处置事件"等为导向的治理新流程,全面创制形成有利于统筹领导、跨界合作、合力共治的整体治理观念和制度体系,确保提高市域社会治理的整体效能。

4. 把握安全韧性,健全有韧性的市域社会治理体系

市域社会尤其是一些特大超大城市,是一个涉及政治、经济、文化、社会、生态等多个子系统的高度复杂型社会生态系统,非线性发展、不确定性、不可

预测性,成为防范治理各种重大安全风险的重要挑战,也是市域社会治理旨在打造更高水平平安城市这一核心目的的难点所在。人类实践表明,天底下并不存在一座"绝对安全"的城市,经常会出现从哪里飞出一只黑天鹅的情况。在这种"未来事故灾难无法避免"的客观规律下,努力实施安全韧性治理,理应成为市域社会治理遵循的新理念。对此,《中华人民共和国国民经济和社会发展第十四个五年规划和2035年远景目标纲要》提出建设"韧性城市",并将此作为推进新型城市建设的重要任务。因此,在市域社会治理进程中,在持续推动公共服务型政府、法治政府、高效政府、数字政府建设的同时,要厚植和培养坚实的市场和社会参与力量,积极推动全过程民主,深化现代数字技术应用,全方位打造多主体共同参与、多部门高效协同、敏捷快速响应的现代市域社会治理体系。尤其是围绕重大安全风险的防范和应急管理,打通城市规划、建设、运维、管理等各个环节,整合部门力量,优化治理流程,加快建立健全灾前预防、灾中处置、灾后恢复的全周期管理体制,政治、法治、德治、自治、智治"五位一体",积极推动韧性社区建设,提高制度韧性、经济韧性、社会韧性,在努力把重大风险化解在市域、化解在萌芽的前提下,一旦发生和面临不确定性"黑天鹅"事件时,最大程度地降低灾难的易损性,最大程度地缩短城市功能的断裂时间,最大努力提高城市功能恢复速度和程度,让整个城市在经历一次次安全风险的挑战应对中不断走向更强大、更韧性、更安全。

(二)关键体制:打造纵向善治指挥链、横向共治同心圆、市域前线指挥部

与一般的社会治理、基层社会治理、城市治理等相比较,市域社会治理现代化重点强调的是要发挥包含城区、郊区、市县、街镇等在内的市级统筹和谋划执行双重职责,着眼于市域在国家治理体系中承上启下、以城带乡、以点带面的特殊定位,指导推动以设区的市等地级区划全域作为完整治理单元,发挥市域在制度建设、方法运用、资源统筹、技术支撑等方面的独特优势,做好顶层设计、政策制定、组织推动等工作,探索具有中国特色、市域特点、时代特征的社会治理新路子。简言之,就是要发挥市级优势、突出市域特点。这表明,真正的市域社会治理现代化,除了坚持和强调"党委领导、政府负责、群团助推、

社会协同、群众参与"的多治理主体共建共治共享外,对包括市—区县—街镇之间的纵向关系和多部门之间横向关系在内的市域治理体制提出新的要求。因此,创新社会治理体制是推进市域社会治理现代化的重要保障。要充分发挥党中央集中统一领导、社会主义制度集中力量办大事等政治优势,打造共建共治共享的社会治理格局。相对市域而言,需要重点加强纵横两大治理体制创新:

1. 纵向打造善治指挥链

明确从省到市、县、乡各级党委和政府的社会治理职能,努力打造权责明晰、高效联动、上下贯通、运转灵活的市域社会治理指挥体系。坚持市委集中统一领导,建立平安城市建设协调机制,构建各负其责、齐抓共管的新格局。打造市域前线指挥部,把市域社会治理现代化作为社会治理现代化的切入点和突破口,积极探索市域社会治理现代化新模式。构筑好基层"桥头堡",坚持和发展"枫桥经验",构建富有活力和效率的新型基层社会治理体系,推动社会治理重心下移。

2. 横向构建共治同心圆

探索构建党委领导、政府负责、群团助推、社会协同、公众参与的社会共治同心圆,增强推进市域社会治理现代化的向心力。发挥党委总揽全局、协调各方的领导核心作用,发挥党委政法委在平安城市建设中的牵头抓总、统筹协调、督办落实等作用。深入推进"放管服"改革,增强政府公信力和执行力,加强源头治理、动态管理和应急处置,推进市域社会治理精细化。发挥群团组织的桥梁纽带作用,引导各类社会组织专业规范运作、依法依规办事。创新完善人民群众参与社会治理的组织形式和制度化渠道。

(三)治理领域:重点防范化解"五类风险"

习近平总书记在党的十九届四中全会上强调:"提出市域社会治理现代化的总体思路,推进城市安全发展。"在中央政法委召开的全国市域社会治理现代化试点工作第一次交流会上,陈一新同志指出,从目前试点情况看,一些地方对市域社会治理的内涵外延把握不够准确,把"市域社会治理"拓展为"市域治理",将经济、文化、生态建设等内容都纳入进来,导致工作"无所不

第一章　党建引领"五治一体"的金山市域社会治理现代化

包",出现了"小马拉大车"现象。加快推进市域社会治理现代化,最根本的就是着眼"社会"领域,着力把大矛盾大风险控制在市域、化解在市域,确保不外溢不扩散。根据陈一新同志在第一次、第六次全国市域社会治理现代化经验交流会上的讲话精神,市域社会治理的重点任务在于防范化解市域政治安全、社会治安、重大矛盾、公共安全、网络安全"五类风险"。[1]

1. 防控化解政治安全风险

加强市域维护国家安全力量、能力建设,建立健全政治安全风险研判、防控协同、防范化解机制,严密防范、坚决打击境内外敌对势力渗透、破坏、颠覆、分裂活动。坚持严打暴恐常态化,严防发生暴恐袭击事件。

2. 防控化解社会治安风险

打好扫黑除恶专项斗争决胜战,持续推进"六清"行动,深入谋划"六建"工作,推进扫黑除恶常态化机制化。紧盯盗抢骗、黄赌毒、食药环等突出违法犯罪,因地制宜开展专项打击整治。创新和完善打击犯罪的新机制新手段,不断增强人民群众安全感。

3. 防控化解重大矛盾风险

严格落实重大决策社会稳定风险评估制度。完善人民调解、行政调解、司法调解制度,发挥仲裁、行政复议、诉讼等多种方式作用,更好地实现案结事了。推行领导干部特别是市县领导干部每月下基层接访制度,认真负责地解决群众合理合法诉求,最大限度把矛盾问题解决在当地。健全社会心理服务体系和疏导机制、危机干预机制,防止发生个人极端案事件。

4. 防控化解公共安全风险

落实安全生产责任制,完善事前事中事后全程监管机制,加强重点物品、重点场所、重点行业安全监管措施,强化道路交通、消防等安全隐患常态化治理,防范遏制重特大安全事故。加强对新经济、新业态分析研究,提高对新型风险的识别、预警、防控能力。完善公共卫生突发事件应急预案,特别是严防

---

[1] 陈一新:《解决好市域社会治理的认识、领域、主体、方式四大问题》,微信公众号"中央政法委长安剑",2020年10月22日。

新冠疫情境外输入和境内反弹。

5. **防控化解网络安全风险**

依法打击网络黄赌毒骗、涉枪涉爆等突出违法犯罪,提升监测发现能力,坚决打掉网络黑灰产业链。加强关键信息基础设施安全防护,依法打击侵犯公民隐私、窃取数据秘密等违法犯罪活动,筑牢智能安全屏障。加强网络空间综合治理,落实"三同步"工作机制,稳妥处置各类涉法舆情,牢牢掌握网络舆论斗争主动权。

(四)核心目标:确保市域成为重大风险终结地

党的十八大以来,在以习近平同志为核心的党中央坚强领导下,各地各部门认真履职,广大人民群众积极参与,大力推进平安建设,有效解决影响安全稳定的突出风险问题,助力续写了经济快速发展、社会长期稳定的"两大奇迹"。当前百年变局和世纪疫情交织叠加,社会治理风险多样多发,防风险保安全的压力持续增加,在这种情况下,遵照总体国家安全观,持续推动社会治理制度创新,统筹好发展和安全的关系,建设更高水平的平安中国,是任何类型的社会治理都得承担的一项重大战略任务。

为了准确把握市域社会治理现代化的核心目标,我们有必要对市域社会治理现代化和平安建设的内在关系做一些政策逻辑分析。《中共中央国务院关于加快推进社会治理现代化开创平安中国建设新局面的意见》指出,"以坚持和发展新时代'枫桥经验'为基点,以市域社会治理现代化为切入点,以防范化解影响国家安全、社会安定、人民安宁的重大风险为着力点,以增强人民群众获得感、幸福感、安全感为落脚点";《中华人民共和国国民经济和社会发展第十四个五年规划和2035年远景目标纲要》在第八篇"完善新型城镇化战略 提升城镇化发展质量"的第二十九章"全面提升城市品质"中提出"坚持党建引领、重心下移、科技赋能,不断提升城市治理科学化精细化智能化水平,推进市域社会治理现代化"。通过上述重要的国家文件政策分析,可以认为,市域社会治理现代化的真实意图与促进国家安全、建设平安中国紧密相关,在充满巨大不确定性矛盾风险挑战的当下,市域社会治理现代化的核心目标就是迫切需要发挥市域"前线指挥部"的重要作用,

第一章　党建引领"五治一体"的金山市域社会治理现代化

守住"不发生重特大案事件"的底线要求,重点防范化解并坚决扛起"防范化解五类风险"的主责主业,提高风险洞察、防控、化解、治本、转化能力,努力把重大风险防范化解在市域,确保"市域成为重大风险终结地",坚决阻断重大风险外溢,以一市一地的安全稳定夯实国家长治久安的坚实基础,确保人民安居乐业、社会安定有序,建设更高水平的平安中国,不断提高人民群众的获得感、幸福感和安全感,满足人民群众对美好生活的向往,让人民群众过上有品质的生活。

(五)治理方式:"五治一体"有机融合①

在全国市域社会治理现代化试点首次工作交流会上,陈一新同志指出,目前,一些地方对市域社会治理规律认识把握不够,存在碎片治理、被动治理等问题,往往"头疼医头、脚痛医脚",忙于当"救火队长",不善于创新治理方式破解难题。党的十八大以来,以习近平同志为核心的党中央就社会治理现代化提出了一系列新理念新思想新战略,其中蕴含着社会治理方式现代化的新要求,主要体现在发挥"政治引领""法治保障""德治教化""自治强基""智治支撑"作用上。这是党领导人民探索中国特色社会主义社会治理之路的实践结晶,也是新时代推进社会治理现代化的基本方式。要与时俱进探索创新,在党的领导下,充分发挥政治、法治、德治、自治、智治作用,提高市域社会治理现代化水平。

1.市域社会治理要"讲政治",充分发挥"政治引领"作用,更好体现"中国之治"优越性

习近平总书记反复强调,旗帜鲜明讲政治是我们党作为马克思主义政党的根本要求,是共产党人最鲜明的本质特征,要善于从政治上把握大局、看问题,善于从政治上谋划、部署、推动工作。要深刻认识政治引领是市域社会治理现代化、体现"中国之治"优越性最鲜明的特色标志,自觉把政治引领落实到市域社会治理各领域各方面各环节,充分展现中国特色社会主义制度优越

---

① 长安君:《陈一新:着眼把重大矛盾风险化解在市域　打造社会治理的"前线指挥部"　全国市域社会治理现代化试点举行首次工作交流会》,"中央政法委长安剑"微信公众号,2020年10月22日。

性。以科学政治理论凝聚市域社会治理思想力量，坚持不懈推动学习习近平新时代中国特色社会主义思想往深里走、往心里走、往实里走，坚持不懈推动习近平新时代中国特色社会主义思想进机关、进企业、进校园、进农村、进社区，坚持不懈引导社会各界代表人士增进对中国共产党和中国特色社会主义的认同。以坚强政治领导厚植市域社会治理优势，增强"四个意识"、坚定"四个自信"、做到"两个维护"，自觉在思想上政治上行动上同以习近平同志为核心的党中央保持高度一致，坚决把维护习近平总书记党中央的核心、全党的核心地位落到实处，不断增强市域社会治理的政治优势、组织优势、工作优势。以正确政治路线引领市域社会治理方向，制定执行市域社会治理现代化大政方针、部署推进重大战略、研究确定工作措施，都必须服从服务于党的基本路线，都必须自觉同党的基本路线对标对表。

2. 市域社会治理要"讲法治"，充分发挥"法治保障"作用，更好体现基本方略进步性

当前，市域社会治理"法不够用""法不好用""有法不用""执法不严"的问题较为突出。要深刻认识法治是社会治理方式现代化中体现社会进步的重要标志，充分发挥法治固根本、稳预期、利长远作用，将市域社会治理纳入法治化轨道。用好市域立法权，针对应急管理、公共卫生、网络安全、社区物业等重点领域，制定接地气、真管用的地方性法规，夯实市域社会治理法治支撑。增强市域执法效能，深化行政执法体制改革，健全行政执法"综合体"，建强市域执法力量，健全行政执法与刑事司法"两法"衔接平台，加大重点领域执法力度，依法防范打击影响市域安全稳定突出问题。提高市域司法水平，深化司法责任制改革，加强司法权运行制约监督，让人民群众在每一起案件办理中都能感受到公平正义。推进市域法律服务，加快建设覆盖全业务、全时空的法律服务网络。深化市域普法学法，深入学习宣传以宪法为核心的各项法律法规，增强全民法治观念。

3. 市域社会治理要"讲德治"，充分发挥"德治教化"作用，更好体现文化精髓传承性

德治是社会治理方式现代化中体现传统文化精髓的重要标志。要重视

发挥德治涵养共同价值观、维系社会认同、促进社会教化作用,弘扬伟大的抗疫精神,使之成为推动市域社会治理现代化的强大力量。完善市域德治体系,坚持以社会主义核心价值观为统领,加强社会公德、职业道德、家庭美德、个人品德建设。激发市域德治能量,深化文明城市创建活动,加强见义勇为激励表彰,广泛开展道德模范、最美人物、身边好人等选树活动,让凡人善举层出不穷、向上向善蔚然成风。强化市域德治约束,完善村规民约、居民公约、行业规章、团体章程等各类规则,健全守信联合激励和失信联合惩戒机制,专项治理群众反映强烈的违法败德问题,引导群众明是非、辨善恶、守诚信、知荣辱。

4. 市域社会治理要"讲自治",充分发挥"自治强基"作用,更好体现人民群众主体性

自治是社会治理方式现代化中体现人民当家作主的重要标志。完善自治制度,健全基层党组织领导的基层群众自治机制,保障人民依法直接行使民主权利。建强自治组织,构建党领导下多方参与、共同治理、充满活力的城乡社区治理体系,提高服务群众的能力水平。创新自治活动,广泛开展村民说事、民情恳谈等协商活动,有效通达社情民意、平衡各方利益、化解矛盾纠纷。激发自治活力,明确政府管理权和村(居)民自治权的边界,把不必要的行政事务剥离出去,解决地方村(居)委会行政化问题。

5. 市域社会治理要"讲智治",充分发挥"智治支撑"作用,更好体现科技进步革命性

深刻认识"智治"是社会治理方式现代化中体现新科技革命的重要标志,强化"智治支撑",为市域社会治理智慧化赋能。构建融会贯通的市域数据共享体系,推进跨部门、跨层级、跨领域信息互联互通,稳步推动公共信息资源开放。构建精准高效的市域风险防控体系,构建以数据为核心、业务为牵引、决策为目标的信息数据资源池,为风险"精准画像",确保见事早、看得准、下手先。构建持续优化的市域服务供给体系,普及智能化服务供给,全面开展"互联网+市域政务服务",深入推动"一次办""网上办""刷脸办"。

第三节　金山市域社会治理现代化试点的举措与经验

金山区隶属于上海市，地处上海西南门户，位于长江以南、黄浦江上游南岸，东与奉贤区接壤，北与松江区、青浦区为邻，南濒杭州湾，西与浙江平湖、嘉善接壤，处于长三角地理中心位置。全境地势低平，地面高程自西北至东南略有升高。全区区域面积1 058平方千米，其中陆域面积613平方千米，海域面积445平方千米，辖9个镇、1个街道、2个园区。根据第七次人口普查数据，截至2020年11月1日零时，金山区常住人口为822 776人。党的十八大以来，金山区按照习近平总书记"推动经济高质量发展，既要深刻认识贯彻新发展理念、构建新发展格局对推动地方高质量发展的原则要求，又要准确把握本地区在服务和融入新发展格局中的比较优势，走出一条符合本地实际的高质量发展之路"的指示精神，按照上海市"十四五"规划和2035年远景目标纲要提出的加快形成"中心辐射、两翼齐飞、新城发力、南北转型"的市域空间新格局的总要求，以全国首批开展市域社会治理现代化试点为契机，紧扣中央政法委的考评标准，突出政治引领、法治保障、德治教化、自治强基、智治支撑，加快推进市域社会治理现代化的统筹部署、整体推进，深入探索市域社会治理理念更新、体制变革、手段创新，积累了富有金山特色的治理经验，为全力打响"上海湾区"城市品牌，把金山努力建成打响"上海制造"品牌的重要承载区、实施乡村振兴战略的先行区、长三角高质量一体化发展的桥头堡提供了坚实的城市社会治理保障。

一、举措与做法

自2020年开展全国市域社会治理现代化试点工作以来，在上海市委政法委的有力指导下，在区委、区政府的坚强领导下，金山区全面贯彻落实习近平法治思想和系列讲话精神，坚持以人民为中心的发展思想，紧紧围绕试点工作目标要求，结合区情实际，突出系统谋划、整体推进、全面提升，通过画好"三张图"，全面提升市域社会治理现代化水平，为落实"南北转型"战略要求，打造"两区一堡"战略高地,全面推动转型新发展,全力塑造城市新形象提供更有力的治理保障。从理论和实践相结合、宏观和微观相结合的视角来看,金山区成功推进市域社会治理现代化试点的重大举措如下:

(一)对标上级精神强化顶层设计,科学谋定试点"规划图"

按照"符合中央要求、体现地域特点、具有鲜明特色"的总体思路,坚持全面谋划与突出重点相结合,战略谋划与可操作性相统一,突出目标导向、问题导向、需求导向,强化顶层设计,科学谋定"规划图",整体化推动市域社会治理现代化试点工作。

1. 在预研究基础上,制定市域社会治理现代化专项规划

市域社会治理现代化试点是国家在"十四五"时期提出的一项全新的重大治理创新实践探索,是国家治理体系和治理能力现代化的重要内容。也是建立在传统县域社会治理基础上的一次根本性创新,只有紧密结合社会经济发展的时代特征,准确分析和把握传统社会治理条件和基础,深化研究,明晰问题,才会深刻理解市域社会治理的内涵及其现代化实施路径。为此,金山区委政法委早在2019年,委托上海社会科学院社会学研究所,组建联合课题组,从市域社会治理的视角出发,开展完成了题为"'十四五'期间金山区完善社会治理的目标、思路和重点举措"的预研究报告,借此机会,课题组开展了覆盖全域、全体成员单位的社会治理基层调研,全面梳理了金山区已经取得的社会治理成效,分析了金山区社会治理面临的重大问题与挑战,初步形成了未来进一步创新全区社会治理的重点任务,提出了相关思路和对策建议。此次系统研究,给未来开展市域社会治理现代化建设打下了坚实的理论和实践基础。

在此基础上,到2020年国家正式推行市域社会治理现代化试点的重要节点,区委政法委在预研究成果的基础上,深入学习领会中央政法委、市委政法委关于市域社会治理现代化试点工作的要求,第一时间向市委政法委、区委汇报并成功申报试点。同时,与原课题组进行深度合作,启动"金山区市域社会治理现代化'十四五'专项规划"工作,紧密结合中央市域社会治理现代化试点实施方案和工作指引内容,对标对表各项工作要求和指标体系,开展历时半

年的深度调研和研讨,最终形成《金山区市域社会治理现代化"十四五"专项规划》,描绘了未来五年全区市域社会治理现代化的总体路线图,对建立健全市域社会治理体制机制、完善优化市域社会治理工作布局、创新市域社会治理方式手段等,提出了明确的改革任务和目标。该规划作为金山区"十四五"区级规划的重要内容,具有明显的战略性、引领性和强制性,为正在开展的全国市域社会治理现代化试点提供了强有力的制度保障。

2. 成立纵向联动的党委统筹领导机构,统筹引领试点工作有序推进

加强党委对试点工作的领导,确保试点工作有序、高效推进。试点工作一开始,根据党委总揽全局、协调各方的根本要求,形成由党委领导、政法委"抓总"、各类政府职能部门明确分工且联动合作的权责体系,形成市域社会治理上下联动、左右协同的总体作战格局。具体而言,在区层面,在全市率先建立了"金山区推进全国市域社会治理现代化试点工作领导小组",该小组由区委书记、区长挂帅实行"双组长制",由区委副书记、政法委书记、副区长、区法院院长、区检察院检察长、公安金山分局局长等领导任副组长,由纪委监委机关、区委组织部、区委宣传部、区委统战部、区委政法委、区法院、区检察院、区人武部、公安金山分局分管负责人,区委办公室、区人大法制委(监察司法委)、区政府办公室、区政协社法委、区文明办、区信访办、区委巡察办、区委党校、区发改委、区经委、区教育局、区科委、国安金山分局、区人口办、区民政局、区司法局、区财政局、区人社局、区生态环境局、区建管委、区农业农村委、区水务局、区文旅局、区卫健委、区退役军人事务局、区应急管理局、区消防救援支队、区市场监管局、区国资委、区绿化市容局、区房管局、区城管执法局、区交通委、区政务服务办、区行政服务中心、区城市运行中心、区融媒体中心、区总工会、团区委、区妇联、区工商联、区残联、武警执勤三大队、奉贤邮政管理局主要负责人,各街镇(高新区)党(工)委主要负责人任成员,构建了一个强大的区级领导阵容。金山区推进全国市域社会治理现代化试点工作领导小组下设办公室,办公室设在区委政法委,由区委政法委书记兼任办公室主任,副书记兼任办公室副主任,全权负责和统筹协调全区市域社会治理现代化试点工作有序开展。与此同时,区级层面发挥领导小组统筹协调作用,重点突出"三个纳

第一章 党建引领"五治一体"的金山市域社会治理现代化

入":将试点工作纳入区"十四五"规划并制定专项规划,纳入区、镇两级党(工)委重点工作与其他工作同部署、同落实,纳入区委、区政府重点督查和各部门、街镇领导班子年度绩效考核范畴。镇级层面完善组织架构和工作机制,着力体现"三个有":推动各街镇(高新区)建立试点工作领导小组及办公室,实现领导小组办公室实体化、规范化运作,建立健全工作制度落实专门工作人员,形成有统筹部署、有目标任务、有责任落实,一级抓一级、层层抓落实的工作链条。建立并落实领导小组办公室主任会议制度、部门牵头协调制度、督导检查制度、创新交流、评优表彰制度等,实行目标化管理、项目化推进、制度化保障。定期召开办公室主任(扩大)会议、联络员会议、培训工作会等会议统一认识、明确要求、压实责任,研究讨论解决试点相关重点、难点、堵点问题,推动各部门、单位围绕目标任务同向而行、同步发力。

3. 高规格举办试点工作大会,全面增强试点工作使命感

大量的国内外政府实践经验一再表明,领导重视,尤其是党政一把手领导的重视程度,往往是某项治理实践创新或政策议题能够取得成功的决定性因素。从这一点看,金山区在开展市域社会治理现代化试点工作中,区委、区政府领导高度重视、协同行动,为试点工作的成功打下了坚实基础,也是一个重要经验。2020年7月,金山区在全市率先召开区推进全国市域社会治理现代化试点工作首次会议(区委书记参加,区委副书记、区长主持会议),可见这是一次全区层面的最高规格会议之一。在工作会议上,区委书记出席并对市域社会治理现代化试点工作提出三点明确要求:一要准确把握推进市域社会治理现代化的重要意义。要深刻认识市域社会治理现代化的重要意义,切实增强政治自觉、思想自觉和行动自觉。要充分认清市域社会治理在国家治理体系中的特殊定位和作用,切实抓住市域这个环节,起到"一子落而满盘活"的效果。要充分认清这次试点是推进社会治理现代化的崭新实践,以全新理念、全新思路、全新方法推进社会治理现代化。要充分认清这次试点是全面提高金山区社会治理现代化水平的有力抓手,走出一条符合时代特征、具有市域特点、彰显金山特色的市域社会治理现代化新路子。二要全面提升市域社会治理现代化的水平和实效。要结合十一届市委九次全会和市社区工作会议关于

社会治理的最新要求,按照推进方案的目标计划,全力以赴抓好各项工作的落地落实,着力构建共建共治共享的社会治理格局,不断提升市域社会治理效能,形成一批理论成果、制度成果和实践成果。要突出抓好完善体制机制这一根本,切实完善横向体制、理顺纵向架构、促进区域联动。要突出抓好创新方式手段这一关键,充分发挥政治引领作用、自治基础作用、法治保障作用、德治先导作用和智治支撑作用。要突出抓好提升治理效能这一核心,持续提升安全风险防控能力、社会矛盾化解能力和公共服务能力。三要切实形成推进市域社会治理现代化试点工作的强大合力。市域社会治理涉及面广、政策性强,需要系统推进、融合联动,必须凝聚全社会共识,动员最广泛参与,形成最强大合力。要压实工作责任,试点工作领导小组要发挥好牵头抓总作用,各成员单位要各司其职、主动配合,各街镇(高新区)要落实好属地责任,切实把试点工作抓紧抓实抓出成效。要稳妥有序推进,坚持目标化管理、项目化推进和制度化保障,确保各项工作循序渐进、持续发力。要营造浓厚氛围,以多样化的载体手段让宣传更有广泛度和显示度,以多样化的内容形式让宣传更有吸引力和感染力。在此次会议上,区委副书记、区长进一步要求,要切实把思想和行动统一到中央、市委和区委的决策部署上来,着力压实工作责任,不断强化工作合力,采取有力的措施,努力防风险、补短板、提效果,加快探索形成可复制可推广的先进经验,推动我区社会治理工作始终走在全市乃至全国的前列,推动"升级版"平安金山、法治金山建设迈上新的台阶。区委常委、政法委书记就推进"全国市域社会治理现代化试点"工作进行了具体部署。很显然,区委、区政府"一把手"高度重视、亲自督导、协同推动的给力举动,无形中增强了市域社会治理现代化试点工作的战略性、紧迫性和使命感,为全区上下按照中央、市委的部署要求,统一思想、挂图作战、狠抓落实、善作善成,确保市域社会治理现代化试点如期成功创建,提供了更加坚强的组织领导保障,也为后续工作的整体性推动打下了坚实的基础。

(二)结合地方实际统筹谋划,精心制作试点"路线图"

1. 率先制定统分结合的实施方案

注重调查研究,在全市率先制定关于推进全国市域社会治理现代化试点

第一章 党建引领"五治一体"的金山市域社会治理现代化

工作的实施方案并由区委、区政府办公室联合印发。全区"实施方案"确立了完善国家安全体系、健全公共安全体系、完善社会治安防控体系、推进依法治区工作体系、健全矛盾预防化解体系、创新基层社会体系六大市域社会治理重点任务,着力构建系统完备、科学规范、集约高效的市域社会治理体系。与此同时,制定《金山区推进全国市域社会治理现代化试点工作六大体系建设方案》,重点围绕国家安全体系、公共安全体系、社会治安防控体系、依法治区体系、矛盾预防化解体系、创新基层社会治理"六大体系",全面推动组织领导系统化、目标任务系统化、制度机制系统化、方法举措系统化、推进保障系统化、成果展示系统化"六个系统化",实现了市域社会治理布局的全过程、全域化、现代化。围绕六大体系建设方案,督促六大体系牵头部门和配合部门根据体系建设方案要求,结合自身工作职能,强化责任分工,加强信息互通、资源共享、工作联动机制,旨在推动社会治理资源整合、力量融合、功能聚合、手段综合、同向发力,突破难点,做出特色,为提高市域社会治理现代化的整体效能奠定了坚实基础。

2. 着力加强工作规范制度建设

制度先行、规则先行,是金山区开展市域社会治理现代化试点的一项重要举措。在试点开始后,区委政法委紧紧牵住制度建设"牛鼻子",围绕体制现代化、防范"五类风险"、发挥"五治作用"等11个板块,坚持从制度层面破解社会治理难题,按照"三个一批"[①]的思路加强社会治理领域相关制度建设,切实用制度保障推动社会治理各项工作走深走实。具体而言,2020年,在试点工作领导小组主持下,在全区范围内制定印发了《金山区推动全国市域社会治理现代化试点工作领导小组办公室主任工作制度》《金山区全国市域社会治理现代化试点工作重点任务牵头部门工作制度》《金山区全国市域社会治理现代化试点工作督导检查制度》《金山区全国市域社会治理现代化试点工作创新交流制度》《金山区推动全国市域社会治理现代化试点工作课题研究

---

① "三个一批",即坚持和固化一批行之有效的制度机制,健全和完善一批补短板、强弱项的制度机制,创新和发展一批符合新发展要求的制度机制。

制度》《金山区全国市域社会治理现代化试点工作评选表彰办法》《金山区关于推进全国市域社会治理现代化试点工作成果展示方案》7项重大制度，做到每一项工作有章可循、规范化推进，大大增强了试点工作的可预期、约束力。在此基础上，明确将2021年作为金山区市域社会治理现代化试点工作制度建设年，不断拓展和完善制度规范体系建设，坚持和固化制度机制137项，健全和完善制度机制68项，创新和发展制度机制61项，通过制度创新有效破解城市管理联勤联动、外来人口管理服务等社会治理热点难点问题，并抓好制度的持续贯彻落实。

3. 明确任务导向的工作路径

突出任务导向、效果导向，注重过程管理，明晰工作路径，是不断推动市域社会治理现代化工作走深走实的重要前提。金山区以"市域社会治理现代化专项规划"为引领，坚持全面谋划与突出重点相协调，全区上下制定并明确了"年头有部署、年中有督导、年终有总结"的工作路径，明确重点任务、实施项目化管理，明确试点工作重点任务的牵头部门和配合部门，形成项目清单、责任清单、任务清单，一项一项抓推进落实。2020年、2021年、2022年分别制定形成46项、52项、42项年度重点任务，推动牵头部门分别制订年度工作计划，以2022年目标"倒推"和当前迫切需要解决的问题"正推"两者结合的方式制定任务完成时间排表，提出可行思路和务实措施，这开创了"一件事接着一件事办、一年接着一年干"，不断高效解决市域社会治理的难点痛点堵点的工作新局面。2021年，根据区委统一部署，7个民主党派区委、无党派代表人士对试点工作开展专项民主监督，形成17份高质量专项民主监督报告，推动市域社会治理现代化试点工作走深走实。2021年7—10月，市委政法委牵头组织开展市域社会治理现代化全国试点区中期评估工作，于11月25日初步反馈了评估意见，指出金山区存在18个主要问题。全区认真研究反馈意见，深刻剖析，对照检查，逐条制定整改措施，做到措施到位、责任到位、整改到位，切实解决中期评估发现的问题，确保在规定时限内高质量、高标准完成整改工作。

4. 注重试点成果适时推广交流

采取多种形式全方位强化正面宣传，努力为深入推进全国市域社会治理现代化试点工作营造良好氛围。把理论宣传、经验交流、成果展示贯穿试点工作全周期、全过程,组织开展工作调研、理论研究、制度设计、品牌培育、总结宣传等工作,逐年形成一批可复制、可推广的市域社会治理现代化理论成果、制度成果、实践成果。2021年以来,中央政法委《政法动态》《长安》《法治日报》《上海政法情况》《上海改革动态》《上海社会发展报告(蓝皮书)》等国家级和市级媒体先后刊登了金山区推进全国市域社会治理现代化试点工作的经验做法,有效提升了试点工作在全市乃至全国的影响力。自2020年以来,累计组织召开8次创新工作交流会,推动展示成果、分享经验、凝聚共识。建成金山区市域社会治理现代化实践基地,系统展示"六大体系"建设成果,寓教于乐,善惠于民,被人民日报、新华网、学习强国报道刊登。

(三)聚焦市域社会治理重点任务,高效推进落实"施工图"

市域社会治理现代化是一项涉及多层级、多部门、多任务的系统工程,在明确"规划图""路线图"以后,关键在于如何发挥科层体制的专业化优势,针对市域社会治理面临的突出问题和价值目标,制定更加具体、更具可操作性的"施工图",明确重点任务,按图施工,系统化高效推动落实,是实现试点工作预期目标的重要保障。

1. 重点建设"六大体系",全面提升市域社会治理现代化试点工作实效

结合试点精神和金山实际,把"六大体系"建设确立为试点工作重点,制定"六大体系"总体建设方案,明确工作思路和建设框架,压实牵头部门和配合单位工作职责,形成体系建设合力。一是推进国家安全体系建设。始终把政治安全作为维护国家安全的头等大事,严密防范,严厉打击渗透、破坏、颠覆、分裂、暴力恐怖和邪教滋扰等活动,建立健全政治、金融、经济、科技、生物、涉外、党建、网络等重点领域风险研判机制,全面推进国家安全工作体系和能力建设。二是推进公共安全体系建设。结合地方实际,抓住"9+2"重点,即强化危险化学品、消防安全、交通运输、建管行业、特种设备、公共卫生、食品药品、生态环境、防灾减灾等9个重点领域和对寄递物流、网约车等2种新业态的安全监管,努力构建平安建设源头防控、过程把控、应急管控的完整链条和有机治理闭环。三是推进社会治安防控体系建设。以立体化、法治化、专业化

和智能化为方向,打造社会治安防控新格局。坚持专群结合,完善群防群治工作机制。常态化推进扫黑除恶工作,严厉打击盗抢骗、黄赌毒、食药环等民生领域和侵害未成年人、电信诈骗、养老诈骗等突出违法犯罪,推动联勤工作站、十户联防、安全屋等建设,加强"雪亮工程""智慧公安"社会面智能安防等深度应用,让群众安全感更有保障。四是推进全面依法治区体系建设。加强法治金山建设规划(2021—2025)、"八五"普法规划等引领作用,加大法治政府、法治社会建设力度,督促党政主要负责人履行法治建设第一责任人责任,加强司法权力运行制约和监督,不断提高执法司法公信力。五是推进矛盾预防化解体系建设。深化执行重大安全稳定风险隐患排查管控和重大决策社会稳定风险评估机制。紧盯重点人、重点事,大力开展突出矛盾和疑难问题化解。坚持把非诉讼纠纷解决机制挺在前面,推进非诉讼争议解决中心建设和"非诉社区"创建。深入开展集中治理重复信访、化解信访积案专项工作。健全社会心理服务体系和疏导、危机干预机制,有效引入律师、心理咨询师等社会力量参与矛盾化解。六是创新基层社会治理体系建设。推动基层党建引领下自治、法治、德治、共治一体化发展,尊重群众首创精神,推动"微治理",鼓励"微创新",形成"微品牌";重点抓住"一个引领和两个重点",即发挥基层党组织在社会治理中的引领作用,提高村(居)规民约、宅基楼组公约的法治化水平和搭建好村(居)民协商议事平台两个重点,推动民事民议、民事民办、民事民管。

2. 牢牢把握"六个注重",整体推进市域社会治理现代化试点创新发展

一是注重源头治理。持续推动将风险处置从"事后处置"向"事前预防"转变,统筹协调好基层资源力量,切实将风险隐患发现在早、处置在小。二是注重依法治理。持续提高领导干部法治思维和法治能力,在法治框架内解决历史遗留问题和突出疑难矛盾,全力为"上海湾区"城市品牌建设营造更好的法治化环境。加强以案释法,提升普法宣传教育的针对性、有效性。三是注重基层基础。健全完善综治网格与党建网格、城市管理网格、警务网格"多格合一"的平安网格管理机制。深入推进区镇村三级综治中心规范化、实体化、效能化建设,以出租房屋"旅馆式"管理为抓手推进实有人口服务管理。四是注重制度建设。坚持和固化一批行之有效的制度机制,健全和完善一批补短板、强弱项的制度机制,创新和发展一批符合新发展要求的制度机制,切实用制度保障推动社会治理各项工作走深走实。五是注重典型示范。制定发布党建引领下"四治一体"建设地方标准,塑造一批在全市、全国有一定影响力的治理创新品牌。推动各级党委和政府将平安建设纳入督查范围,将平安建设考核结果作为领导班子和领导干部业绩评价的重要依据。六是注重队伍建设。狠抓政法队伍教育整顿,统筹做好换届后政法条线工作力量培训,持续加强预防犯罪体系社工队伍建设。

二、创新与特色

除了采取上述措施外,金山区以提高市域社会治理整体效能为目标,以制度创新为突破口,结合区位特色,锐意改革,加大创新,形成一些富有成效的制度集成改革成果和跨边界治理特色,并在疫情防控实践中得到了进一步检验和完善。

(一)创新共建共治共享,合力提升治理效能

立足区域实际和社会治理发展形势,完善社会治理平台机制,整合社会治理资源力量,提升社会治理的系统性、整体性和协同性,着力开创金山区市域社会治理现代化新格局。

1. 多方合力,打破治理壁垒

一是加强执法司法衔接。区生态环境局与公安金山分局、区法院、区检察院等部门建立司法执法联动、干部派驻交流、生态环境损害赔偿与检察公益诉讼衔接协作等工作机制,制定联席会议、日常联络、联合培训和宣传、案件会商和双向咨询等工作制度,强化部门联动、优势互补,实现全区环境资源执法司法无缝衔接。二是统一城管执法协作。区城管执法局与平湖市城管执法局先行先试,组建全国首支跨省(市)联合行政执法队——"平湖市—上海金山区联合行政执法队",明确统一执法体系,打破区域壁垒,一体化开展跨区域联合执法行动,累计开展联合检查30次,办理案件73起。三是实现跨省药品联管。区市场监管局与平湖市市场监管局联合推动跨省特殊药品监管系统对接

项目,系统上线运行后,通过"四色"预警,实时向两地公安部门推送预警信息,报告异常购药行为,防控特殊管理药品流弊风险,堵塞了毗邻区域含麻药品被滥用或提取制毒的漏洞,实现200余种特殊管理药品跨1 167平方千米的联合管控,有效助力两地禁毒工作。

2. 多端整合,推动系统集成

一是推进"多格合一"。根据《金山区"多格合一"试点工作运行方案》,以警务网格为基准,构建37个与综治、市场监管、城管网格边界统一的城运网格,围绕重点区域、主要景区、热门商圈等场所建设城运联勤工作站,落实公安、市场监管、城管等一线管理和执法力量入驻城运联勤工作站,形成7×24小时工作机制,实现多部门一体化管执法高效协同。截至2022年年底,全区共投入运行36个城运联勤工作站,入驻工作人员842名,共开展联勤联动927次,上报案件2 496件,结案率100%。二是深化集成服务。围绕企业群众高频办事需求和应用场景,拓展"一件事"改革覆盖面,梳理形成2022年新增"一件事"事项清单,制定形成《关于持续深化"一件事"集成服务改革的通知》,逐事项明确牵头部门和配合部门,围绕申请材料、申报方式、受理模式、审核程序、发证方式、管理架构等内容,进行整体性业务流程再造,共新增服务事项2件,优化服务事项1件。三是整合热线平台。持续推进"110"报警服务平台与网格化平台的资源整合,明确"涉环境违法、涉房屋管理、非警务求助、应急联动、纠纷类"5个大类44个小类非警务类"110"与网格化系统对接分流处置,截至2022年12月31日,共受理非警务类警情案件9 108起,成功分流8 584起,回流524起,成功分流率为94.25%。

3. 多元协同,强化要素保障

一是提升法律保护强度。区检察院、区法院、区生态环境局、区市场监管局、区农业农村委、区妇联、区消保委签订联动框架协议,推动在行政非诉执行、民事支持起诉、行政调解、农村综合帮扶、妇女司法救助等方面形成协作配合机制,强化法律保护和服务质效。二是提升政务服务温度。出台《关于推行政务服务村居代办的指导意见》,重点聚焦老弱病残等村居困难群众办事需求,以街镇社区事务受理服务中心现有200个办理事项清单为基础,推动各村居因地制宜动态确定代办服务事项,规范贴心提供代办服务,切实为基层群众办实事、解难题。三是提升文明实践力度。推进新时代文明实践中心建设,成立金山区新时代文明实践专项基金,建立12支专业志愿服务队,培育17个新时代文明实践点(特色阵地),深入打造"爱国小先锋"红色宣讲、"知心驿站"心理疏导等优秀团队,优化"好人工作室""爱心点名"为老服务、"紫金先声"宣讲课堂等品牌项目,进一步激活阵地活动、盘活区域资源,把新时代文明实践中心站点打造成弘扬时代文明新风的宣传平台、服务站点和实践阵地。

4. 多管齐下,深化科技赋能

一是加快智慧城管建设。建成区级综合指挥监管平台、11个街镇(园区)分中心和街面环境、建设工地等核心应用场景,"智慧城管1+1+11+N"全场景系统基本成型。推进区城管执法局指挥中心升级改造,建立高效的指挥系统和快速反应机制,推动数据汇集和实体化运作,通过24小时线上视频轮巡、对讲机实时呼叫应答、点对点实时指挥调度,实现半小时到场处置率达100%。二是推动网上信访工作。强化信息归集,把信访事项网上受理办理作为信访工作的"主业",全力推动信访事项"入网流转",以"信息流"规范"业务流",提高数据集成度。对已联通信访系统的各单位,全部要求实行"来访必登、来信必录、网信必办",构建一张"横向到边、纵向到底"的信访数据收集网络,做到集成管理、一网通办,为做好信访形势分析、信访矛盾化解提供有力支撑。三是打造风险预警系统。推进碳谷绿湾监测预警值守中心建设,加快危险化学品安全生产风险监测预警系统建设和应用,完成68家实物取证企业信号接入,共接入企业生产装置、罐区等重点部位的温度、液位、压力、有毒可燃气体报警及视频监控等信号2868路,实现安全生产监测预警系统全时段值守工作。四是搭建"智慧路长"平台。在建立区、镇、村三级路长组织体系的基础上,开发"智慧路长"小程序和APP,打造具有上海特色的农村公路"智慧路长"信息化平台,强化动态管理、信息共享和公众参与,实现道路信息公开、专管员巡查、事件上报、督查督办、数据采集、交通宣传、投诉建议、便民服务等功能,有效推动农村公路信息化、智能化管理。

（二）突出区域特色，打造省际跨界联动治理新品牌

党的十九届六中全会通过的《中共中央关于党的百年奋斗重大成就和历史经验的决议》指出，"长三角一体化作为国家战略，肩负着创新引领率先实现东部地区优先发展、建立更加有效的区域协调发展新机制的历史重任"。习近平总书记在扎实推进长三角一体化发展座谈会上指出，"要紧扣一体化和高质量两个关键词，以一体化的思路和举措打破行政壁垒、提高政策协同，实现更合理分工，凝聚更强大的合力，促进高质量发展"。时任中央政治局委员、上海市委书记李强到金山调研时，要求金山发挥区位优势，努力成为长三角高质量一体化发展的桥头堡。长三角一体化发展是我国进入新时代高质量发展的必然要求。金山区作为上海的西南门户，与浙江省嘉兴市地域相连、人缘相亲、经济相融、人文相近。为贯彻落实中央和市委要求，近年来金山区持续探索并不断深化党建引领下毗邻地区社会治理协同发展，其中，省际平安边界建设是重要一环。

金山区有4个镇、23个村与浙江省嘉兴市下辖的平湖市、嘉善县接壤，设有23个陆路公安检查站（含高速公路、地面等级和等外）、2个水路检查站，有5条水路无名道口和2处断头路，边界地区情况复杂。2009年，金山区主动与毗邻的浙江省平湖市、嘉善县开展平安边界联建工作，形成了"组织体系联合、工作制度联建、警力支援联手、社会治安联防、矛盾纠纷联调、技防设施联建、信息资源联享、特殊人群联管、道口检查联合、法治宣传联袂"的平安边界"十联"机制。随着这些年来经济社会发展形势变化和社会治理力度不断加大，平安边界建设内容不断完善丰富、拓展延伸，更好地满足时代趋势和两地群众实际需求。"'毗邻党建'引领沪浙跨界协同治理"获中组部"全国城市基层党建创新最佳案例"、首届中国城市治理创新奖。

1. 突出"合"字，构建平安边界新体系

金山区先后与嘉兴市以及平湖市、嘉善县签署合作协议，打造更宽领域、更富实效、更高水平的平安边界。一是签订合作协议。两地政法、应急管理、市场监管、生态环境等部门，有关镇村与毗邻地区签订《金山区—嘉兴市政法系统关于推进更高质量平安建设、法治建设的合作协议》等合作协

议23个,形成高位推动、多方联动的工作格局。二是完善合作机制。建立金山、嘉兴两地政法系统区域合作会商轮值制度,每年召开一次两地政法系统区域合作座谈会,明确3个大类14项具体任务。各执法司法部门在共同打击犯罪、加强执法监督、推动人才培养等领域建立交流合作机制,近3年共研究确定14个重点合作项目,形成了跨区域执法联动协作新格局。三是创新合作项目。在原有联建合作基础上,把握地处长三角沿海重要交通枢纽,省际交界人财物流动频繁现状,重点围绕危化品运输监管、交通运输安全、公共卫生监管、跨省际流域生态环境等领域加强合作,促进协同治理。如金山、平湖两地市场监管部门围绕农村集体聚餐共性问题,在"一网通办"平台开发设置"农村集体聚餐家宴厨师"网上备案功能模块,两地家宴流动厨师"足不出户"就能在线上完成异地身份证、食品安全知识培训合格证明、健康证明等信息的网上备案,目前已有360余名"家宴厨师"在该平台完成登记备案,切实保障食品安全。

2. 突出"共"字,拓展平安边界新内涵

坚持共建共治共享理念,通过"毗邻党建"引领,推动各种要素实现"抱团发展"。一是基层组织共建。金山区先后与平湖市、嘉善县签署"毗邻党建"引领区域联动发展合作框架协议,每年确定约20个跨界合作项目,建立起地方部门、边界镇村党组织多层次的合作关系,通过共同开展主题党日、党员沙龙、"区域党建项目"认领等活动,进一步增进三地党员的交流互往,合力推动协同发展。如金山区廊下镇山塘村(北)和浙江省平湖市广陈镇山塘村(南)一河之隔,形成了"一桥两山塘"毗邻村落特色。在两村联合党支部带领下,南北山塘共同推动"明月山塘"跨界治理模式,党群阵地错位建设、文化资源联动共享,实现南北山塘"规划一体、产业互补、景区共创、治理同步、平安联防"等五个协同。二是人才队伍共育。开展毗邻地区基层党组织书记、党务干部联合培训,创新探索基层党组织班子成员交叉任职、双向任命。探索干部联动培养模式,加强交流互动,促进能力提升,近3年来共开展培训200余次,覆盖8 000余人。如金山区检察院举办检察论坛,邀请嘉兴市检察院代表参加,就基层检察业务革新、业务管理创新等开展交流研讨;与平湖市检察院开展办案交流、课题研讨、庭审观摩,共同提升跨区域办案水平。三是治理资源共享。发挥各自宣传阵地优势,联动开展防范电信网络诈骗、禁毒、反邪教等平安宣传。如金山区碳谷绿湾(工业园区)内跨省通勤人员较多,管辖的金山卫派出所与相邻的平湖市独山港派出所将各自辖区内多发、易发的诈骗警情做成简单易懂的"警方提示"在企业员工食堂播出,并将反诈宣传常态化加入班组长、月度员工安全会议议程,有效覆盖规模以上企业 110 余家、员工 1 万余人。

3. 突出"联"字,凸显平安边界新成效

强化"区域共治、协同发展"理念,取长补短、紧密合作,持续保持边界区域的长治久安。一是社会治安联防。公安金山分局与平湖市、嘉善县公安局打造沪浙"五地七所"跨区域打防管控一体化平台,建立办案协作直通车机制,机制建立以来先后合力抓获各类在逃人员 40 多名,侦破 10 余起跨区域流窜案件。边界区域 23 个村级综治中心充分发挥发现问题、信息传递、快速化解"一线指挥部"作用,综治社保队员、治安联防队员、平安志愿者等群防群治队伍对边界地区重点部位、复杂场所、出租房屋开展联动巡查,近 3 年来共发现上报案事件 6 751 件,处置率达 100%。二是矛盾纠纷联调。与平湖市、嘉善县建立跨区域矛盾纠纷多元化解和风险防控协作机制,近年来成功调处矛盾 878 件,平稳完成上海石化油品清洁项目、平湖市独山港镇垃圾焚烧厂环评公参等相关工作。吕巷镇探索建立"非诉"社区,廊下镇细化跨区域矛盾纠纷联调流程,成功调处了涉及浙江方面的生猪填埋事件、农民建房坠亡矛盾等,实现了"1+1>2"的效果。三是执法司法联动。两地三方执法司法部门共同开展多领域联合执法,在立案、审判、执行等环节加强合作,近年来共开展联合执法 200 余次,跨区域联合办案 47 起。如金嘉平三地法院建立协作执行机制,各院每月通报受理的涉及另两家法院辖区当事人的执行案件相关信息,执行法院异地或在三地交界地带采取重大执行措施时当地法院予以积极协作配合,该机制建立以来委托执结案件近千件,执行到位金额 3 亿余元,合力破解"执行难"问题。四是边界安宁联管。2020 年以来,金嘉平三地公安、应急管理、生态环境、市场监管部门以及毗邻镇共开展联合应急演练 25 次；司法行政部门对经常往返三地的社区矫正人员进行协调对接，畅通信息通报渠道；三地边界镇村互派人员值班值守，联手开展入境检查，圆满完成了 G20 杭州峰会、世界互联网大会、中国国际进口博览会、中华人民共和国成立 70 周年、中国共产党建党 100 周年等重大活动安保任务。2022 年"大上海保卫战"中，对 23 处陆路公安检查站和道口落实 24 小时值守，累计检查车辆 32 万余辆次，劝返车辆逾 1 万辆次，查获保供车辆"夹带人员"5 辆、"黑救护"3 辆。

（三）围绕疫情防控，构筑平战结合的韧性治理体系

新冠疫情防控是对社会治理体系和治理能力的一次大考。2022 年"大上海保卫战"期间，金山区始终把人民群众的利益放在首位，持续强化责任意识、风险意识、大局意识，一手抓疫情风险防控，一手抓生产生活保障，于 2022 年 4 月 11 日在全市率先实现当天社会面动态清零，实施防范区、管控区、封控区差异化防控。全区 12345 市民服务热线涉及疫情工单数量始终处于全市较低水平，解决率处于较高水平，人民群众获得感、幸福感、安全感得以保障，城区韧性治理能力显著提升。

1. 强化责任意识，尽锐出战落实举措

金山区以党建为引领，凝聚各方力量，全力打好疫情防控阻击战。一是组织支撑发挥引领作用。第一时间下发《致全区各基层党组织和广大共产党员的倡议书》，成立疫情防控一线临时党支部，组建"三个千人"常态支援队伍和"三个百人"应急支援队伍；号召全区在职党员到社区报到，帮助所在小区开展秩序维护、信息登记、物资配送、防疫消杀、宣传引导等工作，共计有 4 700 余名区镇两级机关、企事业单位干部下沉村居一线，2.3 万余名报到党员、1.9 万余名群众志愿者就地支援，与 2 300 余名村居干部协同作战。二是网格管理加强社会动员。广泛招募志愿者，设立 6 300 余个防控微网格，建立 1 917 支"微格先锋队"，形成"1 群 1 楼 1 包干"跟踪式服务模式，累计处置风险隐患点 343 个、服务特殊人群 1.2 万人次。建立"居商联盟"，开展"爱心蔬菜"捐助，实现商户与居民的互帮互助。各街镇（园区）不断探索创新，朱泾镇以"爱心小柜"为载体搭建邻里互助平台，居民各自拿出家中"余粮"放到爱心小柜

缓解物资匮乏之急。亭林镇发挥"老乡管老乡"等社会组织自治力量,由老乡负责将物资挨家挨户运送至外来务工人员家中。吕巷镇充分调动私营商户、国有超市等市场主体积极性,通过集采集送中心将物资统一代购、统一配送至村居。三是科技加持助力精准防控。充分释放"雪亮工程""智慧公安"等技防设施建设红利,利用大数据、算力网络、新兴技术等提升疫情防控实效。枫泾镇、廊下镇在农村出租房屋、进出镇域道口使用"场所码",全面掌握人员流动情况;漕泾镇为60岁以上老年村民设计小程序,自动生成核酸检测登记码提升采样效率;山阳镇推出可线上自动完成"喊楼、登记信息、人员比对"三项工作的小程序,大大减少志愿者工作量;金山卫镇将核酸检测结果端口与"智慧村庄"系统对接,村委会实时掌握村民核酸检测结果;高新区社区利用无人机运输物资,将物资精准送达远离镇区的农村。

2. 强化风险意识,多措并举织密网络

随着防范区的不断增多,金山区将人员力量有序从小区内部向社会面释放,重点把好居民、场所、道口"三道关",最大限度减少流动中的疫情风险。一是把好人员流动关。各街镇(园区)结合实际通过门岗登记、查验核酸证明、发放出入贴纸等方式,严格落实每天每户一人一次外出限流,同时通过合理布局生活物资采购场所、分时发放出行证、限制机动车上路、开发购物时段预约程序等方式有效错峰疏导人流,尽可能降低人群集聚风险。二是把好场所安全关。全区有序开放"五类场所"满足市民基本生活采购需求,公安、市场监管、城管等执法力量与志愿者各司其职,督促场所安全、员工安全、货品安全、进门查验、非接触式购物等规定执行,严格限制场所客流密度。防范区保供企业和经批准复工复产企业严格执行封闭生产和闭环管理,并以签署责任书等方式压实企业主体责任和员工防疫责任。三是把好边界入口关。金山区地处沪浙边界,全区1处高速检查站、5处等级地面检查站、14处高速收费站下匝道以及10条区区交界主要道路采取封闭管理,科学投入警力驻守,严把通行证审批、管理和使用关,切实防范通行证挪用、客货车夹带人员等重大风险;对28个入沪陆路无名道口,与浙江方面各自采取硬隔离措施,保持2名平安志愿者24小时值守。同时在各街镇(园区)边界、各镇域内主要道口、各村居"一口出入"等关键部位显性投入警力驻守巡逻,由机关干部、志愿者设卡检查,建立起"外防输入、内放反弹"的层层防线。

3. 强化大局意识,法治护航维护稳定

主动创新机制、疏通堵点,最大限度服务保障生产生活,赢得民心。一方面,助力复工复产复市。建立恢复营业场所"白名单"机制,发布《恢复经营告知书》,明确商业网点恢复经营必须具备的条件、履行的手续、恢复经营后的疫情防控责任以及擅自恢复经营的法律后果,截至2022年5月底已将1 167家商贸网点纳入"白名单"。推出《金山区复工复产法律服务工作清单》《关于助力企业复工复产促进健康发展的若干意见》等系列法治保障工作措施,组织"千人暖企服务团"下沉企业提供包保服务,及时回应企业在疫情防控和复工复产复市方面遇到的难点热点问题,最大限度营造良好的营商环境。另一方面,加强监管稳定市场。发放《关于稳定基本民生商品和防疫用品价格的提醒告诫函》等加强提示告知,积极利用微信公众号和新媒体平台开展涉疫情纠纷案件法律适用宣传、发布疫情期间涉企犯罪典型案例等,通过提醒告诫、政策指导,督促线上线下各类经营者落实主体责任。建立举报机制,以民生商品为重点加强巡查检查,做到有诉必接、有案必查、有查必果,依法严厉打击涉疫违法犯罪,确保社会面大局稳定。

三、经验与启示

2020年以来,在市委政法委的有力指导下,在区委、区政府的正确领导下,金山区围绕市域社会治理现代化试点工作目标,聚焦国家安全、公共安全、社会治安防控、依法治区、矛盾预防化解、基层社会治理"六大体系"建设,整合资源要素,再造工作流程,形成了治理保障、治理格局、治理思维、治理力量、治理手段、治理方式"六个转变"的重要经验,为落实"南北转型"战略要求,打造"两区一堡"战略高地,全面推动转型新发展,全力塑造城市新形象提供更有力的保障。

(一)厚植法治理念,推动治理保障从"行政化"向"法治化"转变

坚持贯彻落实习近平法治思想,充分发挥好法治固根本、稳预期、利长远

的作用,为推动市域社会治理现代化提供更加坚实的法治保障。一是更加注重顶层设计。探索建立区委依法治区专题研究、听取法治建设重点工作情况机制,2022年首次听取了区法院的司法建议和区检察院的检察建议工作情况。根据"1+2+1"法治建设规划[①]重点任务分工方案,面向全区征集法治金山建设年度重点项目,围绕依法治区、法治政府、法治社会、街镇"一镇一品"4个大类,确立43个项目,梳理形成《2022年法治金山建设重点项目》,以项目化、清单化方式推动全面依法治区落地落实。二是更加突出关键少数。坚持以"关键少数"引领"绝大多数",深入开展党政主要负责人专题述法工作。2022年1月12日,召开中共金山区委常委会述法专题会暨金山区述法工作推进会,中央依法治国办专程组织全国10个省市来金山现场观摩。围绕区政府全体会议、政府专题会议、政府常务会议,常态化落实利益相关方列席政府会议制度,努力回应社会关切、维护公众利益,切实保障人民群众民主参政权利。组织全区行政部门负责人参加行政案件应诉、旁听、讲评"三合一"活动,行政机关负责人出庭应诉率保持全市前列。三是更加突出重点领域。全面落实行政执法"三项制度"[②],行政执法能力和水平整体大幅提升,执法社会满意度显著提高。区农业农村委执法大队获评"全国农业综合行政执法示范窗口";区市场监管局"探索执法全过程记录制度建设"工作成为上海市场监管系统唯一入选市场监管总局评选的执法典型事例。推进包容审慎柔性执法,2020年至今,全区在应急消防、生态环境、市场监管等领域共适用不予处罚案件337件。完善重大行政决策制度机制,每年制发金山区人民政府重大行政决策事项目录,严格执行重大行政决策公众参与、专家论证、风险评估、合法性审查和集体讨论决定等法定程序,切实提高科学民主依法决策水平。出台《关于进一步规范以区政府名义签订行政协议的通知》,规范规范性文件合法性审查和行政协议签订。在打赢"大上海保卫战"期间,形成《常见涉企涉疫法律知识108问》《复工复产复市法律服务工作清单》等文件,有效助力复

---

① "1+2+1"法治建设规划:法治金山,法治政府、法治社会和"八五"普法规划。
② 行政执法"三项制度":行政执法公示制度、行政执法全过程记录制度、重大执法决定法制审核制度。

工复产复市。四是更加突出制度建设。印发《关于全面加强和改进本区基层法治建设的意见》，从体制机制、行政执法、守法普法、工作队伍和组织保障等方面加强顶层设计。各街镇（高新区）均完成全面依法治理工作制度、法治审核机制、司法所长列席镇长（主任）办公会议等制度机制建设。金山区基层法治建设相关做法在市委全面依法治市委员会办公室会议上交流，在全面依法治市工作简报专题刊发。

（二）完善工作机制，推动治理格局由"碎片化"向"系统化"转变

坚持系统观念，改变过去"单打独斗、各自为政"的治理局面，构建试点工作框架和实施路径，形成一体化推进市域社会治理的强大向心力。一是完善领导体系。建立区、镇两级党政主要负责人"双组长"牵头的市域社会治理现代化试点工作领导小组，领导小组办公室配备专门工作人员，健全工作运行机制，促进部门协同、上下联动。二是完善推进体系。每年召开试点工作推进大会，制定试点工作实施方案，确立"六大体系"作为市域社会治理重点任务，三年来共制定140项年度重点任务，形成项目清单、责任清单、任务清单。三是完善保障体系。将试点工作纳入区"十四五"规划并制定专项规划，纳入区、镇两级党（工）委重点工作与其他工作同部署、同落实，纳入区委、区政府重点督查和各部门、街镇领导班子年度绩效考核范畴。安排民主党派对试点工作开展民主监督，形成17份高质量报告，推动试点工作走深走实。

（三）锚定风险防范，推动治理思维从"末端化"向"前置化"转变

坚持国家总体安全观，聚焦源头治理和前端处置，切实把重大风险隐患防范控制在区内、解决在当地。一是打造国家安全新载体。建立九大重点领域[①]工作协调机制，实现重点单位人民防线建设小组"全覆盖"。二是构建社会维稳新机制。建立重大项目建设前期维稳联动机制，提前介入市公卫中心临床中心、应急医学中心项目、上海石化苯乙烯类热塑性弹性体项目等涉邻避类重大项目前期工作，从源头上预防和减少涉稳隐患。深化重要时间节点影

---

① 九大重点领域：政治、社会、意识形态、科技、生物、外部环境、党的建设、金融、经济领域。

响社会稳定矛盾问题集中专项排查机制,3年来共开展11轮集中专项排查活动,排查不稳定因素437件次,均落实化解稳控措施。建立舆情应对"四方联动"①机制,助力舆情快速处理,在打赢"大上海保卫战"期间全区未发生方舱"三保"人员聚集讨薪、敲锅喊楼等不稳定事件,市民投诉量、舆情通报数量为全市最低水平。三是探索治安防范新途径。探索搭建"商圈景区安防联盟""店铺十户联防"等机制,打造"派出所—联勤联动工作站—平安屋"三级联动体系,建立区级反诈联席会议机制,全区报警类、侵犯人身权利类、盗窃类警情实现"三个三连降"②。四是开创公共安全新举措。深化"智慧工厂"建设,开展危化品安全检查"三个深度"专项行动③,首创"动态+静态"专业道路危险货物运输监管体系,有力提升了危险化学品安全风险管控水平。率先开展"一盔一带"安全守护行动,探索建立道路交通管理"路长制",全区连续6年未出现3人以上交通亡人事故。

(四)深化共建共治,推动治理力量由"单一化"向"集成化"转变

持续完善党委领导、政府负责、民主协商、社会协同、公众参与、法治保障、科技支撑的社会治理体系,打破过去"单纯依靠政府包办"的局面。一是加强多元主体联动。发布实施上海市首个基层治理地方标准,探索党建引领下自治、法治、德治、共治一体化发展基层社会治理新模式,推动政府、企业、社会组织、居民多元主体协同治理,激发乡贤、新兴就业群体等社会力量参与社会治理的积极性和主动性。二是加强上下各方联动。强化上下联动机制,建立层级工作体系,整合各类社会治理资源。如建立全区综治中心"3321"运行体系④,探索符合金山实际的社会治理新模式,把矛盾化解在基层。三是加强毗邻地区联动。深化长三角互动交流,2020年以来与浙江嘉兴平湖市、嘉善县政法系统、市场监管、城管执法等部门共签订合作协议23份,研究确定重点合作项目14个,着力破解毗邻地区社会治理难题。如

---

① 四方联动:区委网信办、区委政法委、公安金山分局、国安金山分局。
② 三个三连降,即报警类、侵犯人身权利、盗窃类警情连续3年保持下降趋势。
③ 三个深度:深度检查、深度服务、深度整改。
④ "3321"运行体系:覆盖3级综治中心,区、街镇(高新区社区)、村(居)综治中心分别推进规范化、实体化、效能化"三化"建设,推行2个运行指数、建立1套规范化运行制度。

建立沪浙"五地七所"①跨区域打防管控一体化平台,强化区域警务联勤联动。

(五)突出科技支撑,推动治理手段由"传统化"向"数字化"转变

坚持创新思维,适应现代科技发展大势,改变过去社会治理依靠"经验决策"的局面,探索运用科技手段推动社会治理运行机制、工作流程的智能化、数字化、网络化。一是强化多网统合。依托互联网技术,不断深化"多网融合"工作机制,将原有工作机制和流程嵌入网格化管理,实现"人在格中走,事在网上办"。如由区城运中心牵头实现平安网格、警务网格、城市管理网格"多格合一",在景区、商圈、工业园区等处布局探索"联勤工作站",联勤站在"一网统管"的末端,打造综合治理、行政执法、公共服务等城市运行职能为一体的"7×24"小时的多元共治工作站,实现一支队伍管执法。2021年年底试点运行以来,共开展联勤联动913次,发现问题2 468个,案件处置率达100%,高效处置每一件民生"小事"。二是强化平台整合。整合社会治理平台资源,实现平台互联互通、资源共享联动。如推进"雪亮工程"建设,加强公共安全视频监控建设联网应用,采取"1+2+X"模式②统一推进联网,整合视频监控资源对重点行业、重点人、重点物开展动态管控。三是强化数字融合。深化大数据、人工智能等信息技术应用,加强数据平台建设,推动数据互联互通,实现社会治理数字化转型。如搭建"金山区危险化学品智慧管控平台",实现了全区119家危化企业、24类重点监管化工工艺、57类重点监管危化品和62处重大危险源数据的整合和监管。

(六)注重精准施策,推动治理方式由"粗放化"向"精准化"转变

坚持从群众关心、社会关注、影响城市发展和社会治安的突出问题入手,缩小"社会治理盲区",着力提升社会治理的精细化水平。一是实行闭环式治理。构建社会治理闭环系统,完善内部反馈调节机制,加强关键节点

---

① 五地七所:枫泾派出所、兴塔派出所;新浜派出所(松江区)、蒸淀派出所(青浦区)、姚庄派出所(浙江嘉善县)、惠民派出所(浙江嘉善县)、新埭派出所(浙江平湖市)。
② "1+2+X"模式:"1"即区级视频监控交换共享总平台,"2"即综治分平台和公安分平台,"X"即其他部分根据需要设立的分平台。

把控,确保治理有序、无缝衔接。如社会治安防控体系建设坚持"全流程闭环",打造"圈层防控",构建完善动态科学勤务,助力加强社会面治安态势研判,辅助支撑决策指挥。二是实行链条式治理。注重过程管理,加强流程管控,形成层层衔接、环环相扣的治理链条。如实行环保"五步法",即"一查二劝三改四罚五公开",获生态环境部部长批示肯定。近年来,通过"五步法",全区生态环境明显改善,环境空气质量优良率从2019年的81.6%上升到2022年的86.6%,$PM_{2.5}$浓度从2019年的36微克/立方米下降到2022年的27微克/立方米,公众对生态环境的满意率大幅提升,位居全市前列。三是实行集约化治理。立足城市治理精细化、人口管理标准化的要求,积极探索农村宅基地、企业租赁房、城镇转租房等多类型出租房"集约化"管理"新路子"。如对全区农村出租房屋进行"旅馆式"管理,实行"红、黄、绿"三色挂牌管理,本区实有人口信息登记率、准确率更加精进,经验做法得到时任市委书记李强批示肯定。

第四节 金山市域社会治理现代化面临的新挑战

党的百年发展历程和经验表明,中国共产党始终敢于直面矛盾与问题,成功应对国际金融危机、汶川地震、重大疾病疫情等风险挑战,在千锤百炼中遇难化难、遇险化险。当今世界正经历百年未有之大变局,新冠疫情全球大流行使得这个大局加速演变,经济全球化遭遇逆流,世界进入充满不稳定、不确定性的动荡变革期。当今中国,全面进入中国特色社会主义新时代,开启了全面建设中国特色社会主义现代化国家的新征程,实现中华民族伟大复兴进入了不可逆转的历史进程,党和国家所面临的政治格局、经济形势、社会矛盾、科技态势更为复杂棘手,不确定因素、颠覆性危险及衍生风险不断增加。全面树立贯彻落实国家总体安全观,着力防范化解"五大风险",是国家持续推动市域社会治理现代化的重大议题。当今上海,正在面向全球面向未来,全面建设具有世界影响力的社会主义现代化国际大都市,但对标中央要求、人民期盼,对照国际最高标准、最好水平,城市经济综合实力、城市治理能力、教育医疗养老

第一章 党建引领"五治一体"的金山市域社会治理现代化

等公共服务保障水平、防范潜在风险隐患等还有很大的提升空间。当前金山已进入按照"两区一堡"战略定位和"南北转型"战略要求,全面打造"上海湾区"城市品牌的新发展阶段,全区市域社会治理面临更为深刻复杂变化,不平衡不充分发展导致的社会矛盾、风险隐患日趋复杂,市域社会治理面临许多新挑战,主要体现为潜在暴恐风险、邪教渗透压力较大,且化工企业集中,地下管网密集,在公共安全、易制毒化学品管控及跨界环保治理等方面压力大、任务重,国家及公共安全面临新挑战;受疫情影响,经济下行压力加大,劳资等领域矛盾将常年呈现多发态势。环境保护、动迁安置、房产地产、权益维护等仍是区内矛盾的突出领域,疫情防控暴露出基层社会治理在组织动员、协调配合、应急处置方面还存在短板弱项,工作合力还有待进一步优化。总体来看,当今及未来一段时期,金山区市域社会治理仍然处于重要战略机遇期,但机遇和挑战都有新的发展变化,需要我们站在新发展阶段、新发展格局的战略高度出发,加快推动市域社会治理现代化步伐,不断提高城市治理能力和治理水平,为深入实施"两区一堡"战略定位、全力打响"上海湾区"城市品牌保驾护航提供更加强有力的治理保障。具体而言,主要表现在如下几个方面:

一、从落实"南北转型"发展战略的大环境看,市域社会治理机遇挑战并存

党的十九大报告要求,要加快打造共建共治共享的社会治理格局,加强社会治理制度建设,完善党委领导、政府负责、社会协同、公众参与、法治保障的社会治理体制,不断提高社会治理社会化、法治化、智能化、专业化水平。党的二十大报告提出依靠中国式现代化全面推动中华民族伟大复兴,继续加大社会共建共治共享,全面推动市域社会治理现代化。中共上海市第十二次代表大会《弘扬伟大建党精神 践行人民城市理念 加快建设具有世界影响力的社会主义现代化国际大都市》报告,对今后上海推动高质量发展、创造高品质生活、实现高效能治理,加快建设具有世界影响力的社会主义现代化国际大都市,做出了全新部署,这必将对金山区全面推进"三个转型"新发展、加快打造

"两区一堡"战略新高地、全力塑造"三个湾区"城市新形象提出新的要求。因此,从发展的视角来看,金山区的市域社会治理现代化工作,既面临着重大机遇,也充满着各种挑战。

从政策环境看,未来5年及更长时期,我国市域社会治理现代化将进入国家总体安全观引领下的全面推进期,进入法治国家、法治政府、法治社会一体建设和确保国家安全的新时期。进入新时代,我国城市化发展进入追求高质量发展的后半程,经济发展和社会稳定都面临新的形势,面临既要创新市域社会治理,推进国家治理体系和治理能力现代化,又要推动基层治理现代化、建设更高水平平安中国的任务。习近平总书记在上海调研时强调,城市治理是国家治理体系和治理能力现代化的重要内容。一流城市要有一流治理,要注重在科学化、精细化、智能化上下功夫。既要善于运用现代科技手段实现智能化,又要通过绣花般的细心、耐心、巧心提高精细化水平,绣出城市的品质品牌。上海要继续探索,走出一条中国特色超大城市管理新路子,不断提高城市管理水平。金山区作为上海的远郊区域,必须要更加积极主动适应中央和上海市对社会治理工作的新要求,结合乡村振兴战略实施,进一步深化探索符合区域特点、更加有效的市域社会治理新模式。

从发展环境看,未来时期,长三角一体化发展的国家战略将进入深化推进的关键期,长三角区域互联互通、一体化发展的深度和广度都将迈上一个新的台阶。金山区作为上海推进"长三角高质量一体化的桥头堡",在长三角区域加快融合、高质量发展的大背景下,发展机遇必将大大增加,经济产业结构必将进一步升级。经济发展带来人民生活水平的进一步提高,为市域社会治理和社会发展进一步奠定了必要的物质基础,同时也会使得社会流动更加频繁、社会主体日趋多元、社会思潮日趋多样、社会利益诉求日趋复杂,统筹市域社会治理资源的难度进一步加大,特别是面对"互联网+"的科技冲击,市域社会治理的内涵和边界不断拓展,社会动员和组织方式有待进一步转变,对整合市域社会力量参与市域社会治理提出了更高的要求。

从人口环境看,未来金山人口将总体呈现"总量逐步增大、结构两极分化"的趋势。一方面,随着"南北转型"战略的深入实施、区域经济持续加快发展、人居环境的逐步优化以及公共基础配套设施的不断完善,金山对外来人口的吸引力将持续增加;另一方面,全区老龄化趋势将更加明显,同时在全面放开三孩政策下,未来几年全区常住人口出生率预计将保持稳步上升的态势。总体上看,全区人口规模将进一步扩大,人户分离问题将更加突出,城市运行安全压力不断加大。人口老龄化问题加剧,教育、养老、医疗等公共服务的供需矛盾将更加凸显。

二、市域社会治理的跨界协同机制有待深化完善,市域社会治理体制现代化面临挑战

在党建引领下,实行政府负责、社会协同、群众参与、横向联动、上下贯通、左右协同的市域社会治理体制现代化,是市域社会治理现代化的基本要求。调研发现,金山区在市域社会治理体制现代化所要求的明确政府各部门平安建设职能;各部门各负其责,履行源头预防本领域内矛盾风险、维护社会治安和社会稳定的责任;依托区级相关主管部门,组织开展"平安交通""平安医院""平安校园""平安景区""平安市场"等行业、系统平安建设活动等方面还存在弱项或不足,跨层级、跨部门、跨行业的协同治理体制机制有待进一步深化改革、不断创新。一是区级层面的社会治理协同性有待强化。社会治理工作呈现多部门、分散化格局,相关工作推进过程中,存在职能部门间配合不够紧密、重视程度不一、推进力度不够统一等情况,有时一些涉及多职能部门的难题未能得到及时有效的解决,各部门数据共享意识还不够到位,跨部门统筹协调的常态化、制度化工作有待进一步加强。二是街镇与职能部门之间、村与街镇之间的条块关系有待进一步理顺。据一些村反映,街镇及政府条线部门往往独立地指导村委会开展相关工作或活动,缺乏系统性的工作指导,有些甚至出现重复工作的情况,基层压力很大。有些社会治理难题如村民矛盾纠纷,上级相关部门的联合力不强,存在职能交叉、本位意识、职责不清、工作扯皮等情况,真正的体制机制融合有待进一步加强。

三、党建引领基层治理的能力需进一步提高，"乡村治理有效"面临挑战

市域社会治理现代化是城乡融合一体的治理新格局，在加强城区治理的同时，更要着力推动城乡资源均衡配置、治理平台充分对接、乡村治理高效，为城乡协调融合发展、全体居民共同富裕提供有力的治理支撑和保障。《乡村振兴战略规划（2018—2022）》和《关于加强和改进乡村治理的指导意见》指出，有效的乡村治理是实现乡村振兴的核心环节，而如何在党建引领下推行自治、法治、德治和共治工作，强化村党支部的战斗堡垒作用，显得尤为重要和关键。金山区尽管在市域社会治理现代化试点中，在广大乡村地区开创并形成了诸如亭林镇出租房屋"旅馆式"服务管理、山阳镇"法治山阳"、吕巷镇"非诉社区"、漕泾镇"贤治理"、朱泾镇"零频道"、高新区社区"德治园区"等镇级特色品牌，以及新义村"总则+信用管理"村规民约、待泾村"三堂一室"、护塘村"四张清单"、中兴村"宅基议事"、光明村"宅基管家"、辰凯居委会"商圈治理共同体"、恒康居委会"吾爱吾家社区治理模式"等一批优秀村居治理经验，为深入推动基层社会治理创新发展提供了示范性引领和成果化保障，但相对大面积的乡村地区而言，要依靠乡村治理有效来推动乡村全面振兴、实现乡村治理现代化的目标和要求来看，还存在一定的差距和不足，主要体现在：一是居村委功能定位还不够清晰。一些村委会职能模糊化，主要工作都是配合政府各部门开展条线工作，承担了过多的行政职能，而弱化了应有的自治功能，无暇系统投入乡村治理工作。二是党建引领基层社会治理体系建设任重道远。尽管全区推行了党建引领"四治一体"行动计划，但因不同乡镇、村之间在经济、社会、文化上的差异性，致使基层党组织对基层治理的引领作用呈现不平衡态势，街镇、村域党组织在对社会治理的思想认识、工作落实上参差不齐，部分街镇和乡村存在党组织能力较弱，"四治一体"作用发挥不够明显，创新方法不够灵活、法律意识不够强、无法调动群众积极性等难题，上访、罢免物业等社区矛盾问题时有发生。党建如何有效引领推动自治、法治、共治、德治"四治融合"，切实建立管用高效的各种社会协商平台、载体和制度，调动群众积

极性,激发群众参与活力,构筑适应乡村振兴战略要求的乡村治理现代化还有待进一步强化。三是多元主体和社会组织参与社会治理的活力有待进一步激发。具体表现为政府对社会组织的培育力度不够、结构性发展不平衡(如互助、慈善和公益类社会组织偏少)、服务能力羸弱、社会组织专业人员缺乏,村居群众参与积极性不高等。

四、社会治安防控体系需进一步加强,城市公共安全面临新挑战

一是维护社会安全稳定面临诸多挑战。当今世界正处于大变局之中,大量不稳定、不确定因素交织缠绕、相互作用。国内国外对敌斗争复杂期、社会矛盾凸显期、刑事案件高发期态势没有根本转变,社会治安形势虽逐步好转,但刑事案件多发(尤其是电信网络诈骗案件所占比重较大)。金山区作为上海市西南门户,出入市境道口多、与周边人员往来、联动发展、经济交流日趋频繁等各种因素交织,潜在暴恐风险始终存在,省际边界地区和城乡接合地区治安形势复杂,外来人口大量涌入,跨区域流窜作案、侵财类案件、电信网络诈骗等仍是影响城区治安的主要因素,维护社会安全稳定的任务依然严峻。二是社会发展不平衡不充分引发的矛盾较为突出。金山区已进入改革发展的深水区和攻坚期,社会矛盾复杂程度加深,影响社会稳定的风险隐患和矛盾纠纷逐渐增多。寄递物流行业、公共交通领域、人员密集场所、监管薄弱地区各种潜在危险大量存在,公共安全风险防控和治理工作不容忽视。如在社会稳定风险方面,存在环境综合整治、重大项目建设、劳资纠纷等引发的不稳定因素。同时,传统犯罪向网上蔓延,网络黄赌毒、诈骗等违法犯罪明显增多;黑恶势力违法犯罪呈现组织形式"合法化"、犯罪手法"软暴力化"等新形势、新特点,逃避打击能力不断增强,均严重影响群众安全感。

五、安全生产和城市安全运行基础不够牢固,防范化解重大风险面临挑战

金山区危险化学品生产、使用、经营、存储、运输单位多,油气地下管网密集等基本区情,决定了在城市运行安全和生产安全上,面临着防范重大安全风

险、反恐、消防等安全管理和应急处置等方面的巨大压力。从打造更高水平的"升级版"平安金山的要求看,目前主要面临以下挑战:一是危险化学品领域的安全风险仍较为突出,危险化学品固有的易燃易爆、有毒有害等危险特性,决定了危险化学品在全生命周期内始终存在较高的安全风险。二是随着城镇化进程不断加速,高层建筑、大型综合体、电梯、建筑工地等数量逐年递增,利用信息化技术防范遏制事故的手段还比较有限。三是综合监管、专项监管、属地监管"三个监管"之间的职责存在交叉缺位,权力、责任、对象、任务的边界还不够清晰,工作合力不强。四是从业人员安全生产风险意识缺乏,部分企业经营管理者化工专业知识和生产管理经验不足、流动性大,孤寡独居老人、儿童等安全意识薄弱,全社会的安全意识还有待进一步提升。五是遏制各类事故方面还存在"可控但不能全控"的难题,对一些"小概率"事故的防范缺乏有效手段,危险化学品管控方面还不够精细,防范化解重大风险的能力还有待进一步提升。

六、化解社会矛盾能力需要提升,升级版"法治金山"面临挑战

一是在矛盾纠纷多元化化解方面,社会基础较为薄弱,非诉讼调解组织与法院的工作对接机制不够顺畅;人民调解、组织调解的专业性、调解能力不均衡,未能充分发挥调处矛盾第一道防线的作用。二是在依法治区方面,少数领导干部运用法治思维和法治方式的能力有待提高,依法决策、依法行政的意识、能力有待强化;行政执法源头、过程、结果三个关键环节透明度有待进一步加强;行政执法在公开力度和意见征询等方面还不够到位,离群众的要求还有一定的距离。村级依法治理主要力量暨村"两委"班子成员用法意识和能力欠缺,在基层治理中运用法治的自觉性不足。

第五节　金山区完善市域社会治理现代化的基本策略

面对国内外复杂多变的政治经济环境和科技变革,不断完善深化市域社会治理现代化建设,是一项涉及治理理念、体制、机制、方式、队伍等多要素的系统重构再造工程,更是全面助推实现国家治理体系和治理能力现代化总目标的重要路径和基本方略。金山区要在试点基础上,按照中央和上海有关精神要求,置自身于全市、全国乃至全球的历史方位,把握机遇迎接挑战,聚焦市域社会发展面临的重大风险挑战问题,拉长板、补短板,加大综合创新力度,努力开辟并形成符合时代要求、体现上海特点、彰显金山特色的市域社会治理现代化新体系新格局。

一、树立践行符合市域社会规律的社会治理新理念

理念是行动的先导,有什么样的理念,就会有什么样的治理制度设计和行动策略。登高才能望远,站位更高,自然将做出不一般的实际行动。金山区作为上海超大型郊区,为了高效推动市域社会治理现代化,首先要充分顺应时代发展的进程和需求,站在人类发展规律、执政党执政规律、中国特色社会主义社会发展规律的高度出发,紧密结合我国全面开启社会主义现代化国家建设新征程、上海全面建设具有世界影响力的社会主义现代化国际大都市的总要求,准确理解把握市域社会治理现代化的科学内涵,树立践行现代化的治理理念,是持续深化推动市域社会治理现代化的第一要务和基本前提。我们认为,金山区在下一步深化推动中,重点要在传统社会治理的基础上,科学把握市域社会的特点和规律,主动树立践行如下三大理念:

（一）树立强化系统理念

要从城市复杂性适应系统的观念出发,把金山区放置于上海超大城市、长三角一体化、全球网络世界等更大系统中,用融合、互动、互联的视角,客观分析影响市域社会治理的各种内外部挑战、压力和矛盾,探索形成有针对性、有特色的市域社会治理工具和模式。更为重要的是,在全区、全街镇、全村居各层级、各部门,尤其是各级各类领导干部,要从思想上树立市域社会治理的整体性、系统性观念,在党的统一领导下,把市域社会治理现代化作为一个整体来打造和完善,有机融合社会治理、城市治理、经济治理三大体系,既有分工更要合作,破除各自为政、条块阻隔,打造市域社会治理"一盘棋"新格局,构筑覆盖城乡全部区域的市域社会治理"一张网",形成市域社会治理的"大合

唱",真正为把各类矛盾化解在萌芽、重大风险终结在城区提供最有力的制度体系和方法体系,为推动"三个湾区"建设提供最坚实的平安保障。

(二)树立强化协同理念

关于社会治理创新,党的十九届四中全会提出了"建设人人有责、人人尽责、人人享有的社会治理共同体"的战略目标,这充分说明,市域社会治理更是一个包括党委、政府、经济组织、自治组织、群团组织、社会组织等多元行动主体之间共商共建共治共享的集体合作行动。因此,只有从市域层面(全区)出发,树立并践行"协同"理念,处理好不同层面多行动主体之间的关系,形成上下左右"无障碍、无缝隙"的合作互动关系,整合资源、协同行动,才会真正实现市域社会治理现代化。为此,建议金山区重点强化以下两点认识:一是强化治理目标协同。以建设更高质量、更富韧性的"平安金山",让金山居民拥有更可持续的安全感幸福感为统领目标,所有层级党政机构和职能部门始终抱有"功成不必有我"的胸襟、"功成必定有我"的担当,在市域社会治理治理进程中,主动跨前一步、主动发现问题、主动整合资源,协同解决好人民群众和市场企业碰到的各类困难和问题,共同筑造平安美丽的幸福家园。二是强化业务协同。在共同目标引领下,以更大的力度推动跨层级、跨部门工作业务协同的制度建设,重点围绕资源、信息、人力等方面,加大工作沟通协调、资源整合聚合、系统对接联通、数据融通共享,打造既规范又高效、既统筹又精细、既分工又合作的新型市域社会治理体系,全面提升市域社会治理的整体效能。

(三)树立强化服务理念

从本质上说,所有的治理,核心事宜有两个,一是政府经济高效地整合利用各种资源,做好为民(包括市场主体)服务工作,提高民生供给能力,提高服务品质,满足社会民众和市场企业的多样化需求;二是制定制度和规则体系,管理好社会民众和市场主体的行为,增强快速处置各种不确定性突发事件或不规范行为的能力,让区域社会保持良好的秩序、安全和韧性。但归根结底还是党政各级部门,能否真正将"以人民为中心"的理念贯穿到现实工作中,践行好党关于全心全意为人民服务的宗旨,通过打造现代公共服务型政府,全面提升社会治理的能力和水平。同时,寓管理于服务之中,站在为民服务的立场,主动改革创新涉及行政管理、城市管理、市场监管、执法检查、应急管理、数据管理等方面的制度瓶颈问题,为防范各类风险打下坚实的制度基础和保障。

二、继续深化完善和创新改革市域社会治理体制机制

与传统的"县域治理"或"基层治理"相比,市域社会治理更注重的是"以城带乡、承上启下、统筹协调",全面健全以党建为引领的市域社会治理体制机制,重塑各级党政部门上下左右的关系,是市域社会治理现代化试点取得成功并增强治理效能的关键所在。对此,在2022年8月15日中央政法委召开的第九次市域社会治理现代化试点工作交流会上,陈一新同志专门强调了全国试点地区要进一步加强市域社会治理体制建设的问题,他强调指出,要充分把握完善市域社会治理体制的总体要求——坚持以习近平新时代中国特色社会主义思想为指导,坚定不移走中国特色社会主义社会治理道路,加快完善党委领导、政府负责、群团助推、社会协同、公众参与的市域社会治理体制,为市域社会治理现代化提供有力保障。具体而言,要适应共建共治共享社会治理新格局的要求,完善市域社会治理的组织架构和组织方式。要适应社会主要矛盾变化的要求,尊重民意、汇聚民智、凝聚民力,不断满足群众对美好生活的需要。要适应把重大风险防控化解在市域的要求,增强防控化解重大风险的统筹力、执行力和实效性。要适应深化平战结合的要求,强化全周期管理、全要素保障,形成上下联动、各方协同、保障有力的平战结合机制[①]。这为下一步全国各地试点区域进一步完善市域社会治理体制现代化提供了根本遵循和改革方向。综观金山区实践发现,虽然金山区已经初步建立健全了与上述改革趋向相符的相关工作体制机制,但从"四个适应"的要求来看,目前的体制仍存在进一步深化完善的空间和潜力。笔者认为,重点需要加强以下五方面

---

① 李阳:《中央政法委召开第九次市域社会治理现代化试点工作交流会》,《人民法院报》2022年8月17日。

工作：

（一）强化以市域社会治理指挥中心为核心的统筹协调机制

在区和街道、镇（高新区）两级层面组建的"双组长"试点工作领导小组和工作专班的基础上，站在推动国家治理体系和治理能力现代化、全面打造上海超大城市新型现代郊区的历史方位，进一步增强使命担当，以更强的整体统筹、协同合作、联动融合意识，进一步探索相关平台整合共建共治的方向和可能，高起点规划、高标准建设区、街镇、村居三级市域社会治理现代化指挥中心体系建设。以全面增强党建统筹引领能力的前提，建立健全针对不同层级指挥中心的成员、职能、权责、运行等规范制度体系，统筹协调相关职能部门和各板块社会治理现代化建设，保障和强化整体联动、左右联通、有序实施，"多平台合一、多部门联动"，实现资源整合、力量融合、功能聚合、手段综合，为未来高效贯彻落实"南北转型"战略、推动全区常态化社会治理和社会应急治理有机结合、平战高效转换提供最权威、最高效、最透明的体制基础和保障，全面提升市域社会治理现代化的战略性、前瞻性。

具体而言，区级层面的指挥中心，要在区委坚强统一领导下，强化顶层设计、协同行动，明晰各部门的职能和权责边界，健全多部门成员单位定期碰头例会制度，提高指挥部的谋划力、协调力、执行力，着力发挥和提升市域社会治理的制度优势、资源优势、统筹优势，尤其区委政法委履行好牵头协调、组织推动、督办落实的作用，不断提高市域社会治理系统化、社会化、精细化、法治化、智能化水平，努力把金山区建设成为上海最有安全感的现代新型郊区和现代"湾区城市"。在街镇层面，遵照市、区级指挥部的体制，成立具有相似职能的"街镇级社会治理指挥部（平安建设协调小组）"，搭建"承上启下""上下联动""纵向到底"的市域社会治理纵向指挥链条。明确各级指挥体系的职能与职责分工，推动全区市域社会治理制度、规范、标准的一体化、规范化、标准化，确保各类社会治理战略部署得到有效贯彻落实。

（二）持续优化整体智治的跨层级跨部门数据共享机制

在当今万物互联、科技日新月异的数字时代，结合城市数字化转型发展趋势，充分发挥数据治理的优势和潜力，克服传统科层制的体制弊端，突破部门阻隔和行业壁垒，形成人民群众"最多跑一次、一门办理、一窗办理"的"整体政府、网络政府、移动政府"等新形态，形成以数据为支撑的最高效、最公平、最透明的政府治理、社会治理新格局，是未来全球政府管理改革和多领域治理改革的共同方向。而在此过程中，实现政府部门之间、政府与市场企业或平台之间、政府与社会之间的数据开放共享，是构筑"整体智治"新格局的核心和关键。同理，做好数据治理本身，更是市域社会治理现代化得以高效运转的重要支撑。

对此，金山区近年来围绕全市"一网通办""一网统管""智慧公安""雪亮工程""智慧防疫"等，进行了大量的实践探索和改革，成效也非常明显，但从"数字转型""治理转型""无缝衔接""高效协同""透明公平"等更高要求看，在数据开放共享的制度建设及其有效性方面，依然面临着诸多体制障碍和阻力。由此建议，金山区市域社会治理现代化领导小组或指挥中心，与第三方独立机构进行合作，对全区现有的数据开放政策和实践情况进行一次全方位的综合评估，对区、街镇、村居三级体系中，纵横向数据开放共享的程度、范围、效应等做出一个清晰的判断，发现优势、找出短板，从而为更进一步创新政府数据开放共享制度法律体系提供有说服力的依据。在此基础上，切实构建旨在推动跨层级、跨部门、跨领域的数据开放共享新机制、新政策、新规范，保障相关数据资源在市、区、街镇、村居委会上下左右之间的畅通流动和高效共享，全面打造市域社会治理"一张图、一张网、一个综合数据库"新格局，为应对当今快速流动社会的各种不确定性风险、常态化高效服务治理提供强有力的支撑。

（三）努力在共建共治共享社会治理上寻求机制突破

要顺应新时代主要社会矛盾新变化趋势和当地人民群众的实际需求，坚持以共建为基础、以共治为关键、以共享为目的，完善市域社会治理的组织架构和组织方式，使市域社会治理各主体在职能作用上相得益彰、在政策执行上相互配合、在实施过程中相互促进，真正把中国特色社会主义制度优势转化为市域社会治理优势。

一是推动社会建设、社会治理的开放性改革和制度化更新，探索形成党政组织、事业单位、群团组织、市场组织、社会企业、社会组织（基金会、社会服务机构、社区社会组织、慈善组织等)、群众自治组织、公民个体等多元主体,全面参与全区重大决策、城市规划、社会建设、社会治理等领域的载体、渠道和平台,着力完善政府公共服务购买机制,最大程度整合社会各方资源,激发社会内生活力和动力,让社会力量逐渐成为推动全区社会治理创新、社会资源配置的主体,营造社会多元主体"共建共治共享"的良好氛围,构建"小政府、强政府、大社会、强社会、大市场、强市场"的全新治理格局。

二是在党建引领统筹推进的基础上,充分发挥区域化党建优势,以综合楼宇、城市商圈、工业园区、基层街镇等空间单元,围绕群众关心的公共安全、公共服务、权益保障、环境整治、社区治理等问题,全面构筑并夯实多元主体共商共治的各类平台,建立常态化工作联络机制,大家的事情大家商量着办,全面推动全域"共治"体系走深做实。

三是按照高质量发展推动共同富裕的战略要求,全区各相关职能机构和街镇、村居等治理主体,高度关注老年人、儿童、妇女、残疾人、低收入群体、重病患者、困难农民等弱势群体,大力扶持发展社区公益类社会组织、慈善公益事业发展,全方位促进社会公平、包容发展,让金山区的每一位弱势居民都能拥有体面、尊严的生活以及共享基本公共服务、参与社会公共事务的各种机会,努力建成具有"五个人人"软实力的现代美丽家园和现代城区。

(四)深入探索全过程人民民主的市域社会协商机制

当今中国,进入社会主要矛盾发生变化,追求高质量发展、高品质生活、高效能治理,追求共同富裕的新时代,践行全过程人民民主成为夯实中国共产党执政基础、满足人民群众对公平正义、精神文化等更高需求的重要一招和关键之举,也是实现市域社会治理现代化的重要环节和根本保障。因此,以全过程人民民主为引领,不断完善多领域、多层次的社会协商机制,是金山区深化推进市域社会治理现代化的战略任务。

一是发挥区域优势和产业特色,力争在辖区内增设市人大常委会的基层立法联系点,让金山人民的立法建议及时进入全市乃至全国法制更新体系之中,在危化品管理、环境保护、跨区域治理等特色立法领域中发挥金山力量。

二是充分发挥辖区内市、区、镇三级人民代表、政协委员的优势,普遍开展在基层社区、重要商圈、重点企业、大型居住区等设立"人大代表工作室""政协委员工作室"等载体,全方位听取基层民众的各种呼声和建议,汇聚全区民众智慧,为科学决策、制度创新等提供最真实、最有力的实践依据。

三是以街镇、商圈、工业区、村居委、楼宇等基层单位,党政力量和社会力量一起努力,全方位构建集听证会、协调会、评议会为一体的"三会"制度,全面推行人民群众全过程参与的"软治理",完善外部监督机制,畅通沟通渠道,精准对接诉求,把"单一性"政府部门主导解决转变为"多元化"主体协商共治。

(五)努力探索基层治理现代化的基本框架及运行机制

党的十八大以来,习近平总书记高度重视基层社区治理问题,在多个场合发表了许多有战略性、引领性的治理理念和要求,如习近平总书记强调指出,"要加强和创新基层社会治理,使每个社会细胞都健康活跃,将矛盾纠纷化解在基层,将和谐稳定创建在基层""推进国家治理体系和治理能力现代化,社区治理只能加强、不能削弱"。2021年4月28日颁布的《中共中央国务院关于加强基层治理体系和治理能力现代化建设的意见》,对基层治理现代化做出全方位、系统化的部署。概括而言,没有基层社区治理的现代化,也就不会有市域社会治理的现代化,因此,可以建议金山区在今后的市域社会治理工作中,把基层治理现代化作为一项系统工作,统筹谋划、持续创新,形成更多更管用的基层社区治理亮点,从而打造形成符合上海超大城市特点、金山特色的基层社区治理现代化体系。重点强化如下四项工作:

一是切实加强基层各类党组织建设,增强基层社会治理引领力。加强整体规划和统一建设,用"全周期管理"理念统筹谋划基层社会治理,整合各方资源力量,强化全要素协作配合。充分发挥基层党组织在社会治理中的引领带动作用,发挥党员干部的带头作用,鼓励更多乡贤能人、热心群众积极参与村居务管理、开展民主监督、收集社情民意、调解矛盾纠纷、传播乡风文明,让党建引领基层治理有平台、有抓手。

二是按照权责匹配、费随事转的原则,持续推动社会治理和服务重心向基层下移,把更多资源下沉到基层,更好提供精准化、精细化服务。同时,要在基层社区减负工作上下足功夫,制定社区减负的重大措施,切实减少社区证明事项,谨防数据化治理给基层带来额外负担,从根本上杜绝基层治理中的各种形式主义,让基层居委干部队伍真正将精力用在为民服务、促进社会和谐上。

三是以切实增强社区的应急处突能力为核心,努力构建以基层街镇、街区、社区等为单元的基层社区应急管理体系,制定防范各类风险挑战的社区韧性发展规划,培育应急志愿服务团队,提高民众应急文化素养,把各种矛盾风险化解在基层,降低每一次突发危机事件给人民群众生命财产的易损性和破坏性,扎牢平安金山的社区根基。

四是积极探索形成以人民为中心、眼睛向下、为民服务的基层治理绩效评价体系,确保普通民众在基层绩效考核中的参与权、评价权、建议权,真正打造干部有担当、敢负责、人民群众满意的基层治理体系。

三、着力提升防范重大风险挑战的综合能力和水平

以国家市域社会治理现代化试点要求来看,发挥一切体制优势和资源优势,切实防控化解政治安全风险、社会治安风险、社会矛盾风险、公共安全风险和网络安全风险,是市域社会治理现代化的重点任务。因此,对金山区而言,本着"更安全""更韧性"的目标,按照"治未病、治未乱"的新理念,紧紧围绕防范五大风险这一核心工作,统分结合,创新制度,完善机制,实现源头治理、全周期治理,推动市域社会治理从"被动"走向"主动",从传统事后处置走向事前预防、事中响应、事后恢复、复盘提升的新路径,提高重大风险防范化解能力和水平。将重大风险化解在城区、终结在城区,始终是市域社会治理现代化的核心和重点。因此,继续深化改革,健全体制机制,充分依靠和发挥数字化优势,全面构建人机协同的重大风险防范体系,全方位打造更高质量、更高水平的"平安城市",理应成为金山区市域社会治理现代化的坚定目标和重中之重。对此提出如下建议:

一是坚决常态化实施安全隐患人力大排查。在经济、社会等领域存在的各种安全小隐患,日积月累有可能会引发更大灾难,如果及时发现及时处置,就从源头上根除了"小患酿成大灾难"的生发机制。因此,针对广泛分布在多

个领域的安全生产问题,全区上下要严格贯彻落实新修订的《中华人民共和国安全生产法》,敢于动真格、硬碰硬,依法督导工厂、企业、单位等担负起安全责任第一人的法律义务,提升城市每个细胞的安全水平。依靠政府执法部门和社会力量,协同开展常态化的全区安全隐患大排查工作,制定全区安全隐患风险地图或热力图,有重点、有针对性地采取消除措施,突出行业领域乱象常态化整治,第一时间消除各种隐患,为避免不发生重特大灾难事故打下最坚实的基础。

二是全方位率先布局城市安全隐患的动态感知体系。除了注重人力排查各种安全隐患外,切实发挥当今大数据、5G、区块链、人工智能等现代科技优势,加快推动现代科技与城市社会安全治理的深度融合,形成人机协同的智慧化管控体系,是未来城市安全韧性发展的主导性潮流和趋势,也是更有效的安全治理手段。建议金山区在不断升级改造区、街镇两级"一网统管"系统的基础上,围绕社会治安、消防安全、城市管网、高层建筑、电梯、基础设施(桥梁、隧道、防洪大堤等)、旅游景区等重点领域,统筹谋划、加大投入、有序推进,率先全方位布局功能各异的职能传感器设备,第一时间自动收集各种动态变化数据,尝试构建政府、企业、保险等多主体共同参与的"高效管用"的城市安全风险综合监测预警平台,对全区所有重点设施、重点区域、重点部位的安全演变情况做到心中有数、实时动态感知分析,第一时间预警并快速处置最小安全隐患,切实把无数的安全小隐患消灭在萌芽中。更重要的是要探索形成有效的市场化激励机制,从制度上解决安全生产领域"政府主动、市场被动"的局面,引导企事业单位从原来的"要我安全"向"我要安全"转变,以小安全共同汇聚形成全区的"大安全"。

三是全面构建闭环链条的整体性应急韧性治理体系。实际上,根据韧性城市理论,随着第四次工业革命的兴起和深度发展,面对气候变化、网络互联、社会流动带来的各种不确定性、不可预测性"黑天鹅""灰犀牛"风险挑战,城市要做到百分之百的安全也是不可能的。那就得平时需要做好最充足的准备,一旦发生重特大灾难事故或重大流行病风险,政府及时启动战时应急机制,整合多方资源、快速行动、同舟共济、有序沉着应对,最大程度地降低灾难对人民群众生命和财产的损失,最大力度缩短灾难持续的时间,在最短时间内恢复应有的城市功能,同时要及时发现战时应急中还存在的短板和不足,快速灵活决策及时补上这些短板漏洞,为下一次不可预测的危险冲击做好更充实的准备,不断提升城市的安全韧性水平。这是未来城市安全韧性发展的主流方向,建议金山区要按照韧性理念,从政府决策、风险识别、设施改造、物资储备、应急动员、应急演练、应急文化、恢复重建等方面,进行整体性应急体制机制的再造创新,全面增强城市韧性治理能力和水平,确保城市始终处于更安全、更可持续的发展状态。

四、进一步加强市域社会治理人才队伍体系建设

治国经邦,人才为急。根据社会治理专业化的要求,市域社会治理也是一项专业性很强的实务工作,专业化团队或人才队伍直接决定着市域社会治理现代化的程度和水平。金山区需要树立大人才观,将市域社会治理现代化中的人才需求纳入全区经济社会发展的人才建设体系之中,谋划创新社会治理人才成长的计划和政策,引进集聚、培育壮大一批能够适应社会治理需求、顺应时代变局、敢于担责、勇于创新的现代社会治理人才队伍,为市域社会治理现代化提供源头活水。具体建议如下:

一是研制与集聚培育产业人才政策具有同等效力的社会治理人才发展政策。一方面,根据《关于进一步优化金山人才发展环境的若干意见》,在区人才政策体系中,全面纳入市域社会治理现代化相关成员单位、基层街镇的社会治理人才需求,引进一批懂社会治理、懂响应技术、愿意为民服务的高素质人才(如区职能部门中缺乏懂技术的人才、社会组织缺乏领军人才等),让这些社会治理人才同等享受各类经济人才的各项优惠政策,进一步提高在金山区从事社会治理工作的吸引力和美誉度。另一方面,在充分调研的基础上,由相关职能部门负责,统一制定《关于进一步优化金山区社会治理人才发展的意见》,全面系统地设计一套旨在引进、培育社会治理专业人才的专项扶持政策和行动计划,率先推动全市乃至全国社会治理人才高地建设。

二是全面建立健全有助于当地社会治理队伍成长的培训机制。面向全市

第一章 党建引领"五治一体"的金山市域社会治理现代化

乃至全国、全球,以更加开放的姿态,借助并发挥沪内外各大高校、智库、企业、标杆区县、经典社区等多主体力量优势,依靠外脑,建立健全面向本区区级党政职能部门、街镇、园区、村居等多层级领导干部的专业化培训机制,在全面领会国家治理体系和治理能力现代化精神的前提下,用国内外最新的城市治理、社会治理思想理念武装头脑,不断增强在复杂不确定性条件下高效开展社会治理工作的专业技能,为不断提升全区各级领导干部治理能力、持续推动社会治理创新提供智力支持和组织保障。尤其要着力加大投入,连续实施"班长工程",建立健全常态化的村居书记主任培训制度,培养一批有能力、有担当、有情怀的最一线"小巷总理"队伍,为全面激活小区、村居治理活力提供人才支持。

Ⅱ
特色经验

第二章
金山区优化国家安全体系的经验

第一节 国家安全体系的内涵要求

一、国家安全体系的领域构成

国家安全体系是指在特定国家安全环境下,根据相应的国家安全理念,应对某一领域或多领域国家安全威胁内容,以实现国家安全战略目标的有机系统[1]。国家安全体系作为一个动态开放的系统,随着国际环境变化、国家安全战略规划和国家安全治理实践需要而不断发展完善。党的十八大后,世界格局与国际秩序面临前所未有之百年大变局,我国国家安全环境更加复杂多变,传统安全威胁和非传统安全风险复杂交织,国际国内不稳定不确定因素明显增多,"黑天鹅""灰犀牛"事件时有发生,统筹发展和安全变得日益重要和迫切。在此背景下,2013年11月,党的十八届三中全会决定成立中央国家安全委员会。2014年4月,习近平总书记在中央国家安全委员会第一次会议上正式提出总体国家安全观,要求建立包括政治安全、国土安全等11项安全领域的国家安全体系[2],这是党中央首次提出构建国家安全体系,标志着国家安全体系正式被纳入国家安全总体布局和战略规划之中。

2015年,新《国家安全法》颁布施行,其中提及金融、粮食、海外利益、外层空间、国际海底区域、极地等领域的安全,进一步充实了国家安全体系的构成

---

[1] 王妍妍、孙佰清:《中国国家安全体系的演变历程、内在逻辑与战略选择》,《社会主义研究》2021年第4期。
[2] 《总体国家安全观干部读本》编委会:《总体国家安全观干部读本》,人民出版社2016年版,第21页。

领域。2020年,习近平总书记主持召开中央全面深化改革委员会第十二次会议强调:"要从保护人民健康、保障国家安全、维护国家长治久安的高度,把生物安全纳入国家安全体系",再次丰富和发展了我国国家安全体系的内涵。至此,我国国家安全体系已发展成为包括政治、国土、军事、经济、文化、社会、科技、信息、生态、资源、核、海外利益、太空、深海、极地和生物等16个安全领域在内的综合性体系。

二、国家安全体系的制度性构成

在新时代总体国家安全观的统领下,国家安全体系成为维护国家安全的总抓手,是实现国家治理体系与治理能力现代化的重要工程[1]。党的十八大以来,以习近平同志为核心的党中央不断对国家安全体系建设进行顶层设计和总体部署,国家安全体系的四梁八柱逐步确立,工作内容构成日趋清晰完善。2019年,党的十九届四中全会通过了《中共中央关于坚持和完善中国特色社会主义制度、推进国家治理体系和治理能力现代化若干重大问题的决定》,明确了国家安全体系的如下体制机制等制度性建设任务:一是完善集中统一、高效权威的国家安全领导体制;二是健全国家安全法律制度体系;三是加强国家安全人民防线建设,增强全民国家安全意识;四是建立健全国家安全风险研判、防控协同、防范化解机制。2022年,党的二十大报告以专章形式对"推进国家安全体系和能力现代化"进行了论述和部署,进一步明确拓展了国家安全体系的制度性构成,主要包括:国家安全领导体制,国家安全工作协调机制,国家安全法治体系、战略体系、政策体系、风险监测预警体系,国家应急管理体系,重点领域安全保障体系和重要专项协调指挥体系,反制裁、反干涉、反"长臂管辖"机制,以及由国家安全力量组成的国家安全防护体系。

第二节 金山区优化国家安全体系的成效与经验

近年来,金山区坚持总体国家安全观,牢固树立安全发展观念,精心谋划、

---

[1] 陈文清:《牢固树立总体国家安全观在新时代国家安全工作中的指导地位》,《求是》2019年第8期。

有序推进国家安全体系建设,基本形成比较科学规范、运行顺畅的领导组织体制和政策制度体系,探索打造出一批具有金山特色的国家安全工作品牌,确保了区域政治社会环境的安全稳定。

一、健全领导组织体制,建设方略有支撑

（一）建立区—街镇两级领导体制

2019年,建立区委国家安全委员会,由区委书记任主任,区委副书记、区长任副主任,区委、区政府相关领导及相关委办局主要负责人任委员,办公室设置在区委政法委,制定下发相关工作规则和工作细则。2021年,进一步明确了国家安全工作体系建设有关工作,基本完成区委国安委成员单位及各街镇（高新区）国家安全工作领导小组建设。区委编办批复同意,在区委政法委设立国安办。基本建成区委国安委牵头抓总、区委国安办统筹协调,各级党委（党组）服从指挥、履职履责管好各自领域、各自地域国家安全工作的领导体系。2022年,以党建引领推进村居国家安全人民防线试点工作。

（二）建立国家安全工作协调机制

金山区对照国家层面对国家安全体系的领域构成,结合区情实际,聚焦政治、经济、社会、意识形态、涉外、科技、党建、金融、数据和生物等10个重点领域,制定实施国家安全重点领域工作协调机制总体方案,建立相应的工作协调机制,区委国安办统筹协调各重点领域风险排查管控工作,部署相关工作任务,组织召开议事协调会议,督促指导各领域工作开展。政治安全、社会安全、意识形态安全、科技安全、生物安全等重点领域也分别建立工作协调机制实施方案,明确组成单位、职责任务、工作制度及要求等。

（三）健全各专项领域的工作体系

由各专项斗争领域主管部门分别牵头建立工作体系,目前主要有人民防线工作、反恐工作、民族宗教工作、国家安全情报信息工作、反邪教工作、舆情管控工作、群体性事件处置等。如在国家安全人民防线机制建设方面,制定实施方案和指导意见,进一步明确工作职责、制度和重点措施等。

（四）健全国家安全风险防范机制

发挥国家安全重点领域协调机制作用，每季度召开例会，每月召开联络员会议，通报阶段工作情况，分析研判当前突出风险问题及明确下阶段工作重点，由此形成国家安全风险研判、防控协同、防范化解机制，实现了在市域社会治理中对国家安全体系建设方略的有力支撑。

二、完善政策制度体系，实务运作有规范

金山区在全市率先制定相关工作方案，围绕组织领导、危机管控、情报信息和宣传教育等4个方面，形成了国家安全工作的政策制度框架。

（一）固化一批已成熟的制度机制

如健全完善重大安全稳定风险隐患排查管控机制的实施意见、反邪教专项工作机制、加强宗教场所日常管控工作规范、新形势下推进网评队伍建设、防范化解和妥善处理群体性事件的实施办法及加快新型信息基础设施建设推进智慧城市发展的实施方案等。

（二）健全完善一批制度机制

根据国家安全工作的新形势、新要求，对已有的若干项制度机制在内容上进一步补充完善。如规模性群体性事件应急预案、网络舆情相关制度机制、防范打击邪教渗透、预防化解工程建设领域欠薪矛盾机制等。对部分制度机制的执行标准和配套机制进一步完善。如完善重大决策社会稳定风险评估"应报尽报"标准、规范化要求和措施落实跟踪等制度内容；信访稳定工作例会制度根据社会安全重点领域工作要求，扩大研判工作范围、规范涉稳矛盾界定标准、科学设计矛盾排查考评办法，突出重大安全稳定风险隐患分类管控要求，快速化解红色风险，坚持攻坚橙色风险，常态警惕黄色风险；对加强舆情监测预警网络建设的实施办法、规范和加强网络新媒体建设管理的实施办法、政治安全工作和社会安全工作协调机制实施方案等进行补充完善，并形成配套机制建设清单。

（三）创新建立一批新的制度机制

主要涉及国家安全人民防线建设、国家安全情报信息工作、国家安全宣传

教育机制、反恐怖、网络安全防护和依法规范信访秩序等方面。最终形成了10余项政策制度,如舆情管控"四方"联动机制、关于加强网络安全防护体系建设的实施办法、网络安全事件应急预案等。

三、深化重点领域创新,试点工作有品牌

金山区聚焦重点领域,持续深化工作理念、方式和手段创新,探索形成了若干具有金山区特色的国家安全工作品牌,为全市提供了一批可复制、可推广的治理经验。

(一)重大安全稳定风险隐患排查管控工作

2018年8月,金山区率先启动重大安全稳定风险隐患排查管控工作(以下简称"排查管控工作")先行先试,从源头上防范处置市域社会治理重大风险。为确保排查管控工作规范有序常态推进,制定了具体机制的实施意见,聚焦九大重点领域,建立了包含各委办局、各街镇(园区)等45家单位的排查管控工作体系,建立了国家安全重点领域季度例会、联络员月度例会及专题专项协调会等议事会议制度,建立每月开展重大风险排查管控、分析研判国家安全工作形势并形成专报和督导推进重大风险事项管控化解等常态工作任务。在推进过程中,进一步建立健全各重点领域工作协调机制、重要敏感信息报告、涉稳信息预警工作规范、群体性事件防范化解处置办法等制度机制建设。2019年6月,金山区委政法委向市委政法委汇报了重大风险排查管控工作做法,得到肯定。当年9月,市委政法委领导带队到金山专题听取工作汇报。2020年7月,市委政法委在全市范围推广金山区发挥重大风险隐患排查管控机制作用做好疫情防控工作的经验做法。

(二)智慧赋能探索反恐防范督导新模式

针对辖区危化品企业多、出入市境道路多、不法分子可能藏匿场所多等特点,公安金山分局以深化"智慧公安"建设应用为契机,专门研发"金山区反恐重点目标风险监管平台"(简称"监管平台"),进一步提高对辖区重点单位的反恐防范和监督管理效能。通过对全区重点目标单位的基本情况和基础数据进行重新汇总梳理,结合"检查菜单标准定制、检查流程跟踪闭环、电子档案更新实时"等维度,研发具有实地检查、单位自查、隐患复查、汇总统计、综合

分析等多个功能模块的监管平台。采用移动端现场操作模式实现精准防范"零遗漏",通过平台"检查、流转、处置"全流程上云处理,实现系统秒级响应的办公流转"数字化""扁平化",找准企业反恐防范监督管理增效路径。经过其他区分局等单位试用之后,2021年市反恐办将监管平台上升为市级平台,并在全市推广使用。

(三) 以"线索闭环"锁牢非法金融活动风险防线

针对非法金融活动隐蔽化、专业化风险趋势,推进非法金融活动线索排查标准化、制度化,加速推进风险出清。一是完善机制体系。制定《非法金融活动线索排查工作制度》,提出"属地负责、加强协作、摸清底数、动态管理"4项工作原则,明确关键环节责任分工。提出"一望、二闻、三查"排查法、"四查"研判法(查行为、查身份、查许可、查法规)等"接地气"的操作方法。对每条线索实施"风险提示、初步排查、结果反馈、联合会商、分类处置、情况报告"6道程序并完整记录台账,确保形成排查处置闭环。二是统筹风险排查。每年7—8月在全区开展"拉网式"风险排查整治活动,组织区内金融机构精准自查风险。各渠道线索归口至区金融办统一排查、统账管理,确保"对账销号"。三是以"闭环管理"加快风险出清。对重点领域风险企业,区金融办联合相关职能部门研判风险并直接督导整改清退工作。对于存在涉众型不稳定因素的风险,及时与信访、维稳条线机制衔接。对拟迁入的金融投资类企业实施联合审核研判。2019—2020年,区金融办牵头排查各类非法金融活动线索1 000余条。2020年,P2P网贷机构数量、借贷余额、出借人数清退率均实现100%,全市排名第一;相关地方交易场所依法取缔,清理相关展业机构140户、"微盘"交易平台17户;"现金贷"机构全部完成整改;全区街面投资理财门店全部清理完毕。

第三节 深化国家安全体系建设的挑战与策略

一、深化国家安全体系建设面临的挑战

根据试点工作的中期评估情况,金山区国家安全体系建设存在的主要薄

弱环节包括两个方面：意识形态安全和境外非政府组织管理。目前阶段，也主要是这两项工作面临的挑战比较突出。

(一) 意识形态安全及其治理面临较大压力

1. 网络空间治理有待加强

一是网络意识形态领域的斗争呈现出前所未有的复杂性。西方错误思潮通过互联网对我国进行意识形态渗透的手段更加隐蔽，历史虚无主义、"普世价值"、新自由主义等错误思潮以各种各样的方式腐蚀人们的思想。二是网络谣言、不良信息传播等乱象时有发生。个别网民在互联网空间出现失范行为，把现实身份抽象成"符号"活跃在互联网上，影响网络生态环境秩序。一些网民利用网络的虚拟性发表不实的言论，影响人们的认知。

2. 基层意识形态阵地建设有待加强

一是基层的意识形态工作队伍不强。部分从事基层意识形态工作的干部属于"半路出家"，缺乏理论基础、工作经验、专业水平。网评员队伍兼职多、专职少，专业能力不高，舆论引导效果难以尽如人意，难以达到新时期基层宣传网络舆情引导和监测力度工作的标准和要求。二是意识形态阵地效能发挥不足。基层综合性文化服务中心、新时代文明实践中心(站)等意识形态阵地传播本区域主旋律、正能量的效果有限。三是意识形态阵地活动缺乏针对性。没有充分挖掘本区域内的人才和故事素材，活动内容与群众距离远，导致群众参与率不高，引导功能弱化。

(二) 境外非政府组织管理存在明显瓶颈

1. 缺乏对境外非政府组织管理的专业人员

目前，公安机关对于境外非政府组织的管理业务还处于开端，仅仅提供了咨询和登记业务。公安机关对在华境外非政府组织进行监督管理以及提供相应的服务，需要大量了解境外非政府组织运作的公安民警。由于《境外非政府组织在华活动管理法》颁布施行之前的长时间内，公安机关很少涉及境外非政府组织的管理工作，所以，许多公安民警对这一项刚刚转交到自己手中的工作不是很专业。

2. 境外非政府组织的管理机制上尚处于空白

目前,公安机关的境外非政府组织管理办公室的工作主要是围绕着在华境外非政府组织的登记和咨询展开。但是,事前的审核、事中的监督和事后的处置,均缺乏明确的工作机制。《境外非政府组织在华活动管理法》已经明确了公安机关对在华境外非政府组织的登记和备案以及监督管理的职权,所以,公安机关迫切需要形成一个明确的审核和监督管理的机制,以使得审核和监督管理的工作能够真正落到实处,切实担负起对在华境外非政府组织的管理职责。

3. 部门之间的协同机制不够健全

《境外非政府组织在华活动管理法》第三十九条明确了公安机关、有关部门和业务主管单位对在华境外非政府组织开展的活动具有监督管理职权。第四十条分别规定了业务主管单位和公安机关承担的职责,其中,业务主管单位对境外非政府组织开展的活动也具有监督的职权,但是以公安机关为主,业务主管单位只是协助配合公安机关进行监督管理工作,从而制约了业务主管部门和公安机关之间工作协调和部门协同。

二、深化国家安全体系建设的主要策略

(一)优化网络意识形态工作管理体系

一是强化落实意识形态工作责任制。完善区域意识形态工作管理的制度体系和具体办法,细化各管理层级的分工和职责,形成党委领导、政府负责、公众参与的网络意识形态工作管理格局,营造风清气正的网络空间。二是加强领导干部队伍、网络评论员队伍、网络"意见领袖"的培育,形成多主体参与的话语队伍,以此提升网络空间主流意识形态的引领力与公信力。第一,培养一支政治过硬、业务精湛的网络意识形态管理队伍。不断提高领导干部队伍的网络业务水平,提高对互联网规律的把握能力、对网络舆论的引导能力、对信息化发展的驾驭能力、对网络安全的保障能力,通过网络走群众路线,了解网民的需求,关心和解答网民的疑惑。第二,培养一支立场坚定、善引舆论的网络评论员队伍。加强对网络评论员队伍的专业理论与

实操培训,不断增强其舆情研判和舆论引导的能力。引导其切实履行舆论引导的责任,增强人们的主流意识形态话语认同。第三,培养一支思想正派、作风优良的党外代表人士队伍。把培养党外代表人士队伍纳入党的思想建设和组织建设议事日程,建立经常性联系渠道,加强线上互动、线下沟通,让他们在净化网络空间、弘扬主旋律、维护意识形态安全等方面展现正能量。

(二)改进基层意识形态阵地建设和管理水平

一是加强人才队伍建设。结合实际工作需要有计划引进信息技术、文化管理等急需专业人才,注重吸引本区域内的有专业特长的人加入,做到队伍有人管、阵地有人守、工作有人干、舆情有人察。二是完善意识形态阵地管理制度。针对各类阵地的不同特点,有的放矢、务求实效,制定各阵地的具体管理措施,形成全方位、成系列的阵地管理制度体系,抓好各项制度落实。建立工作台账。明确每项活动的时间、人员范围、活动的目的意义、成效等,便于及时总结经验,改正不足,不断提高阵地利用率,提升活动质量。拓展服务范围。结合社区居民群众需求,不断探索各具特色的服务方式,提升服务效能,使群众有更多获得感,于潜移默化中增强政治认同、理论认同、情感认同。三是挖掘本区域优秀的主旋律素材。结合平安金山、法治金山、美丽乡村等创建活动,把从中涌现出来的典型案例、优秀人物、先进事迹及时转化为意识形态建设素材,用群众身边人、身边事开展宣传教育。

(三)强化境外非政府组织在华活动管理体系建设

一是设立风险评估机制。制定可操作性的评估方法和评估标准,发挥及时预警功能,确保境外非政府组织在华开展的活动符合我国法律的规定。二是健全监督机制。首先,根据境外非政府组织在华开展活动所涉及的领域对其进行分类,制定不同的监督管理办法和标准。其次,健全对在华境外非政府组织的资金管理体系,对其资金的来源、用途、额度和流向等要做好记录和审查。最后,注重对网络空间中境外非政府组织在华活动进行管理。利用网络技术手段,抵御在华境外非政府组织的意识形态宣传,对其不法行为做到及时发现及时处置。三是加强部门间的协调工作。建立公安、在华境外非政府组织业务主管部门、金融监督机构等部门的常态化协调机制。四是加快建设精通非政府组织运作的专门人才队伍。对从事境外非政府组织在华活动管理的人员加强专业培训,使其能够承担起对境外非政府组织在华活动的服务和管理职能。

第三章
金山区健全公共安全体系的经验

第一节 公共安全体系的内涵要求

城市公共安全体系是指党政部门、社会力量等治理主体为维护城市公共安全秩序,保障市民的合法权益以及城市生活的正常运转,综合运用常态管理和应急管理两种方式,对影响城市公共安全的潜在风险和突发事件进行综合治理的一整套制度及流程设计[1]。公共安全体系的内涵可以从领域构成和制度构成两个维度进行解析。

一、公共安全体系的领域构成

在我国,公共安全体系概念的出现及其领域构成与突发事件的应急管理有着密切联系。2003年7月28日,时任中共中央总书记胡锦涛在全国防治非典工作会议上强调:"加强党的执政能力建设,要在实践中特别是要在关键时刻和应对突发事件的实践中来推进。"[2]2007年8月,第十届全国人大常委会通过了《突发事件应对法》,根据该法第三条的规定,突发事件包括自然灾害、事故灾难、公共卫生事件和社会安全事件。2011年发布的"十二五"规划纲要第四十一章提出"加强公共安全体系建设",这是国家政策文件首次提出公共安全体系的概念,并强调从保障食品药品安全、严格安全生产管理、健全突发事件应急体系、完善社会治安防控体系四个方面,"推动建立主动防控与应急处置相结合、传统方法与现代手段相结合的公共安全体系"。此后,党的十八届三中全会

---

[1] 王雪丽:《城市公共安全体系存在的问题及其解决方略》,《城市问题》2012年第7期。
[2] 胡锦涛:《论构建社会主义和谐社会》,中央文献出版社2013年版,第12页。

和党的十九大报告都提出"健全公共安全体系",其领域构成均与《突发事件应对法》的口径相一致,包括自然灾害、事故灾难、公共卫生事件和社会安全事件等4个对象领域。2018年之后,随着各级应急管理部门组建等机构改革,以及新冠疫情的发生及防控,公共安全体系的构成领域相应发生了调整,即主要涵盖自然灾害、事故灾难、公共卫生事件三个对象领域。根据党的二十大报告提出"建立大安全大应急框架,完善公共安全体系"等相关内容,公共安全体系主要与安全生产、公共卫生、食品药品安全监管、防灾减灾等工作有关。

二、公共安全体系的制度构成

按照新时代总体安全观的要求,结合现有政府部门的实践和学界的探讨,公共安全体系包括平时的日常管理体系、战时的应急管理体系这样两个相互衔接、互为依托的子体系。其中,日常管理子体系包括公共安全日常监管、公共安全基础设施日常建设、公共安全文化建设等子体系,以及平安社区、平安单位常态化创建等工作系列。应急管理体系主要包括公共安全风险监测和预警、应急物资生产和储备、突发事件应急救援和处置、社会响应动员、灾后修复重建等子体系。

第二节　公共安全体系建设的成效与经验

近年来,金山区根据中央政法委和市委政法委的部署,把公共安全的基本要求和保障措施落实到城区发展的各领域和各环节,持续深入推进公共安全体系建设,构建起统一指挥、专常兼备、平战结合、反应灵敏、上下联动的应急管理体制,探索创新若干具有金山特色的公共安全治理举措,城市运行安全风险防范和化解水平明显提升。

一、坚持安全发展理念,构建起全方位、立体化的公共安全防线

(一)注重统筹协调,公共安全体系建设工作机制日益健全

建立公共安全体系建设工作专班,健全会议、会商、课题研究、工作督导等7项工作机制,围绕"源头治理、风险防控、精准监管、智慧安全、社会共

治、强化保障"6个方面,基本建成党委领导、政府负责、社会协同、公众参与、科技支撑的公共安全体系。在原有危险化学品、消防安全、交通运输、建管行业、特种设备等安全生产五大工作任务基础上,纳入公共卫生、食品药品、生态环境、防灾减灾等四大任务,形成具有金山特色的"5+4"公共安全体系建设重点领域,建立权责明晰、分工负责、反应灵敏、运转高效的公共安全责任链条。在安委会建设方面,完成金山区安全生产委员会及其成员单位调整,增加区水务、文旅、卫健、房管、国资等部门为区安委办副主任单位,出台《金山区安全生产四类清单》,进一步厘清区安委会成员单位安全生产工作职责,综合协调作用更加强化。建立危险化学品、消防安全、建设安全、道路交通安全、水上交通安全、安全发展示范城市创建工作等6个安全专业委员会,构建形成区安委会"1+6"协调工作机制,着力解决重点行业领域重大问题。通过有效融合区安委会和公共安全体系建设工作,发挥"1+1>2"的叠加效应。

(二)聚焦重点任务,安全生产专项整治三年行动扎实推进

注重推动风险治理、安全管理和应急管理全面融合,2020年,印发《金山区安全生产专项整治三年行动实施方案》,以三年行动为主线,形成"1+2+8"专题专项,公安、建管、生态环境、应急、消防、交通等部门分别牵头推进各专项行动。各街镇(工业区)、区相关部门分别制定本辖区、本行业领域专项整治方案及"两张清单"(突出问题和重大隐患清单、制度措施清单),落实推进。2021年,推进三年行动集中攻坚。在金山区原有"2+8"专题(专项)基础上,新增工贸行业、特种设备、高空坠物、文化旅游及体育行业、电动自行车、城市能源供应等6个专项,同步细化梳理各专题(专项)本年度重点任务,形成涵盖16个方面、326项具体任务的金山区安全生产专项三年行动任务书。2022年,全面完成三年行动巩固提升总结收官,汇总报送金山区三年行动重点制度措施、典型案例清单,其中"上海市金山区开展危化企业综合治理和精准管控"作为上海市的三年行动典型经验做法,被市安委办选用,汇编报送国务院安委办。召开全区安全生产和应急管理会议,制定年度安全生产和消防工作目标管理考核办法,开展年度安全生产和消防工作考核,实施安全生

产巡查,加强重点行业领域管控,开展安全生产和消防安全大排查大整治和危险化学品等专项整治,推进危险化学品安全生产风险监测预警场景建设,解决了一批突出问题和安全隐患。

(三) 坚持协同联动,区域应急管理和处置能力不断提升

实现应急预案全覆盖。截至 2022 年 12 月,已完成上海市金山区突发事件总体应急预案(征求意见稿),制定区级总体预案 1 个、针对四大类突发事件的区级专项预案 40 个、街镇(园区)级总体预案 11 个、碳谷绿湾应急管理单元总体预案 1 个,各部门、各单位也制定了相应的部门预案和各类突发事件分预案,基本形成全覆盖的预案体系。推动应急演练全方位。切实发挥区城运应急办牵头协调职能,着力推进各部门、各单位的应急演练,落实"每月一练"工作方案,检验各类预案的科学性、实用性。进口冷链食品新冠肺炎核酸检测阳性,应对雨雪冰冻、防汛防台、网络安全事件、道路交通运输、大规模暴力犯罪事件等多项应急处置预案得到有效检验和优化。加强应急专业力量。全区共建立了综合性、专业性及社会化应急救援队伍共 188 支、3 765 人,配有应急救援装备 100 余种;危化企业应急队伍 111 支、共 1 624 人,工矿商贸企业应急队伍 255 支、共 3 005 人。组建包括火灾、防汛防台、危化品、环境污染、道路交通、建设工程、疫情防控等各类应急专家队伍 60 余名。开展新一轮安全生产专家组成员聘任活动,扩展专家组成员至 20 人,聘请应急部专家王如君为金山区首席危化品安全生产专家。应急救援物资储备方面,全区各相关单位共储备 3 个大类、15 个中类、51 个小类应急物资和设备 1 160 余种,储备方式以各相关行业部门自行储备和协议储备两种方式为主。建立健全发动组织民兵参与应急抢险救灾机制,建立军地力量联建、应急预案对接、指挥协同联动、情报信息共享、应急统训演练和物资装备合储等机制。

二、创新运用法治思维,探索出可复制的公共安全法治化金山经验

(一)"分制"推进"法治",安全生产监管脱虚化实

近年来,金山区借鉴道路交通违法记分方式,建立危险化学品企业法定代表人记分制,形成政策文件"一网通",安全绩效"一张表",记分管理"一账

清",安全治理法治化水平显著提升。一是锁定管理目标。聚焦"关键少数",将记分对象确定为119家危险化学品企业法定代表人或实际负有生产经营管理权限人员。二是实现法律建模。梳理法律法规标准,明确法定代表人六大方面88项履职内容作为记分指标,统一标准衡量主体责任落实情况,实现记分实体化。三是明确管理方式。开发记分平台,对接综合执法系统,同一平台晒出企业记分排名,实现记分可视性。四是突出结果运用。实行12分制管理,对累计达到6分及以上企业法定代表人分级实施警示约谈、强制培训、加大检查频次等举措,实现记分可比性。记分制工作得到市应急管理局全力支持,拟全市推广,在《中国应急管理报》头版头条和新华社专版予以报道,并入围上海市法治建设优秀案例。

(二)创新环保"五步法",依法治污工作稳中有进

近年来,金山区为强化危险废物等环境风险监管,创新探索出"一查二劝三改四罚五公开"的"环保五步法",依法治污工作迈上新台阶。"五步法"的核心是综合运用检查、劝诫、处罚和政务公开等手段,督促企业及时整改,消除环境安全隐患。具体做法包括:一是细化信用管理。对信用好的企业少查免查,对信用差的企业密查严查。信用评价也及时相应调整,企业在信用等级名单中进出有序。二是宽严组合施策。在严守环保底线前提下,改变原来相对单一的处罚、监管模式,做到"查"中有预防,"劝"中有监管,"改"中有扶持,"罚"中有劝服,既不放松标准,也不一棒打死。近年来,通过"五步法",区域环境质量逐年提升,投诉从2019年的2 111件下降到2022年的1 149件。环境风险明显下降,未发生突发环境事件。公众对生态环境满意率获得过一次全市第一、一次全市第二的成绩。"环保五步法"得到生态环境部主要领导的肯定和表扬,市依法治市办将有关经验形成材料,在全市予以专题介绍推广。

三、深化科技手段赋能,打造出系列公共安全治理数字化特色项目

(一)具有金山特色的危险化学品智慧管控平台

针对化工产业体量大、危险化学品种类多的区情特点和监管需求,金山区打造了"危险化学品智慧管控平台"。平台集成了区域内危化品全生命周期

内的生产、使用、经营、运输、储存、废弃等 6 个关键环节的信息数据,开发了一个一级综合信息应用场景,及安全生产、流动流向、应急指挥等 3 个二级平台,赋能"平时"危化品监管与"战时"应急救援。截至 2022 年 12 月,全区 119 家危化企业基础数据信息、18 家重大危险源企业的重大危险源温度、压力、液位等实时运行信号及视频信号接入区大数据中心,并纳入该管控平台。通过不断充实更新基础数据、优化系统功能、提升预报预警精度,为全区应急管理工作提供有力的信息化支撑。

(二)位于全市前列的食品生产过程智能化追溯体系

2019 年起,金山区作为全市试点,率先在食品生产企业开展食品生产过程智能化追溯体系建设试点工作,推动食品生产企业将食品生产加工各环节的数据信息录入电子平台,形成食品生产加工"原料入库—原料领料出库—生产—成品入库—成品出库—销售"的全过程数据链,大大提升了食品安全的信息化管理水平。对企业来说,使用 PDA 扫描即可完成物料管理及追溯数据上传,实现了信息上传便捷化、数据信息可查询、生产仓储和流向实时追踪、智能预警等功能;对监管部门来说,企业全过程追溯信息通过 PDA 实时上传市统一追溯平台,一旦发现食品安全问题,可以做到一键溯源管理,为监管部门开展食品安全事件处置提供更好的依据,并且对监管人员有未上传自动预警,可以减少监管风险。对消费者来说,通过扫描食品标签上的二维码进行产品溯源查询,实时了解生产企业资质、原辅料采购、生产过程、出厂检验报告等信息。截至 2022 年 12 月,金山区高风险食品生产企业、肉制品生产企业、列入追溯目录内食品生产企业以及食品产业集群的廊下镇均已实现智能化追溯体系建设 100% 全覆盖,并建立起多家标杆企业,在全市生产过程智能化追溯体系建设工作中走在前列。

(三)全息图景的地下管线信息化综合管理系统

形成一个"动态数据库"。完成金山区主要道路地下管线普查工作,累计普查管线长度 6 089.27 千米,建立了涵盖给水、排水、燃气、电力、通信等地下管线及附属设施的区域综合管线数据库。持续对管线新增、变动情况实施跟踪维护,累计完成管线维护更新约 1 016 千米,确保了地下管线信息的现势性和准确性。建成一个"综合信息系统"。2020年5月全面建成金山区地下管线综合信息系统,借助信息化平台充分发挥管线浏览查询、数据综合分析、地下管线制图、管线信息维护、管线三维模拟、管线数据应用等功能。推动信息系统接入区级"一网统管"平台,相继完成信息导入、功能嵌套、大屏适配、免密登录等,持续丰富完善地下管线综合信息系统场景应用和功能作用。形成地下管线"一张图管控"新态势。截至2022年9月,总计21家管线权属单位已全部完成地下管线数据汇交,累计完成汇交管线长度15 815千米,初步形成地下管线"一张图管控"新态势,提升了全区地下管线数据综合应用和共享水平。

第三节　健全公共安全体系的挑战与策略

一、推进公共安全体系建设面临的主要挑战

（一）潜在风险底数庞大,事故防控压力较重

一是危险化学品领域的安全风险仍较为突出。金山区域内危险化学品生产、使用、经营、存储、运输单位多,油气地下网管密集,危险化学品固有的易燃易爆、有毒有害等危险特性,决定了危险化学品在全生命周期内始终存在较高的安全风险。二是防台防汛压力比较突出。金山区地处杭州湾北岸,位于台风登陆的较大可能路径上,而随着郊区新城建设,城镇化进程不断加速,高层建筑、大型综合体、电梯、建筑工地、户外招牌广告等数量庞大,每年防台防汛安全隐患较多。三是生产安全事故总量压降进入瓶颈期。安全生产方面,近年来全区生产安全事故起数、死亡人数实现"双下降",但传统工贸行业发生事故占比高,大多发生在产业层次不高、本质安全水平低的传统产业领域,小微企业事故多发。四是新冠疫情及其防控风险仍存在较大不确定性。如何克服疲惫心态、松懈心理,紧随国家和市级层面防疫政策的不断调整优化,确保一方公共卫生安全将成为一项重大考验。

（二）责任有待强化落实，监管工作合力不强

当前，公共安全治理的职责体系已初步形成，但综合监管、专项监管、属地监管之间的责任划分不够明晰、落实不够到位，缺乏标准化、强制性的规范要求，尚未铆紧公共安全责任链条。比如，小散工程和零星作业及非法建设工程漏管失控，成为安全监管盲区和事故高发因素；随着"放管服"改革深入推进，部分特种设备不需要法定检测，操作人员也无须法定培训，若企业自身的安全管理不到位，则会成为事故新增长点；随着环保整治力度加大，一些企业危废超量、隐蔽储存，因安全设施缺失、管理不够规范而危及生产安全的风险日益凸显。部分企业主体责任仍然悬空，存在重生产轻安全、重效益轻安全的情况，"没人管、不会管、不敢管"问题比较突出，风险辨识、隐患排查能力严重缺乏；一些企业的委外作业、检维修、装卸等环节缺少有效现场管理。

（三）基层基础相对薄弱，应对处置能力不强

公共安全体系建设一定程度上改变了以往突击式、被动式、灭火式的治理模式，但体系背后的实际治理能力还有待进一步提升，尤其是基层处置突发事件效能不足。一是全社会安全意识需要加强，面向各行各业、社会各界的公共安全教育、安全技能培训还十分欠缺，市民群众风险辨识防范和避险自救逃生能力较弱；部分企业经营管理者化工专业知识和生产管理经验不足、流动性大，遵规守纪、安全防范意识亟须加快提升。二是应急装备配备不够齐全，公共场所、企事业单位都一定程度存在应急装备、物资储备不到位的现象，对第一时间现场救援、应急处置带来隐患。三是智慧安全专业人才储备不够，公共安全人才的引、育、用、留机制亟待完善。同时，整体救援队伍建设仍然依靠政府力量的广泛投入，社会化参与程度仍然不够高。

二、健全公共安全体系建设的主要策略

（一）共治共管，着力细化压深压实的安全责任

城市公共安全风险的合作式治理需要强化政府在城市公共安全风险治理过程中的主导作用，同时，强调和鼓励社会公众在党和政府的领导下有序、有效地参与城市公共安全风险的治理。为此，需要全方位层层落实公共安全责

任。一是在政府负责层面,把基层作为公共安全工作的主战场,以企业、学校、村(社区)等基层单位为重点,广泛开展各类安全企业、安全社区等创建,广泛形成韧性化的基层治理单元。持续强化全要素网格治理、综合执法,推动公共安全重心下移、力量下沉、保障下倾,把社区建设做实、做牢。二是在社会协同层面,鼓励发展更多专业化社会应急救援组织,有序发展应急管理社会中介组织,大力引进高水平专业技术机构。充分发挥安全专业行业企业的示范作用,围绕监测预警、预防防护、处置救援、应急服务等四大重点,鼓励和引导更多企业加强项目引进、技术创新、市场开拓,加快集聚一批核心竞争力强、发展前景好的公共安全特色企业和产业行业。三是在公众参与层面,把广大群众作为公共安全最可依靠的力量,健全安全隐患信息上报制度,探索安全生产职工共治机制,使广大群众真正成为公共安全的参与者、安全环境的营造者、安全文化的实践者、公共安全的受益者。

(二)关口前移,着力实现精准及时的安全预警

在整个公共安全体系构架中,及时准确的预警系统是科学预防、应急反应的重要前置环节,其核心是建立通畅的渠道、采集充足的信息、进行科学的分析、制定权威的决策,堪称公共安全体系的"前沿哨所"。建成风险数据库健全常态机制。制定分别适用于规模以上、小型、微型企业的三项安全生产标准化建设标准,对不同规模的企业在机构、人员、制度等方面做出不同要求,增强标准的适用性和可操作性,呈现不同规模企业监管梯度。

(三)筑牢防线,着力拓展联动高效的应急救援

城市公共安全治理需要加强平战结合、专群结合,构建以"救"为核心的突发事件应急救援体系。在政府各部门信息共享尚未实现的情况下,应急管理实践呼唤在突发事件应对中建立临时性信息共享机制,或许可以为常态下部门信息共享、案例共享、经验分享提供新的思路、范本和手段,形成应急管理对常态管理的倒逼[①]。为此,一方面,推进城区治理的数字化转型,以指挥平

[①] 高小平:《整体性治理与应急管理:新的冲突与解决方案》,《公共管理与政策评论》2018年第6期。

台建设打通整个城市应急救援网络,发挥各级应急指挥中心应急值守、信息处理、应急会商、辅助决策、指挥调度、舆情监测等作用。另一方面,突出事前追踪预警,健全覆盖全城的应急预案体系,并提升应急物资、装备、运输、通信、避难场所的综合保障能力。

第四章
金山区构筑社会治安防控体系的经验

第一节 社会治安防控体系的内涵要求

2001年,中共中央和国务院出台《关于进一步加强社会治安综合治理的意见》,提出各地要建立和完善社会治安防控体系,这是国家政策文件中首次正式提出社会治安防控体系的概念。所谓社会治安防控体系,是指以提升公众对社会治安的安全感和满意度为目标,在政府的领导下,以公安机关为主导,依靠社会力量,充分调动各种资源,通过防控网络和运行机制的建设而形成的预防和控制违法犯罪的系统性工程[1]。

一、社会治安防控体系的构成要素

2009年,公安部提出要通过社会治安防控网络建设,实现对动态社会全方位、全天候、无缝隙、立体化的覆盖,并着重提出要构建"六张网"和"四项机制",以此建立打防管控结合,人防、物防、技防结合,点线面结合,网上网下结合的社会治安防控网络[2]。所谓"六张网"包括:街面防控网、社区防控网、单位内部防控网、视频监控网、"虚拟社会"防控网和区域警务协作网。"四项机制"包括:警务实战指挥机制、实战勤务运行机制、情报信息预警机制和工作绩效考评机制。2015年4月,中办和国办印发了《关于加强社会治安防控体系建设的意见》(以下简称《意见》),提出加强社会治安防控网建设、提高社会治安防控体系建设的科技水平、完善社会治安防控运行机制、运用法治思维和

---

[1] 宫志刚、李小波:《立体化社会治安防控体系:从理论到实践》,《山东警察学院学报》2016年第3期。

[2] 周正:《社会治安防控体系建设初探——以社会管理创新为视角》,《公安研究》2013年第5期。

法治方式推进社会治安防控体系建设、建立健全社会治安防控体系建设的工作格局。其中,社会治安防控网包括:社会面治安防控网、重点行业治安防控网、乡镇(街道)和村(社区)治安防控网、机关和企事业单位内部安全防控网、信息网络防控网。社会治安防控运行机制包括:社会治安形势分析研判机制、实战指挥机制、部门联动机制和区域协作机制。

综合以上重要政策文件的表述,可以看出,社会治安防控体系包括如下构成要素:一是社会治安防控网,如公安部提出的"六张网"、《意见》中提出的"五张网";二是社会治安防控运行机制,如公安部、《意见》分别提出的"四项机制";三是社会治安防控法治保障体系;四是社会治安防控科技支撑体系。

二、社会治安防控体系建设的原则方向

2020年发布的国家"十四五"规划纲要提出"推进社会治安防控体系现代化""提高社会治安立体化、法治化、专业化、智能化水平",为社会治安防控体系建设标明了原则方向。其中立体化主要指结构布局多维度、多层次。多维度主要是从时间、空间、心理防范疏导、社会关系调适等角度进行的认知,强调实施多个角度、多种类别的社会治安防控综合措施。多层次则主要包括政府与社会的有效合作、线上与线下的有机结合、中央与地方的协同配合、城市和乡村协调共进。法治化主要指以立法形式明确各类治安防控主体在防控体系建设中应承担的法定职责,形成职责分明、相互独立、相互衔接、相互支持的分工体系,为其在防控体系实际操作中提供依据,同时治安防控的全过程都要在法律的约束下、在法治轨道内运行。专业化主要指防控人员队伍、工具手段、运行机制的专业化。智能化在于强化数据、信息等因素在社会治安管理工作中的关键性、基础性作用,强调运用现代信息科技提升"以数据定战略、以数据做决策、以数据定行动"的实战能力,提升对社会各类风险的动态研判、动态评估和动态预警能力,提升新型社会治安防控能力的实战性、精准性和时效性。

第二节 构筑社会治安防控体系的成效与经验

试点工作开展以来,金山区立足区域社会治安实际,制定实施《金山区社会治安防控体系建设方案(2020—2022)》,精心布局、统筹推进,基本建成了以圈层查控、单元防控、要素管控为四梁八柱,防控基础工程完备,体系运行机制健全,治安防控触角广泛、反应灵敏、互联互通的社会治安防控体系。

一、聚焦整体设计,社会治安防控机制体系基本完善

(一)聚焦"全流程闭环",完善动态指挥调度机制

以建立"处置更高效、衔接更紧密、权责更清晰、响应更及时"的社会治安指挥体系为核心,着力深化"深度融合作战"一体化建设,构建完善动态科学勤务,助力加强社会面治安态势研判,推动科学完备,辅助支撑决策指挥。

(二)聚焦"全覆盖防护",完善智慧赋能机制

突出"智能化"概念,以推进城市"两张网"建设为牵引,加快推进社会面前端感知设备补点建设,加快推广危化品企业"智慧工厂"智能安防建设,加快推动建设社会治理"最末梢"的城市运行联勤工作站,全力提升市域社会治理的智慧能级。

(三)聚焦"全链条治理",完善打防管控机制

突出"整体化"理念,围绕违法犯罪打击、社区案件防范、矛盾排查化解、重点人员稳控等环节,聚焦网络新型犯罪、社会新兴业态等重点,通过深化区域协作、部门协作、警社协作等方式,提升社会治安防控整体效能。

(四)聚焦"全要素监管",完善城市公共安全维护机制

以推动建立"大安全"格局为目标,依托"易的PASS"等系统平台,聚焦海、陆、空等各领域,通过推动道口检查站属地化,着力提升道路交通安全、消防安全、危化品管控安全、道口边界安全等城市运行安全各要素各环节的管控水平,切实维护城市公共安全。

（五）聚焦"全环节精细"，完善基层基础夯实机制

突出"大抓基层、大抓基础"导向，紧紧抓牢社区这一"最小单元"，持续深化推动各项资源和力量下沉社区，农村出租屋"旅店式"管理模式推广等工作，进一步夯实社会治安基层基础，支撑提升基层社会治理效能。

二、立足高标要求，社会治安"大防控"格局基本形成

（一）立足"响应更及时"，持续提升指挥响应能级

以推动"深度融合作战"应急处置体系为引领，以构建"政府主导、部门协同，有序分流、各负其责，社会联动、服务群众"的工作模式为核心，结合城市运行"一网统管"建设，积极加强与区城运、应急、城管等部门的沟通协调，持续探索深化应急响应机制及基层承接队伍建设，推动跨部门、跨系统协作，提升指挥作战体系能级，不断提升部门间信息互通、快速响应和联勤联动能力，确保突发事件妥处即然。

（二）立足"管控更精准"，持续提升圈层防护能级

坚持以智慧赋能基础防控、以网络支撑系统防范、以感知助力隐患洞察，结合推进城市数字化转型及社区新型基础设施建设行动，依托智能化、科技化、信息化、数据化手段，持续推进"易的PASS"系统建设、社会面智能安防拓展覆面及石化股份公司"智慧工厂"模式升级，并以点拓面、放大辐射，积极向全区其他生产规模型危化品企业复制推广，进一步健全隐患排查和预防控制机制，打造由"面"及"圈"至"点"的圈层防护体系，构筑社会面感知闭环，推动风险第一时间发现、第一时间处置。

（三）立足"防范更有力"，持续提升类案防范能级

针对当前电信网络诈骗等非接触式新型犯罪高发、多发的实际，在区打击治理电信网络新型违法犯罪工作联席会议原有制度规范的基础上，先后制定下发《2021年金山区打击治理电信网络诈骗新型违法犯罪专项行动实施方案》《进一步规范金山区打击治理电信网络新型违法犯罪工作联席会议制度的实施办法》等文件，组织召开全区打击治理电信网络新型违法犯罪专题部署会，发动全区共同参与，进一步完善反诈体系、整合力量资源，构建全社会打

防治理电信网络违法犯罪"一盘棋"格局。并以此为依托,延伸完善社会治安堵点、热点问题打击治理模式,切实形成社会治安共建共治共防格局。2020—2022年,全区电信网络诈骗案件既遂接报数实现"三个下降",防控工作阶段性成效显著。

(四)立足"治理更精细",持续提升基层基础能级

突出"大抓基层、大抓基础"导向,始终把"人"作为基层治理的核心关键,坚持"底数清、情况明"工作主线,立足城市治理"最小单元",综合运用"脚板+科技、传统+现代"等手段,统筹推进城运联勤工作站建设、农村出租屋"旅馆式"管理模式复制推广等重点任务,深化民警兼任村官工作,深化基础网格和群防群治队伍建设,进一步健全社会信息汇集共享机制,切实支撑提升基层社会治理效能,推动从简单治标向深度治本转变。

三、扎根实际需求,社会治安防控方式创新成果丰硕

(一)探索建设城市运行联勤工作站

在枫泾古镇、万达商圈试点建设城市运行联勤工作站,探索城市运行管理末梢神经及"一网统管"末端承接路径。一是力量融合,做强"支撑"。明确实行"7×24"全天候勤务运作模式,采取"5+1+X"联动治理模式[1],通过物理整合,推动职能融合,实现治理重心向基层下移、资源向网格下倾。目前,枫泾工作站已整合公安、城管、市场监管等14家部门,共22名执法人员,万达工作站配备公安、城管、市场监管等一线执法执勤力量17名、综合执法辅助力量34人落实实体化运作。二是数据融通,做强"基座"。整合联网感知设备和"一标六实"警用地理信息系统等资源手段,打通数据链路和共享通道,打造集"指挥调度、平台值守、监控巡查"等功能为一体的联勤指挥中心,综合运用已有系统模型,实时比对分析区域内110警情、12345热线等相关数据,对区域

---

[1] "5"即将公安分局、城管执法局、绿化市容局、市场监管局、消防救援支队等单位作为"固定班底",推动一线执法力量整合下沉,组建联勤工作大队。"1"即设置1名"轮值指挥长",由各常驻部门派员每日轮转坐镇,统筹做好指挥调度、任务分派、反馈上报等相关事宜。"X"即其他政府部门人员,以轮驻、随驻方式按需入驻。

内各类风险事项进行预测预警,为联勤工作提供精准数据支撑。三是情指联动,做强"中枢"。细化制定涉及"市容环境、交通秩序"等7个大类、48项具体任务工作清单,并对综合执法力量实行"混编"分组,常态在区域内开展巡防治理,明晰非警务类警情承接处置流程,实现高效协同处置,将问题解决在一线。最大限度挤压安全隐患存在空间。截至2022年年底,试点区域内报警类"110"警情、交通类"110"警情均实现"双下降"。

(二)探索规模性租赁房屋管理新模式

对全区出租房屋按照房屋属性、居住群体等特点,分门别类探索出租房屋"集约化"管理"新路子",有效带动实有人口管理和隐患清零工作实现质的提升,2023年2月全区实有人口登记率达98.78%,准确率达97.02%,位列全市前列,成效初显。一是推行转租房屋"源头式"管理。针对此类出租房屋人员流动快、安全系数低等特点,通过与"第三方"出租方签订管理责任书,落实房屋出租方主动申报房屋租赁状态,督促非本市户籍租客通过"一网通办"平台主动填报个人信息等责任,推动实有人口信息采集工作模式由"被动填报"向"自主申报"的转变。二是推行农村宅基"旅店式"管理。对农村宅基房屋实行"红、黄、绿"三色挂牌管理,对绿牌房屋准予租赁,黄牌房屋限期整改,红牌房屋禁止租赁,确保出租即放心。租赁房屋信息上报后由属地政府稳定办、市场所等部门,联合对租赁房屋开展安全验收合格后,予以准租。三是推行企业包租"公寓式"管理。针对化工企业集中的漕泾地区,试点推进企业统一包租的"公寓式"集约化管理新模式,2020—2022年,共统筹安排了3.2万余名企业来沪人员集中居住,实行集中管理。同时,制定下发5项规范制度,规范出租房建筑安全、消防安全等方面硬性标准,明确租赁公司、承租人的责任和义务。四是推行在建工地"共建式"管理。实行"五个一"管理法,即定期开展一次实有人口核查登记、制作一张进出通行工作证、举行一次安全教育责任签约、开展一次交通安全及防范诈骗宣传、坚持每日一次岗前训示。同时,探索实施了由工地管理层"自主采集登记、专人汇总梳理"的工作模式,提高了实有人口信息采集效率和更新时效。

(三)探索外来人员反诈宣传新模式

将反诈宣传与实有人口管理工作有机契合,推动形成"信息采集实时更、防范宣传随时跟"工作局面,2022年,先后成功劝阻电信网络诈骗案件386起,助力全区电信网络诈骗既遂案件同比下降15.09%。一是组建专业队伍。打破以往人口综合协管员仅采集人员信息的"单一型"模式,拓展为"采集人员信息+反诈宣传"的"复合型"模式,组建多支以综合协管员为主、以来沪人员为防范重点的反诈宣传队,打造专业化反诈宣传队伍,"以点带面"提升全局530名综合协管员的整体防范宣传能力,切实筑牢入沪人员反诈"第一道防线"。二是建立支撑平台。对近3年电信网络诈骗既遂案件进行梳理,着重分析诈骗案件的类型、诈骗手法、易受害人群等,让反诈宣传能把握重点。对近阶段接报受骗的当事人笔录材料加以整理,找出诱发案件发生中的关键步骤和关键术语,编写具有较强针对性的反诈宣传文案。三是拓宽宣传维度。把握学生、青年、中老年不同年龄段之间的差异,本地人与来沪人员不同地域之间的差异,提升宣传的针对性。把握企业、社区、学校、工地等的不同特点,用好早市、午市、晚市"三个市",在人员较集中的时间段开展宣传,确保宣传覆盖面。专门研究并拟定"网络贷款、网络刷单、裸聊"等案件的反诈宣传专业话术,确保宣传有的放矢。

第三节 织密社会治安防控体系的挑战与策略

一、社会治安防控体系面临的突出挑战

(一)社会治安案事件高发期态势依然严峻

近年来,金山区社会治安形势虽持续好转,但金山区作为上海西南门户,出入市境道口多,与周边人员往来、联动发展、经济交流日趋频繁,省际边界地区和城乡接合地区治安形势复杂,外来人口不断涌入、特殊人群不断增多,社会治安形势日趋复杂。同时,传统犯罪向网上蔓延,网络黄赌毒、诈骗和帮助信息网络犯罪活动等违法犯罪明显增多,跨区域流窜作案、侵财类案件、电信网络诈骗等仍是影响城区治安的主要因素;黑恶势力违法犯罪呈现组织形式"合法化"犯罪手法"软暴力化"等新形势、新特点,逃避打击能力不断增强,均

严重影响群众安全感,社会治安防控的任务仍然繁重。

（二）街镇、村居组织治安防控推进力度不足

部分街镇和单位往往注重抓城市建设和营商环境工作,而对治安防范工作重视不够,"大联防""大综治"观念淡薄,存在依赖政法、公安部门等方面思想,缺乏工作的主动性和创造性。村(居)委自治组织行政化趋势严重,各种各样的会议、报表、台账等日常事务性工作占据了大量时间,主动统筹安排治安防控的精力不足,社会治安综合治理的主体作用发挥不佳。相应地导致居民群众参与村(居)委组织的平安志愿者、义务巡逻队等防范活动的积极性不高。单位、小区保安人员素质参差不齐,上岗前缺乏系统的技能、业务培训,基本业务技能不精,面对社区治安防范管理工作,存在着不想管、不愿管、管不了的情况。

（三）部分地区治安防控基础设施存在较大缺陷

在物防建设方面。一些老旧居民小区围墙、路灯、门禁系统和出入口道杆等物防系统老旧破损,物业维修迟缓。部分农村地区和城中村地区人员构成复杂,物防设施缺失严重,技防设施建设标准低,监控探头设置密度低,存在空白盲点,治安隐患多发易发。与此同时,由于缺乏必要的经费保障,人防、物防、技防措施因无财力支撑,一些硬件建设难以实施,只能停留在规划上。

二、织密社会治安防控体系的主要策略

（一）落实基层治安防控责任

街镇要以村居社会治安工作为抓手,建立制度,引导村(居)委进一步重视治安防控工作,提高村(居)委投入治安防控工作的主动性和积极性,充分发挥村(居)委基层组织在建设中的基础性作用,组织基层治安防控力量有效开展工作,形成各自相对完善的治安防控工作网络。要进一步将其从"事务堆"中解放出来,尽量减少或有效整合各种会议、报表、台账,积极为基层组织减负。要继续深入开展治安复杂、案件高发村(居)委挂牌整治工作,通过重点突破,以点带面,促进全区治安形势进一步改善。要进一步明确村(居)委、物业公司、社区民警、业委会和企事业单位等在社会治安防控体系建设工作中

的各自责任,探索建立村(居)委、物业公司、业委会治安防控联动机制,村(居)委要加强对业委会、物业公司的指导和监督,明确物业公司、业委会在治安防控工作中的职责任务,根据小区区域、人口数量、案发情况,核定物业保安、物防技防标准。

(二)充分发挥社会组织和市场机制的作用

将物防建设、技防推广、治安承包、防范宣传等工作推向市场,进行系统开发,形成有序发展的治安服务产业。如在社区、农村大力推行保险式、契约化的联防服务模式,积极引导社会各方面力量参与治安管理,投资技防建设,承包公共安全服务。在政府监管和公安机关指导的前提下,探索将非法定职责内容的治安防控工作转向社会,转入市场,形成全社会齐抓共管、广大人民群众积极参与的多元化发展格局。规范发展保安服务业。培育和壮大保安服务力量,加强物业保安人员的监管,全面整合各单位保卫组织和保安人员力量,大力加强巡防保安队伍的正规化建设,建立统一政审、统一培训、统一管理、统一监督机制,逐步探索建立保安人员积分管理制度和薪酬待遇等级化制度,拓宽保安人员职业发展空间,发挥其在治安防范中的应有作用。

(三)强化社会治安防控的经费保障机制

要把社会治安防控工作和城市建设、社区建设紧密结合起来,将治安防控基础设施建设纳入城市基础设施建设的总体规划,进行综合设计、同步规划和独立验收,提升城市基本治安防控功能。区财政及各街镇(高新区)应将社会治安防控体系建设经费列入同级财政预算,根据需要编制治安防控体系专项工作经费,逐年推进治安巡逻、视频监控等人防、物防、技防建设。对社区、居民小区、机关企事业单位的治安防范要实行市场化运作,按照"谁受益、谁出资"的原则,积极引导社会资金投入防控体系建设,最终建立"政府主导、多元投入、整体推进"的经费保障机制,适应新形势下社会治安和维护稳定工作的需要。

第五章
金山区全面推进依法治区工作体系的经验

第一节 依法治区体系的内涵要求

党的十八届三中全会通过了《中共中央关于全面深化改革若干重大问题的决定》,在"六个紧紧围绕"中首次提出"社会治理"。中央全会首次运用社会治理的表述,标志着我国社会事务的处理方式实现了从管理到治理的历史性跨越。党的十八届四中全会在《中共中央关于全面推进依法治国若干重大问题的决定》中提出"社会治理法治化"命题,明确了社会治理的法治化方向。党的十九大报告提出:"打造共建共治共享的社会治理格局。加强社会治理制度建设,完善党委领导、政府负责、社会协同、公众参与、法治保障的社会治理体制,提高社会治理社会化、法治化、智能化、专业化水平。""市域社会治理法治化"可概括为在市域空间范围内,社会治理主体与相关治理参与者运用法治思维和法治方式,有效预防和化解社会风险,优化社会、制度、文化、自然及人文环境资源匹配,依靠正式制度与非正式制度构建规范有序、结构严密、协调运行的制度体系,实现国家与社会的良性互动、合作共治、良法善治的治理新格局[①]。

一、社会治理法治化在于坚持党的领导和以人民为中心

中国共产党的领导是中国特色社会主义最本质的特征,是社会主义法治最根本的保证。法治具有固根本、稳预期、利长远的重要保障作用,依靠法治才能应对重大挑战、克服重大阻力、抵御重大风险、解决重大矛盾。检验社会主义法治工作的成效,最终要看人民是否真正得到了实惠,人民社会生活是否

---

① 王勇:《社会治理法治化研究》,中国法制出版社2019年版,第6页。

真正得到了法治保障。这是坚持立党为公、执政为民的本质要求,也是中国特色社会主义法治道路建设的重要基石。人民是衡量社会治理法治建设水平的最终裁判者。人民的支持度、满意度和认同度,获得感、幸福感和安全感是评价社会治理法治建设成效的最高标准。2016年12月,中共中央办公厅、国务院办公厅制定并印发《党政主要负责人履行推进法治建设第一责任人职责规定》,确立了社会治理法治化的党内法规依据。此外,《中国共产党政法工作条例》《中国共产党党支部工作条例(试行)》《中国共产党农村基层组织工作条例》等党内法规均从不同角度对中国共产党领导社会(乡村)治理、推进社会治理法治化做出具体规定。

二、社会治理法治化的基础和重点在基层

习近平总书记指出,"全面推进依法治国,推进国家治理体系和治理能力现代化,工作的基础在基层",强调要"更加注重系统观念、法治思维、强基导向","更加重视基层基础工作,充分发挥共建共治共享在基层的作用,推进市域社会治理现代化",为基层法治建设指明了前进方向,提供了根本遵循。社会治理是国家治理的重要组成与根基所在,创新社会治理、提高其效能需要提高运用法治思维和法治方式破解社会治理难题的能力。社会治理法治化需要科学立法、严格执法、公正司法和全民守法。作为基层社会治理的制度支撑,科学立法需要解决立法空白、顶层设计不合理、法律规则不科学和不适用等立法问题。作为基层社会治理的主导机制,严格执法需要严格规范公正文明执法,解决权责交叉、委托执法、选择执法和多头执法等基层社会执法难题。作为社会公平正义的最后防线,基层社会治理需要司法公开、司法为民和司法便民,让人们都能感受到公平正义和彻底化解"信访不信法"的社会现象。基层社会治理法治化需要畅通利益表达机制和纠纷解决机制。利益表达机制、应急处理机制、多元化的纠纷解决机制等程序化和规范化的法律制度设计是基层社会治理的法治保障[1]。

---

[1] 童彬:《基层社会治理法治化:基本现状、主要问题和实践路径》,《重庆行政》2018年第4期。

在传统的社会管理体制下,社会矛盾纠纷主要依靠信访和司法途径解决,大量案件的涌入给政府和司法机关的运转造成了繁重的压力,而且刚性的司法裁判不利于矛盾纠纷的真正化解。在新时代背景下,随着社会矛盾的日趋复杂化,对传统社会矛盾纠纷解决体系进行优化和重构势在必行。党的十九届四中全会指出,"坚持和发展新时代'枫桥经验',畅通和规范群众诉求表达、利益协调、权益保障通道,完善信访制度,完善人民调解、行政调解、司法调解联动工作体系,健全社会心理服务体系和危机干预机制,完善社会矛盾纠纷多元预防调处化解综合机制,努力将矛盾化解在基层"。从社会治理领域来看,社会治安防控体系法治化建设的重点和难点都在基层。由于基层工作分工细、事务烦琐、人员不足等问题,致使社会治安防控体系面临瓶颈问题。《关于加强社会治安防控体系建设的意见》指出:"运用法律手段解决突出问题。充分发挥法治的引导、规范、保障、惩戒作用,做到依法化解社会矛盾、依法预防打击犯罪、依法规范社会秩序、依法维护社会问题。"

社会治理法治化是一项基础性、长期性、系统性的重大工程。面对新时代社会治理中出现的新形势、新问题,需要深入贯彻党中央的战略部署,及时更新社会治理理念,不断推进实现市域社会治理的法治化进程,助推法治中国建设迈上新的台阶[1]。

第二节 推动依法治区工作体系的成效与经验

2020年以来,金山区坚持以习近平新时代中国特色社会主义思想和习近平法治思想为指导,按照中央、市委统一部署,在市委依法治市办的有力指导下,以"升级版"法治金山建设为主线,将法治建设作为提升党的执政能力、政府全面履职能力、基层社会治理能力的关键一招,完善工作体系、健全制度机制、创新方式方法,深入推进全面依法治区各项工作,努力为金山区经济社会

---

[1] 周振超、侯金亮:《市域社会治理法治化:理论蕴含、实践探索及路径优化》,《重庆社会科学》2021年第8期。

发展提供更加坚强有力的法治保障。2021年11月8日,《人民日报》在头版文章《一笔一画描绘法治中国宏伟蓝图——深入学习贯彻习近平法治思想综述》中专门报道金山区党政主要负责人专题述法的经验做法。

一、聚焦体制机制,统筹谋划依法治区工作

（一）完善依法治区体制机制

加强区委全面依法治区委员会协调小组建设,持续理顺依法治区委、依法治区办、三个协调小组[①]、行政检察监督办以及法治政府建设领导小组工作机制,强化委员会办公室职能,组织召开区委依法治区委（扩大）会议、区委依法治区办会议等会议,全面总结年度工作开展情况,谋划部署下一年工作任务。探索建立区委依法治区委专题研究听取法治建设重点工作情况机制,2022年首次听取了区法院的司法建议和区检察院的检察建议工作情况。

（二）推进重点任务落地落实

2021年,对标中央、市级层面相关规划,在全市各区率先同步编制完成并印发"1+2"的法治规划[②],从法治城区、法治政府、法治社会三个层面系统谋划,全面布局。2022年,根据"1+2+1"法治建设规划[③]重点任务分工方案,面向全区征集法治金山建设年度重点项目,围绕依法治区、法治政府、法治社会、街镇"一镇一品"四大类,确立43个项目,梳理形成《2022年法治金山建设重点项目》,按照"四变四定一闭环"[④]的工作要求,以项目化、清单化方式推动全面依法治区落地落实。加强对法治为民办实事项目的指导监督,推动区建管委、区交通委、区投资促进办申报项目成功入选2022年上海市法治为民办实事立项项目。

（三）大力压实法治建设责任

制定向区委常委会会议专题述法的工作方案,常态化开展专题述法工作,

[①] 三个协调小组：执法协调小组、司法协调小组、守法普法协调小组。
[②] "1+2"法治规划：《法治金山建设规划(2021—2025)》《金山区法治政府建设"十四五"规划》《金山区法治社会建设规划(2021—2025)》。
[③] "1+2+1"法治建设规划：法治金山,法治政府、法治社会和"八五"普法规划。
[④] "四变四定一闭环"："四变"为变概念为思路、变思路为方案、变方案为行动、变行动为项目,"四定"为定目标、定任务、定节点、定责任,"一闭环"即健全督查考核的闭环。

压紧压实党政主要负责人履行推进法治建设第一责任人职责。推动召开中共金山区委常委会述法专题会暨金山区述法工作推进会，中央依法治国办专程组织全国10个省市区来金山现场观摩，区委书记、区长作为区委、区政府推进法治建设第一责任人进行现场述法，以"一把手"抓"一把手"形式，推动法治建设责任制层层落实。在市委依法治市办的指导下，制作完成金山专题述法教学片，并由中央依法治国办下发全国各地参考学习。制发《关于健全工作制度统筹推进全面依法治区工作的意见》《金山区法治工作重要决定和方案备案工作办法》《中共金山区委全面依法治区委员会办公室督察工作办法》，以制度建设为抓手推动落实法治建设责任。

（四）扎实推进基层法治建设

印发《关于全面加强和改进本区基层法治建设的意见》，明确基层法治建设系列工作制度，推动各街镇（高新区）召开街镇依法治理会议，助推基层法治建设制度化、规范化、常态化运转。指导各村（居）在村规民约（居民公约）和基层民主协商制度实效化运转上深入实践，如推动朱泾镇钟楼居民区探索形成楼组协商议事自治模式，制定形成共享货架、社区团购两项居民公约细则；推动漕泾镇水库村在村规民约的基础上制定河规民约细则，遏制倾倒垃圾、排放污水、占用河道等违法违规行为，助力村域面貌焕然一新。持续开展全国民主法治示范村（社区）创建，2021年枫泾镇新义村成功创建全国民主法治示范村，2022年精心培育并择优报送朱泾镇待泾村、漕泾镇水库村，成功入选第九批全国民主法治示范村，切实将法治乡村建设融入乡村振兴战略全局，有效推动村居民主法治建设。

（五）强化司法权力制约监督

做深做实司法体制综合配套改革，强化院庭长审判监督管理，研究修订《院庭长审判管理监督职责的规定》《关于审判人员权力清单的规定》。完善专业法官会议机制，全面修订专业法官会议规范，增设"二次讨论"程序，制定《二审改发及再审案件质量差错责任追究实施细则》，将差错责任与绩效考核制度相衔接，实现二审改发率持续下降。加强审判流程管控，研究制定《关于进一步提升办案效率的规定（试行）》，进一步规范法官拖延审判、审理期限安排不合理等问题。推动"四大检察"创新发展。刑事检察方面,在全市率先制定《补充侦查文书规范指引》,出台《认罪认罚"五三三"办案细则(试行)》;民事检察方面,制定《金山区加强和改进民商事案件审判执行法律监督工作规范》,在全市首家以红头文件形式明确建立民商事案件正卷、副卷一并调阅制度;行政检察方面,设立行政检察监督办公室,实现检察机关常态化、机制化监督参与行政执法活动;公益诉讼检察方面,成立全市首个跨部门公益诉讼办案团队,建立杭州湾南北两岸检察公益诉讼协作机制,共筑上海—浙江湾区公益保护防线。

二、聚焦依法履职,纵深推进法治政府建设

(一)强化疫情防控法治屏障

推动成立区疫情防控法治保障工作专班,纳入疫情防控组织架构,凝聚区政府办公室、区委政法委等17家单位合力,强化疫情防控措施法律问题及风险研判。制定《金山区疫情防控相关行政行为法律风险防范工作提示》,指导各街镇(高新区)成立合法性审核专班,加强执法指导,就防疫物资征用、电子追踪监控、集中隔离点收费、企业复工复产等提出法律意见。坚持审慎执法,依法慎用或暂缓查封、惩戒等强制执行措施,保障企业正常生产经营,全力筑牢依法防疫屏障。连续3年制定金山区法治政府建设工作要点,确立年度重点工作任务,并明确年度法治政府重点项目。梳理总结第二批全国法治政府建设示范创建情况,完成全国法治政府建设示范创建单项项目——金山环保"五步工作法"的评审答辩工作。

(二)大力提升依法行政效能

完善重大行政决策制度机制,制定《金山区重大行政决策程序实施细则》和《金山区重大行政决策程序实施办法》,严格执行重大行政决策公众参与、专家论证、风险评估、合法性审查和集体讨论决定等法定程序,建立决策机关跟踪重大行政决策执行情况和实施效果制度,每年制发金山区人民政府重大行政决策事项目录,2022年发布年度重大行政决策目录11项,切实提高科学民主依法决策水平。健全法制审核机制,出台《关于进一步规范以区政府名

义签订行政协议的通知》，规范规范性文件合法性审查和行政协议签订。全年共审核行政规范性文件15件（其中5件为重大行政决策），备案审查12件，审核重大行政决策8件、政府性合同27件。常态化落实利益相关方列席区政府相关会议制度，2022年邀请利益相关方列席政府常务会议3次，共邀请9人，涉及议题3项，形成决策出台前民主协商的良好氛围。启动全区经济领域合同法律问题专项排查工作，研究起草《金山区经济领域合同法律问题专项排查审核工作方案》，就29个具体事项明确操作口径、统一工作手势，覆盖党政机关下属事业单位1520家、涉及经济领域合同3万余份。聚焦区政府协议、重大决策出具法治审核意见68次，主要涉及滨海项目、疫情防控期间企业法律主体责任等内容。深化落实《金山区行政机关行政诉讼出庭应诉和旁听审理实施细则》，牢牢抓住领导干部这一"关键少数"，组织全区行政部门负责人参加行政案件应诉、旁听、讲评"三合一"活动，相关经验被中央依法治国办简报刊登。持续推进行政复议体制改革，2022年区司法局与区委党校举行行政诉讼庭审、旁听、讲评"三合一"活动进党校签约仪式，探索建立行政复议受理点，常态化做好复议应诉工作，2022年共受理行政复议案件618件，办结544件（含2021年结转案件），指导办理行政应诉案件40件。

（三）推进严格规范公正文明执法

全面推行行政执法公示、执法全过程记录、重大执法决定法制审核"三项制度"，在全市率先编制《街镇法制审核及行政复议诉讼案件办理工作指引》，组织行政执法"三项制度"落实情况督查，开展案卷评查和执法案例评选，推动执法水平和案卷质量提升。针对第二批街镇执法事项目录清单向各街镇征求意见建议并及时反馈。推进落实《金山区关于推行包容审慎监管的指导意见》，推动主要执法单位落实轻微违法违规经营行为免罚清单制度，推广环保"五步工作法"在更多执法领域运用，全年适用不予处罚案件66件、免罚132.9万元。发布涉疫行政执法典型案例，助推疫情防控期间严格规范公正文明执法。推广容缺受理、告知承诺、全程网办等疫情服务保障措施，助推企业复工复产。组织开展金山区行政执法案卷抽查评查活动，开展法治政府建设优秀案例和行政执法典型案例征评活动，积极参与全市2021年度行政执法案例评选,成功推荐1篇执法案例入选2021年度市行政执法"指导案例"。2022年,全区有3篇案例成功入选年度市行政执法"指导案例"。

三、聚焦全民普法,奋力推进法治社会建设

(一)持续加强普法宣传教育

聚焦重点宣传的法律法规规章、重点普法对象、普法举措等内容,推动全区50家单位发布年度普法责任清单事项460条。持续开展宪法、民法典等重要法律法规宣传教育,2020年以来共推动区级民法典讲师团深入机关、学校、企业开展专题讲座100余场,依托各级公共法律平台开展法治讲座600余场。开设"法治随身听""民法典小课堂"等普法专栏,通过"i法治金山"微信公众号、视频号积极推送发布社会热点信息。以"民法典宣传月"为契机,分片对接各街镇(高新区),深化"菜单式"普法工作,扩大法治宣传覆盖面。筹备首届金山区法治文化节活动,向各街镇征集20余项文化作品和活动,选送的枫泾镇"法治大篷车"文艺巡演、金山卫镇法治田山歌等5项作品被列入首届上海法治文化节重点任务清单。

(二)持续优化公共法律服务

制定《金山区关于加快推进公共法律服务体系建设的实施细则》,在全市率先推进公共法律服务体系建设联席会议制度,召开全区公共法律服务体系建设推进会。探索"惠企"公共法律服务,在全市率先实现面向商会组织的公共法律服务供给全覆盖,"法护民企"经验做法在全国工商联参与社会治理暨基层法律服务能力提升推进会上作交流。制定《关于为老旧小区住宅修缮改造项目提供公共法律服务的实施方案》,为全区老旧小区改造提供优质的组团式法律服务。制定《金山区刑事法律援助工作联席会议制度》《金山区刑事案件法律援助全覆盖工作实施办法(试行)》,为全区稳步推进刑事案件法律援助全覆盖提供工作指引。上线"上海市金山区公证处"微信小程序,发布《金山公证处"一次都不跑"公证事项(120项)》及《涉疫专项公证服务产品手册》,实现疫情期间足不出户、在线办理、公证到家。2022年疫情期间,形成《常见涉企涉疫法律知识108问》《复工复产复市法律服务工作清单》等文件,

统筹律师、公证员、人民调解员等资源,组建区镇两级惠企志愿服务团,为疫情防控和复工复产提供法治保障。

（三）持续强化矛盾多元化解

落实习近平总书记"把非诉讼纠纷解决机制挺在前面"的指示精神,总结前期试点经验,召开"非诉社区"建设现场会,制定《金山区关于探索开展"非诉社区"建设工作的实施意见》,经验被《解放日报》《文汇报》等媒体刊发。召开"非诉社区"建设推进会,确定93个村居、亭林工业园区（东区）和高新区鑫港湾群团服务站为第一批"非诉社区"示范建设单位。常态化推进在线立案、在线诉讼与在线调解工作,2020年疫情防控期间完成上海首例通过"上海法院一站式多元解纷平台"调解案件。制定《金山区行业性专业性人民调解工作指引》《金山区关于开展矛盾纠纷排查化解专项活动的方案》,完善基层矛盾纠纷源头防控、摸排梳理、化解处置流程闭环。建立涉疫纠纷调解指导保障机制,组织人民调解员、"法治带头人""法律明白人"等法治力量下沉一线,主动开展矛盾纠纷排查;组建方舱医院调解队伍,提供24小时线上咨询;推广在线申请、线上办理的"不见面"调解服务模式,及时高效调处矛盾纠纷。

（四）持续规范法律服务行业

深入企业开展"涉疫法律风险防控服务"活动,指导律师事务所制定经营合同和劳动用工法律风险防控方案,推出《企业复工复产企业合规实用手册》。推进公证体制改革机制创新工作,建立健全公证"双随机一公开"制度,持续推进公证行业案卷抽查工作。起草《金山区党政机关引入律师公益服务工作指引》,引导律师规范化开展公益服务。指导律师事务所规范复工返岗,强化行业行政检查。强化司法鉴定行业监管职责,推动各司法所建立动态摸排和月报告制度,做好司法鉴定违法违规点摸排工作。落实排查、教育、线索搜集等长效机制,常态化开展扫黑除恶工作。规范法律顾问队伍,积极开展新一届区委、区政府法律顾问选聘工作,有效实现区政府机关、街镇、村居法律顾问全覆盖和党政机关公职律师制度应建尽建,制定《金山区关于推进村居法律顾问工作的实施细则》,建立科学的评价体系规范村居法律顾问工作。

第三节 持续推动依法治区工作的挑战与策略

一、持续推动依法治区工作的挑战

（一）法治宣传和教育工作还需深化

全民普法是全面依法治国的长期基础性工作。我国开启全面建设社会主义现代化国家新征程，进入新发展阶段，迫切要求进一步提升公民法治素养，推动全社会尊法学法守法用法。金山在依法治区方面已经取得了显著的成绩，但在新发展阶段，对标新目标，仍然存在不少挑战。一是需要继续完善国家工作人员学法用法制度，把宪法法律列入各级党委中心组学习内容，列为党校必修课，持续落实好党委中心组学法和干部培训学法机制，不断提升领导干部法律素养。二是深化完善街镇村居、部门主要负责人向党（工）委主要负责人述法制度。三是需要加强党政部门学法信息的报送，将各级党委中心组学法用法的情况及时公布，形成学法的积极氛围。

（二）法治社会建设还需持续推进

法治社会是构筑法治国家的基础，法治社会建设是实现国家治理体系和治理能力现代化的重要组成部分。建设信仰法治、公平正义、保障权利、守法诚信、充满活力、和谐有序的社会主义法治社会，是增强人民群众获得感、幸福感、安全感的重要举措。法治社会建设需要深入学习宣传习近平法治思想，深入宣传以宪法为核心的中国特色社会主义法律体系，广泛宣传与经济社会发展和人民群众利益密切相关的法律法规，使人民群众自觉尊崇、信仰和遵守法律。金山在法治社会建设中需要结合金山的历史和文化，大力推进法治文化阵地建设，有效推进法治文化与传统文化、地方文化、行业文化、校园文化等融合发展。开展群众性法治文化活动。在党委领导和有关部门指导下，全面加强村规民约、居民公约建设，建立健全监督和奖惩机制。指导群团组织、协会商会等加强行业规章、团体章程等建设，弘扬公序良俗，这些工作都将具有长期性和持续性。

二、持续推动依法治区工作的策略

（一）持续推进依法治区工作体系

深入贯彻落实习近平法治思想，以加强整体规划设计为统领、强化法治政府建设为抓手、深化基层法治建设为支撑，持续提升依法治区能力水平。一是强化顶层设计，推动依法治区系统集成。坚持法治城区、法治政府、法治社会一体推进，营造一流的法治化营商环境，争创法治政府示范区，发挥法治在基层治理中的保障作用，在更广范围和更宽领域内构建一体化法治联动框架与实施方案，构筑更高质量的"法治金山"品牌。二是聚焦重点突破，推进法治政府"主体工程"。严格执行党委议事规则和决策程序，完善"三重一大"集体决策制度，加强党委重大决策的合法性论证。深化党政主要负责人履行推进法治建设第一责任人职责。严格落实区重大行政决策、合法性审查等制度，充分发挥法律顾问作用，切实提高科学民主依法决策水平。深入推进重大建设项目、公共资源配置、社会公益事业等重点领域、重点工作信息公开。三是深化基层建设，提升依法治理工作厚度。探索形成村规民约（居民公约）参考内容，从制度层面加强村规民约（居民公约）的规范性和实效性。

（二）完善依法治区工作机制

一是加强组织政治保障。健全完善区委全面依法治区委员会领导体制和组织架构，发挥区委全面依法治区委员会对全区法治建设顶层设计、统筹协调、整体推进等功能作用。加强对落实委员会决定事项、工作部署和要求的督促指导。健全完善各街镇法治建设领导体制和工作机制。二是加强制度机制保障。持续优化法治金山建设指标体系和考核标准，建立目标责任制，发挥领导班子、领导干部年度综合目标考核。建立基层法治政府建设评估考核指标的杠杆作用。不断完善基层法治政府建设评估考核指标。三是加强人才队伍保障。强化领导干部法律素养建设，把善于运用法治思维和法治方式推动工作的人选拔到领导岗位上来。按照革命化、正规化、专业化、职业化要求，深入推进执法、司法、法律服务等法治专门队伍建设。依托区法学会、高校专家以及政法部门研究机构等力量，组建全面依法治区专家智库，推动全面依法治区重大问题的调查研究。

（三）推进依法行政，加快法治政府建设

一是坚决依法规范权力运行。严格落实金山区重大行政决策、合法性审查等制度，充分发挥法律顾问作用，切实提高科学民主依法决策水平。深化党政主要负责人履行推进法治建设第一责任人职责。把全面依法治区专题纳入党校主题课程，健全完善领导干部年度述职述法规范。探索建立领导干部培训与提任前法律测试制度。针对各级领导干部开展多种形式的法治培训，开展提任前法律测试，提升领导干部法治意识，增强领导干部以法治方式开展工作的能力。二是完善信息公开制度。推进决策公开、执行公开、管理公开、服务公开、结果公开。深入推进重大建设项目、公共资源配置、社会公益事业等重点领域、重点工作信息公开。优化利益相关方列席政府会议机制，促进各项决策科学合理，公开透明。三是有效提升行政执法效能。持续开展行政执法"三项制度"专项督查，继续推进包容审慎监管、轻微违法免罚，推广环保"五步法"做法。推进行政执法权限和力量下沉，不断提升街镇"一支队伍管执法"能力。四是提高复议应诉质量。落实行政复议制度改革，贯彻落实《金山区行政机关行政诉讼出庭应诉和旁听审理实施细则》，持续开展"出庭、旁听、讲评"三合一活动。

（四）推进全民守法，建设法治社会

一是深化基层法治建设。建立健全基层法治建设领导体制和工作机制，统筹各方力量推进基层法治建设。健全普法责任清单制度，建立"谁执法谁普法""谁主管谁普法""谁服务谁普法"责任评议机制。推进疫情依法防控、国家安全、食品安全、交通安全、扫黑除恶、垃圾分类、防范电信诈骗等重点领域法治宣传。充分发挥新媒体法治宣传作用，积极运用最新技术与传播方式，提升法治文化传播力、影响力。加大宪法宣传教育力度，形成宪法学习宣传教育常态长效机制，落实宪法宣誓仪式实施规范，做好国家工作人员就职宪法宣誓工作。继续做好青少年法治宣传教育。加强乡村法治人才队伍，实施"法治带头人""法律明白人"培养工程，以村规民约引导保障村民参与，打造民事民议法治化平台，提升乡村治理水平。二是推进社会诚信建设。严格执行

《上海市社会信用条例》,加快推进和完善社会信用体系建设,健全公民和组织守法信用记录制度,完善失信联合惩戒机制,推动"村规民约(居民公约)+信用积分""柔性执法+信用记录"等基层创新探索,不断提高全社会的诚信意识和信用水平,逐步建立健全覆盖全社会的征信体系。

第六章
金山区拓展矛盾预防化解体系的经验

第一节 矛盾预防化解体系的内涵要求

进入新时代,我国社会主要矛盾转化为人民日益增长的美好生活需要和不平衡不充分的发展之间的矛盾。当前社会矛盾风险呈现四个特点：多源多样、点多面广；涉及民生和社会公平正义方面的问题将长期存在；流动性加快，易形成复合风险；国外风险向国内输入传导势能增大[1]。在物资短缺时期，人们的需求多集中在"量"上，注重的是温饱；进入新时代，人们的需求更注重在"质"上，追求的是质量，人们的需求层次性更高，集中在舒适度、享受型等"软需求"方面。"美好生活需要"关键在"美好"，需求范围更广，层次更高。不仅要满足生存意义上的衣、食、住、行等方面的物质性需要，而且要满足社会安全、社会保障、社会公平正义等意义上涉及生命、财产、食品、药品、空气质量、就业、保险、教育、健康、福利等方面的社会性需要，还有层次更高的精神性需要。人们对美好生活的向往延伸了人们在需求上横纵两方面的广度和深度，民众的权利意识、参与意识、民主意识越来越强，需要更高层次的获得感、幸福感和安全感[2]。我国社会矛盾的形成原因是多元的、复杂的，是国家转型过程中无法逾越的阶段，也是实现社会治理现代化面临的困境和挑战。

面对社会矛盾交织叠加和不断涌现的"实然"境况，党的十八届三中全会指出："创新有效预防和化解社会矛盾体制，健全重大决策社会稳定风险评估机制。建立畅通有序的诉求表达、心理干预、矛盾调处、权益保障机制，使群众

---

[1] 孔祥涛：《防范化解社会矛盾风险，关键在哪里？》，《瞭望》2020年第39期。
[2] 张婷婷、赵美玲：《社会治理现代化视域下社会矛盾预防化解的多维路径》，《理论导刊》2021年第12期。

问题能反映、矛盾能化解、权益有保障。"党的十九大报告指出："加强预防和化解社会矛盾机制建设,正确处理人民内部矛盾。"《中共中央关于坚持和完善中国特色社会主义制度　推进国家治理体系和治理能力现代化若干重大问题的决定》中提出:"完善正确处理新形势下人民内部矛盾有效机制。坚持和发展新时代'枫桥经验',畅通和规范群众诉求表达、利益协调、权益保障通道,完善信访制度,完善人民调解、行政调解、司法调解联动工作体系,健全社会心理服务体系和危机干预机制,完善社会矛盾纠纷多元预防调处化解综合机制,努力将矛盾化解在基层。"党的二十大报告指出:"在社会基层坚持和发展新时代'枫桥经验',完善正确处理新形势下人民内部矛盾机制,加强和改进人民信访工作……及时把矛盾纠纷化解在基层、化解在萌芽状态。"

适应创新社会治理体制的要求,构建旨在从源头上预防化解基层社会矛盾的新机制,是推进国家治理体系和治理能力现代化的关键所在。习近平总书记强调,要"坚持源头治理、预防为主,将预防矛盾纠纷贯穿重大决策、行政执法、司法诉讼等全过程"。按照这一要求,要构建形成党委领导、政府主导、司法行政机关统筹协调、相关部门支持配合、社会广泛参与的矛盾预防化解体系,创新发展"枫桥经验",探索开展诉源治理,把非诉讼纠纷解决机制挺在前面,推动构建源头防控、排查梳理、纠纷化解、应急处置的社会矛盾综合治理机制,力争小事不出村(居),大事不出街镇,矛盾不上交。要加强社会稳定风险评估,把决策过程变成尊重民意、化解民忧、维护民利的过程。完善多层次、立体化的矛盾预警系统,推动矛盾纠纷的预测、预警、预防由线下向线上线下融合转变。加强社会心理服务体系建设,培育自尊自信、理性平和、积极向上的社会心态,减少矛盾纠纷发生[①]。

党的十九大报告指出:"人民是历史的创造者,是决定党和国家前途命运的根本力量。""必须坚持以人民为中心的发展思想,不断促进人的全面发展、全体人民共同富裕。"习近平总书记指出,党的工作最坚实的力量支撑在基层,经济社会发展和民生最突出的矛盾和问题也在基层,必须把抓基层打基础

---

① 柳玉祥:《探索构建江苏预防化解社会矛盾纠纷体系》,《唯实》2018年第8期。

作为长远之计和固本之策，丝毫不能放松。矛盾预防和化解应以人民群众需求为导向，在群众关心的行业和热点领域加大纠纷化解力度，从基层做起，满足群众对安全秩序的更高期盼。注重秩序与活力的统一，既维护司法的权威，又发挥群众的积极性、主动性和创造性。强化群众满意度在评价体系中的权重，深化司法公开、政务公开，广泛凝聚社会共识，夯实纠纷化解的群众基础[①]。

第二节 拓展矛盾预防化解体系的成效与经验

在矛盾预防化解方面，金山发挥区大调解工作领导小组、非诉争议协调小组办公室牵头抓总、上下贯通、左右衔接的枢纽作用，推进矛盾预防化解体系平台建设。成立区非诉讼争议解决中心，在医患、劳动、交通、消费、物业等五类重点领域实现人民调解组织全覆盖的基础上，持续推进环保、妇联、商会、学校等领域行业性专业性调解组织建设。在区法院建立"一站式"多元解纷平台，推动诉与非诉间的一站式受理、一站式分流、一站式解纷。推动司法所和公安派出所在社区矛盾纠纷治理中的有效联动。深入开展消费纠纷调解工作，推动司法所与市场监管所"所所联动""驻所联动"调解机制。加强公共法律服务工作室（点）与村居综治中心、社区警务室、信访服务点沟通配合。发动社区工作者、网格管理员、平安志愿者等力量参与矛盾纠纷预防化解。同时，深化毗邻地区矛盾纠纷预防化解合作，开展矛盾纠纷联合排查、联合化解，推动信息共享。

一、持续拓展矛盾预防化解体系建设

推动构建多方参与、协调联动、信息共享、优势互补的矛盾预防化解体系，形成多元化、多层次、多领域预防化解矛盾纠纷的强大合力。2021年、2022年，金山全区人民调解组织共受理民间纠纷21 006起，调解成功20 853起，调

---

① 柳玉祥：《探索构建江苏预防化解社会矛盾纠纷体系》，《唯实》2018年第8期。

解成功率为 99.75%，受理纠纷数和调解成功数同比分别上升 39.39%、40.24%。

（一）加强衔接联动，健全矛盾预防化解机制

加强法院、公安、信访、司法行政等部门的协调配合，完善人民调解、行政调解、行业性专业性调解、司法调解协调联动机制，强化调解与其他非诉讼纠纷解决机制的资源整合。

（二）发挥平台作用，完善矛盾预防化解网络

区级层面推动区非诉讼争议解决中心实体化运行，深入推进医患、劳动、交通、消费、物业、环保、妇联、商会、学校等领域调解工作。街镇层面成立 11 个由平安、司法、信访、公安等相关职能部门负责人员组成的人民调解委员会，并在派出所设立人民调解工作室。

（三）贯彻非诉理念，提升矛盾预防化解水平

坚持把非诉讼纠纷解决机制挺在前面，创新发展新时代"枫桥经验"，推动吕巷镇开展"非诉社区"建设并形成经验在全区推广应用，构建"公证+律师+调解"法律服务新模式，不断优化矛盾纠纷处置流程，打造矛盾预防化解闭环，使得更多法治力量向引导和疏导端用力，相关经验做法得到新华社、《文汇报》、上观新闻等媒体转发推广。

二、创新网上信访机制，完善网上信访体系

在政府数字化转型的浪潮中，持续创新和完善网上信访是推进国家治理体系和治理能力现代化的必然要求，也是满足数字化时代社会公众新期待和增进人民群众获得感和幸福感的必然要求。金山区近年来加大网上信访办理，将网上信访工作作为重点工作之一，以"工作抓在平时、成效体现在平时，群众满意在平时"为目标，推动网上信访办理质量逐步提升，网上信访群众满意度逐年攀升，网上信访工作水平持续向好。

（一）创新网上信访机制

一是结合"最多访一次"机制，践行高效便民理念。为及时回应群众关切，金山区重点关注网上群众诉求，集中精力抓好网上信访办理，以首办负责

制为基础,以马上办、简易办为准则,最大程度体现信访工作速度和温度,最大限度实现让"数据多跑路、群众少跑腿"目标,进一步为群众打造畅通便捷、规范高效、务实管用的网上信访新渠道。2022年,金山区群众网上信访同比上升28.88%,网上平均办理周期13天左右,网上信访事项重复率大幅降低,在一定程度上扭转了群众"访累"局面。

二是一事一督,压实主体责任机制。金山区将国家信访局转送(交办)的初次网信满意度件全部纳入"一事一督"范围,即以"督办函"形式督办责任单位分管领导牵头协调处置,要求领导亲自参与、亲自协调,争取矛盾处置"三到位"。2022年,金山区共发出督办函50余件,各责任单位领导收到督办函后第一时间掌握矛盾内容,并以领导批示、领导接待、上门走访或召开专题协调会等形式推动矛盾化解。对于疑难复杂矛盾,纳入街镇级信访联席会议,成立工作专班合力推动矛盾化解;或纳入区级信访联席会议进行重点研究解决,协助责任单位推动矛盾化解。

三是双向跟踪,落实常态督查机制。对于初次满意度参评件,金山围绕"先行联系""双向跟踪""重点跟踪"落实督查督办机制。区办在精准掌握矛盾情况、精准判断责任单位后,先行联系信访人,及时反馈办理进程;同时落实双向联系跟踪机制,即对责任单位办理进度和信访人动态全程跟踪督办,确保双向信息畅通;对于重点事项、重点人员重点跟踪督办,适时纳入实地督查、联合督查范围,或提请区级领导接待、部门联合接待及召开专题协调会,并做好办理中联系,促使信访群众对信访部门和职能部门工作有切身感受和认可。

四是一盯到底,形成常态反馈机制。对于初次满意度参评件,金山建立专项工作台账,明确责任单位和责任人,不定期反馈办理进程、督办情况、处置结果、引导及评价情况等。同时区办开展每日自查提醒、每周重点跟进、每月复盘清理,做到件件案清事明、事事有结果、个个有评价。2022年,金山网上信访群众对信访机构的参评率为97.50%,对职能部门的参评率为96.95%,除个别群众无法联系之外,基本实现"应评尽评"目标。

(二)完善网上信访体系

一是推动网上信访标准化建设。通过经办人员专业化、业务流程标准化、事项办理规范化、效果评定公开化建设,增强网上信访解决问题、服务群众的能力,推动网上信访治理的制度化、法治化和科学化发展。

二是打造网上信访治理共同体。进一步整合信访机构、职能部门、专家学者、心理咨询师、律师和社会工作者等多方力量,以在线接访、在线会议、在线听证等形式共同解决疑难信访问题,推动网上信访的高质量发展。

三是提升网上信访治理效能。进一步增强网上信访的诉求表达、民主监督和政治参与功能,构建信访人便捷规范表达诉求、信访机构依法高效办理信访事项、信访大数据合理共享应用的价值共同体,更好服务领导决策和政策制定。

三、以"非诉社区"建设为抓手,优化矛盾纠纷源头治理

金山区不断继承并探索发展新时代"枫桥经验",坚持党建引领,突出基层法治服务和依法治理,从源头上预防和减少矛盾纠纷,在上海市率先开展"非诉社区"建设试点,并制定发布《金山区关于探索开展"非诉社区"建设的实施意见》,相关做法得到新华社、《文汇报》、上观新闻等媒体转发推广。

(一)"治已病"——优化非诉服务供给

一是优化服务平台,提升非诉讼解纷服务便民度。加强实体平台功能拓展,加强数字平台服务升级。二是丰富服务选项,提升非诉讼解纷服务好感度。加强诉调对接机制,将适宜调解的案件引导到法院"非诉调解窗口"或相关调解组织开展诉前化解。加强多元化解联动机制,加强与法院、公安、信访等部门的沟通协调,建立信息共享、情况通报和委托调解工作机制。加强调解和其他公共法律服务资源以及非诉讼纠纷解决机制的资源整合,形成化解合力。三是强化服务品质,提升非诉讼解纷服务可信度。加强专业力量参与,在"律师六参与"工作机制的基础上,制定《金山区关于推进村居法律顾问工作的实施细则》,发挥村居法律顾问在基层矛盾纠纷化解方面的专业优势。加强基层队伍培训。每年对社区法治工作队伍开展相关业务培训,在全区开展人民调解员大比武等活动,强化调解队伍法律素养、专业技能、职业道德。

(二)"治初病"——加强矛盾隐患排查

一是坚持党建引领,凝聚群众力量,加强矛盾隐患常态化排查。通过在职

党员社区报到、党代表联系社区等方式,开展矛盾纠纷隐患排查、防范宣传。发掘、吸纳具有法律知识、德高望重、热心调解工作的基层党员等共同参与矛盾纠纷排查化解。二是强化网格融合,激活基层触角,保障矛盾隐患全覆盖排查。充分发挥网格化管理扎根基层、熟悉社情民意的特点和优势,将矛盾纠纷预防化解融入全区党建网格、平安综治网格、城运联勤网格、信访工作网络及公共法律服务四级网络,增强基层矛盾纠纷快速发现和高效处置的能力。三是强化风险研判,发挥预警功能,实现矛盾隐患预防性排查。建立矛盾纠纷信息互通和定期分析研判工作机制,定期报送、汇总矛盾纠纷排查化解情况,召开辖区矛盾纠纷分析会,针对普遍存在的苗头性、倾向性、潜在性问题,及时采取有效工作措施,并报送区级职能部门。

(三)"治未病"——推进社区依法治理

一是践行依法治理理念,服务基层群众自治。以村规民约(居民公约)试点修订为着力点,引导制定村规民约、居民公约、自治章程等,形成制度化村居民议事规则。疫情期间,全区各村(居)进一步激发自治活力。二是激发依法治理动能,服务重要民生工程。在助力美丽乡村建设、农村人居环境整治、老旧小区修缮改造等重要民生工程中,进一步优化整合法治服务资源,优化法治化营商环境。三是营造依法治理氛围,服务法治文化建设。推动普法教育与本土文化深度融合,将银杏文化、白龙精神等具有地域特色的优秀传统文化同矛盾纠纷多元化解、基层公共法律服务有机结合。探索新媒体普法模式,开辟线上普法讲堂,通过系列普法视频开展以案释法,进行释法说理。

四、创建"解纷直通车"建立全天候专业服务平台

金山法院在精心调研信息化时代的新情况和新需求的基础上,启动建立互联网+"解纷直通车"平台,推出符合时代需求的立体化、全天候、普惠式诉源治理网上专业法律服务平台,推动"八公里诉调对接调解圈"提档升级,延伸司法服务的工作触角,更好满足人民群众对司法资源的多元化需求。

(一)智慧赋能,"解纷直通车"提升多元解纷效能

"解纷直通车"平台以互联网+"八公里诉调对接调解圈"激发传统特色工

作的新活力,通过信息化更新"八公里诉调对接调解圈"内涵和外延,平台直达村居的理念,将司法工作与基层网格化治理紧密融合,将司法资源与基层实际需求精准对接,提升法院人力资源的利用效率。通过法官信箱、在线问答等平台功能,人民法院能够为基层村居调解员调处纠纷提供及时有效的智力支持,也为群众的法律咨询提供专业解答渠道;通过在线调解功能,专业调解组织可以应基层村居调解组织申请参与纠纷的调解,增强基层调解力量;通过在线申请司法确认功能,为纠纷化解提供司法保障。"解纷直通车"拓宽了多元解纷的通道,为真正把非诉讼纠纷解决机制挺在前面提供了有力支持。平台上线以来,智能咨询访问量已破万次,接受并回复法律咨询258次,化解各类纠纷400余件。

(二)分层递进,"解纷直通车"助力诉源治理工作

"解纷直通车"是金山法院主动融入党委、政府领导的诉源治理机制建设的有力举措,通过打通村居与法院的直接连线,促进法院工作重心前移、力量下沉、内外衔接,一方面通过司法资源靠前服务,为群众提供了高效便捷的司法服务,努力实现把矛盾纠纷化解在最基层;另一方面,通过调解力量整合聚合,根据纠纷类型和矛盾程度让专业调解力量及时介入,更有效地发挥多元解纷的力量。通过推进诉源治理的精准化、多元化和长效化,实现智慧治理、精准治理和系统治理,让多元解纷成为人民群众化解矛盾的"第一选择"。"解纷直通车"曾协助化解了廊下镇某食品有限公司拖欠员工工资款及解除劳动合同经济补偿金纠纷案件,该纠纷在基层调解组织通过"解纷直通车"寻求协助下,法院为维权员工开通执行立案绿色通道并迅速完成了执行工作,避免了社会风险的发生。2022年年底,"解纷直通车"与基层派出所、调解室建立联动机制,开通欠薪绿色通道,通过法官指导调解+司法确认的方式,破解农民工讨薪难问题,助力一批农民工3天就讨回了欠薪款,有效化解了社会矛盾。

(三)普法快递,"解纷直通车"加速非诉村居建设

金山法院"解纷直通车"不仅通过法院加强诉前调解指导等方式帮助提升基层纠纷矛盾化解的成效,也是法院提供法律咨询和普法宣传的重要窗口。

用户可以通过平台浏览查看金山法院自行制作的普法知识短视频、图文并茂的"以案说法"等。平台还支持用户通过上海市"一网通办"账号预约金山法院"菜单式"普法课程,采取群众"点餐","普法快递"限时送达的方式进行专属法律服务。"解纷直通车"集成菜单式普法功能以来,共接受社会预约课程18次,内容丰富多样的课程受到金山区企事业单位、中小学校的好评和欢迎。2022年7月,"解纷直通车"通过视频会议方式为金山区调解人员开展涉疫情纠纷调处专题培训会,惠及全区2 000余人。通过法治文化的宣传,"解纷直通车"推动培育多元解纷观念,支持非诉讼纠纷解决机制发展,有力促进了"非诉村居"建设。相关报道文章《解纷直通车铺设多元解纷快速路》在《上海法治报》和《新金山报》进行了整版刊登。《健身房关门,会员费余额不退?》被中国新闻网、《新民晚报》、澎湃新闻等媒体转发,《仅用3天,"忧薪人"通过金山这个平台拿回了血汗钱》被人民网、上海高院、案件聚焦等媒体转发,取得了良好的社会效果。

第三节　完善矛盾预防化解体系的挑战与策略

一、完善矛盾预防化解体系的挑战

随着经济快速发展,城乡结构巨大变化,人们生产生活方式、社会组织动员形式发生深刻变化,原有的社会规范和管理手段逐渐弱化,传统的治安防控措施已经难以满足现实需求。面对改革攻坚期、矛盾凸显期对平安建设工作提出的新挑战、带来的新课题,工作中尚存在不少薄弱环节。准确把握当前违法犯罪新形势新特点,侵财类案件、电信网络诈骗等群众反映强烈的多发性案件攻坚破难、源头打击能力有待进一步提高。科技手段和智慧平台是矛盾预防和化解的重要支撑。实现矛盾预防和化解就需要推动大数据、人工智能、区块链等现代科技与市域社会治理深度融合,运用信息化、科技化手段,维护国家安全,加强重点行业、重点区域、重点场所安全监管,服务城乡社会治理等方面还有待进一步探索实践;预测预警预防各类社会风险,建立健全常态化排查整治机制有待进一步完善;把握中国特色社会主义进入新时代的客观要求,打造共建共治共享的社会治理格局有待进一步完善。

二、完善矛盾预防化解体系的策略

(一)推进矛盾预防化解体系建设

深化执行重大安全稳定风险隐患排查管控和重大决策社会稳定风险评估机制。紧盯重点人、重点事,大力开展突出矛盾和疑难问题化解。坚持把非诉讼纠纷解决机制挺在前面,推进非诉讼争议解决中心建设和"非诉社区"创建。深入开展集中治理重复信访、化解信访积案专项工作。健全社会心理服务体系和疏导、危机干预机制,有效引入律师、心理咨询师等社会力量参与矛盾化解。完善信访制度,加强信访工作,建立区领导干部定期下基层接访和包联化解制度,解决信访积案和群众合理合法诉求,切实把上访问题解决在金山区范围内。切实压实主体责任,明确领导包案责任,包案领导既要挂帅,也要出征,直至推动矛盾最终化解。加大统筹协调力度,完善区、镇两级信访工作联席会议机制,进一步发挥联席会议协调督促作用。

(二)完善矛盾纠纷多元调处化解机制

坚持和发展新时代"枫桥经验",加强预防和化解社会矛盾机制建设。整合各类非诉讼争议解决资源,推动调解、仲裁、行政裁决、行政复议、诉讼等有机衔接,建立健全多方参与、协调联动、信息共享、优势互补的非诉讼争议解决机制综合平台和社会矛盾多元化解体系。利用"访调对接"机制,加强区、街镇(高新区)"访调对接"工作室建设,进一步发挥人民调解与信访在调处、化解社会矛盾纠纷方面的职能作用,积极探索人民调解参与信访矛盾纠纷化解的工作机制,及时有效解决人民群众来信来访中反映的问题,消除社会不稳定因素。

明确政府各部门平安建设职能。各部门各负其责,履行源头预防本领域内矛盾风险、维护社会治安和社会稳定的责任。充分发挥平安建设协调机制作用,加强统筹协调和督导检查依托区级相关主管部门,组织开展"平安交通""平安医院""平安校园""平安景区""平安市场"等行业、系统平安建设活动。广泛宣传发动,进一步提高各类平安创建知晓率、支持率和参与率。

发挥区司法局作为区大调解工作领导小组办公室的职能作用,深入推进以人民调解为基础的大调解工作格局建设,进一步提升矛盾纠纷化解效率和效果。加强人民调解组织建设,完善人民调解组织网络,建立以区人民调解中心为龙头、街镇(高新区)调委会为中坚力量、村居调解组织为基础的人民调解工作体系,深入推进人民调解组织规范化建设,建立健全矛盾纠纷受理、调解、履行、回访工作制度和分析研判制度。大力推进行业性、专业性调解组织建设,推动人民调解组织、行业主管部门共同化解行业性、专业性矛盾纠纷。加强矛盾纠纷化解数字平台服务升级,积极推进解纷"一件事",推动更多非诉讼争议解决事项纳入解纷"一件事",大力发展替代性纠纷解决机制和在线纠纷解决机制。

(三)健全社会心理服务体系和疏导机制、危机干预机制

将社会心理服务纳入城乡基本公共服务体系,构建完善的社会心理服务网络体系。一是夯实基层心理服务网络,优化增强区、街镇(高新区)、村居三级心理健康服务能力,区精神卫生中心开设精神科、心理咨询、青少年心理咨询、睡眠障碍、认知障碍等专科门诊,区总工会、区信访办、公安金山分局、区教育局、区司法局、区救助管理站等设置心理咨询室,各街镇(高新区)综治中心、信访办等设立心理咨询服务点,全区238个村居设置"知心驿站",为居民提供心理咨询和转介服务。二是健全政府、社会、家庭"三位一体"帮扶体系,加强村居关爱帮扶小组等基层组织建设,落实重点人群心理疏导、服务管理和危机干预。三是加强公众心理健康促进,积极推动社会心理服务和教育进学校、进社区、进单位、进企业,以各类精神卫生宣传日为契机,大力开展公众心理健康宣传教育活动,提升居民心理健康素养。

(四)把好公共安全源头关、风险监测关

把好公共安全源头关,全面落实公共安全属地责任、部门责任、企业责任,建立行业安全稳定风险评估、化解和管控制度,确保管行业、管业务、管生产同步管安全稳定。落实城市运行安全"一网统管"要求,推进危险化学品安全生

产风险监测预警场景建设。完善公共安全风险监测预警体系,提高动态监测与实时预警能力。结合金山区情特点和治安实际,筑牢交通安全防线。针对金山"化工一业特强"的特点,切实推动"智慧工厂"智能安防建设走深走实,全面充实金山智能安防建设体系。

第七章
金山区创新基层社会治理体系的经验

第一节 创新基层社会治理的内涵要求

党的十九大报告要求,要加快打造共建共治共享的社会治理格局,加强社会治理制度建设,完善党委领导、政府负责、社会协同、公众参与、法治保障的社会治理体制,不断提高社会治理社会化、法治化、智能化、专业化水平。加强社区治理体系建设,推动社会治理重心向基层下移,发挥社会组织作用,实现政府治理和社会调节、居民自治良性互动。习近平总书记在上海调研时强调,城市治理是国家治理体系和治理能力现代化的重要内容。一流城市要有一流治理,要注重在科学化、精细化、智能化上下功夫。既要善于运用现代科技手段实现智能化,又要通过绣花般的细心、耐心、巧心提高精细化水平,绣出城市的品质品牌。上海要继续探索,走出一条中国特色超大城市管理新路子,不断提高城市管理水平。金山区作为上海的远郊区域,必须要更加积极主动适应中央和上海市对社会治理工作的新要求,结合乡村振兴战略实施,进一步深化探索符合区域特点的、更加有效的基层社会治理模式。

一、坚持党建引领基层社会治理创新

党政军民学,东西南北中,党是领导一切的。基层党组织作为密切联系群众的纽带,是基层社会治理的领导者。习近平总书记指出,要把加强基层党的建设、巩固党的执政基础作为贯穿社会治理和基层建设的一条红线。基层党组织是实施和落实基层社会治理战略的根本力量,基层党组织的治理能力对基层社会治理的成效有着决定性的作用。习近平总书记指出,党的工作最坚实的力量支撑在基层,经济社会发展和民生最突出的矛盾和问题也在基

层。2022年6月,习近平总书记在湖北武汉考察时指出:"社区是城市治理体系的基本单元。我国国家治理体系的一个优势就是把城乡社区基础筑牢。要加强社区党组织建设,强化党组织的政治功能和组织功能,更好发挥党组织在社区治理中的领导作用,更好发挥党员先锋模范作用。要把更多资源下沉到社区来,充实工作力量,加强信息化建设,提高应急反应能力和管理服务水平,夯实城市治理基层基础。"2022年7月,习近平总书记在新疆考察时指出,"社区工作连着千家万户,要充分发挥社区基层党组织的战斗堡垒作用"。社区工作直面群众,是党和政府联系群众的"最后一公里",社区工作做得好不好、实不实,都直接影响党和政府在群众中的形象。社区工作做深做实,是推进治理体系与治理能力现代化的内在要求、必然环节。

二、坚持以人民为中心的基层社会治理理念

"以人民为中心"是中国共产党全心全意为人民服务宗旨的体现,是建党立党的初衷,更是治国理政一以贯之的核心思想。进入新时代之后,我国社会结构及其社会主要矛盾都发生了深刻变化,社会主要矛盾已经转化为人民日益增长的美好生活需要和不平衡不充分的发展之间的矛盾,相应地,对基层社会治理的转型和创新也提出了新的发展要求。习近平总书记2018年在上海考察时叮嘱大家,城市治理的"最后一公里"就在社区。社区是党委和政府联系群众、服务群众的神经末梢,要及时感知社区居民的操心事、烦心事、揪心事,一件一件加以解决。老百姓心里有杆秤。我们把老百姓放在心中,老百姓才会把我们放在心中。以人民为中心,就要把人民的需求放在心上,针对金山的区情,既要注重人民参与,坚持共建共治共享,持续推进系统治理、依法治理、综合治理、源头治理,通过搭建多样化、多层次、多维度的参与平台和载体,完善健全人民多元参与机制和参与渠道,切实提高人民参与各类社会事务的质量和水平;又要凝聚人民智慧,充分汲取人民群众在实践中创造的经验和智慧,建设人人有责、人人尽责、人人享有的基层治理共同体;还要注重公平公正,在城乡公共服务方面推进均等化,在社区基层事务中关注一老一小等弱势群体,不断满足人民群众日益增长的美好生活需要,坚持实现共同富裕,建设共享型社会。

第二节　创新基层社会治理体系的成效与经验

一、持续创新基层社会治理体系

深入推进党建引领下"四治一体"基层社会治理体系创新工作,激发基层社会治理创新活力,持续推进一批可操作的基层社会治理体系创新项目,推动基层社会治理提档升级。

（一）固化经验,强化机制保障

总结提升现有党建引领下"四治一体"基层社会治理体系创新工作经验,强化制度执行的刚性约束力,发布实施上海市首个基层治理地方标准——《基层治理　党建引领"四治一体"建设规范》。相关研究报告获上海市法学会"市域社会治理现代化研究文集"征文三等奖。

（二）彰显特色,培育"一镇一品"

按照"阵地+品牌"的工作思路,打造一批有辨识度、有影响力、群众满意的基层社会治理新亮点、新品牌,涌现了漕泾镇"贤治理"、山阳镇"法治山阳"、吕巷镇"非诉社区"、高新区社区"德治园区"等镇级特色品牌,以及枫泾镇新义村"平安驿站"、朱泾镇待泾村"三堂一室"、漕泾镇海涯村"半分菜园"管理细则、高新区社区红叶居民区"商铺门店联盟"等一批新的优秀村（居）治理经验。

（三）引领示范,夯实治理基础

加强和改进出租房屋"旅馆式"管理,以"红黄绿"三色对全区45 266套出租房屋实行分类管理,抓住流动人口管理"牛鼻子"。推动和做实"多格合一",以"一张网一清单一平台"模式深化平安网格服务管理工作,形成主体清晰、权责明确、上下联动、协调有力、运转高效的网格管理体系。找准基层自治薄弱环节,创新提出"六议""四活"[①]做法,出台加强基层民主协商指导性意

[①] "六议"即议基层组织建设的大事、议富民利民便民的实事、议涉及群众利益的要事、议影响群众生活的急事、议社会公共服务的好事、议社会和谐稳定的难事。"四活"即形式活、地点活、组织活、步骤活。

见,提升基层民主协商法治化、规范化水平。聚焦文明创建,推出"文明交通""文明护水""文明旅游""篷车送礼""学礼崇德"等文明实践项目,开展活动300余次,引导市民提升文明意识、固化文明习惯。

二、注重共建共治,激发治理动力

坚持党建引领的工作原则,充分发挥群团组织的桥梁纽带作用,积极拓展社会组织参与社会治理的渠道方式,大力推进社会治理的信息化、数字化、智能化应用,进一步提升社会治理活力和效率,推动形成共建共治共享的市域社会治理现代化格局。

(一)坚持党建核心引领,提升凝聚力

坚决把党建工作贯穿于社会治理全过程,整合各类资源,推进基层党组织建设与社会治理"两网融合",创新做好基层社会治理的"党建+"文章。一是加强组织引领。高质量圆满完成村居"两委"换届工作,坚持选优配强村居"两委"班子,深化推进村居"班长工程",进一步发挥村居党组在基层治理中的"领头雁"作用。二是推进阵地建设。建强党建引领基层治理的载体和阵地,在全市率先召开"心联鑫"党群服务中心体系功能建设推进会,启动示范性党群服务站点创评工作,深化党建引领下的街镇公共服务综合体系建设,优化完成党群服务中心"大中心"架构改革,首发区级机关下沉镇、街道、高新区社区党群服务中心服务资源名录,进一步发挥党群服务中心的社会治理功能。三是统筹结对帮扶。统筹城乡党组织结对帮扶、双百结对、企村居结对等资源,到2021年年底本轮结对帮扶工作共达成合作项目426个,结对帮扶资金2 358.3万元。运用好"心联鑫"区域化党建联席会议平台,统筹上级部门支持村居的政策,拓展结对双方合作内涵,整合资金、资源、项目等,以村居党组织为主渠道落实到位,推动项目按计划进行。

(二)坚持群团助力凝心,强化驱动力

充分发挥群团组织联系群众的桥梁纽带作用,引导职工、青年、妇女等社会群体参与社会治理工作,推动建立共建共治共享格局。一是推动化解矛盾纠纷。区总工会加强与人社、法院、司法行政等部门的业务合作,深化"四方联动"机制建设,共同做好劳动纠纷排查化解工作。区妇联发挥区婚调委作用,联合区相关职能部门,深入开展婚姻家庭纠纷预防化解工作,有力助推矛盾纠纷化解在基层。二是推动参与志愿服务。团区委不断推进造血干细胞捐献、垃圾分类、为老服务、大型赛会等志愿服务精品项目,加强青年志愿服务项目的研究和创新。自新冠疫苗集中接种工作开启,团区委、区青年志愿者协会通过组织化动员、社会化发动,第一时间建立起一支近400人的志愿者储备队伍,持续投身到新冠疫苗接种工作志愿服务中。三是推动平安文明建设。区妇联积极开展"平安家庭"创建活动,评选2019—2020年度金山区平安家庭示范户99户,大力宣传先进家庭的典型事迹。推进"家家幸福安康工程",广泛开展寻找"最美家庭"活动,深入开展"树家风 促党风 强作风"主题活动,扎实开展各类家庭教育指导服务项目,大力弘扬家庭文明新风。四是推动优化营商环境。区工商联充分发挥所属商会的中介和助手作用,通过"法护民企"等方式有效地协调解决企业与企业、企业与消费者、企业与政府之间的矛盾纠纷,推动企业依法规范经营,共同建立和维护市场秩序。

(三)坚持社会力量发动,增强助推力

围绕社会治理的不同需求,健全政府购买服务机制,把适合由社会组织提供的公共服务和解决的事项交由社会组织承担,畅通社会力量参与基层治理渠道。一是健全机制,激发参与动力。出台《关于推进金山区政府购买社会组织服务供需对接平台有关工作的实施意见》,鼓励、支持优秀社会组织跨区承接政府购买服务,做大规模、做响品牌、扩大影响,在社会治理创新中发挥更大作用。二是搭建平台,畅通参与渠道。开展金山区社区公益创投活动,培育具有金山属地化特点的社会服务品牌和公益组织,提升社会组织服务的专业能力,2020—2022年来共有45个项目获得公益创投资助300万元。三是加强培育,提升参与能力。加强社会组织党的建设,在社会组织申请登记成立时,同步提出党建工作要求。建立健全检查、评估、社会监督机制,引导社会组织加强自身建设和诚信自律。

(四)坚持智慧科技赋能,激发创新力

以智慧建设赋能社会治理,实现社会治理更加精准精细,有效提升社会治理智能化水平。一是助推城市高效治理。依托区内现有2.5万余路视频资源,对城市运行各类问题提供智能化发现手段,及时发现解决积水检测、渣土车发现、佩戴口罩、乱停车、占道经营等问题。持续优化区城运平台和防汛防台指挥平台、生态环境智慧管理平台、危险化学品智慧管控平台、消防救援指挥平台等应用场景,初步建成疫情信息平台、热线智慧平台、绿化市容综合监管平台和智慧城管综合指挥平台,提升相关行业部门的综合管控能力。二是推进治安智能防控。深化推进智能安防建设,新建12个重点楼宇智能感知端,全面完成217个封闭式住宅小区、188个开放式住宅区域、123个人员密集重点场所智能安防建设,做到建成一处、接入上云一处,有效织密全区感知防控网络。在"雪亮工程"中加强公共安全视频监控建设联网应用,整合公安、交通、文教卫生、各街镇、各小区物业管理等部位视频资源,对重点行业、重点人、重点物开展动态管控;初步建成针对人、车等目标的视频图像解析及应用系统,开展查询检索、布控报警等基础视频图像智能应用,强化打击破案能力。三是加强社区智慧管理。推广和应用"社区云"平台,依托"社区云"平台完成村居委换届选举工作,用好"社区云"电脑端和移动端"接待走访""问题处置"等功能应用,常态化开展走百家门、知百家情、解百家忧、暖百家心的"四百"活动,进一步畅通与群众沟通的连心桥。

三、以点带面深化创新,不断探索基层社会治理新品牌

市域社会治理现代化其中一项重要目的,就是以城带乡的引擎作用。市域作为城市和农村两种社会形态的结合体,是统筹推进城乡一体化的有效载体。把市域作为完整的治理单元,能够充分发挥城市辐射带动作用,推进城乡一体化、基本公共服务均等化,让治理成效更多、更公平地惠及城乡居民。金山区自启动市域社会治理现代化试点工作以来,进一步优化了各个条线在参与社会治理方面的能力,构建了权责明晰、上下贯通、层层推进的横、纵向治理架构,形成了一批具有"品牌"效应的基层社会治理典型。比如,枫泾镇围绕共建共治共享,突出体制创新、机制完善、制度建设,推动从"两约三会六平台"工作机制到"四治五建"社区治理现代化的转变,基层社会治理现代化水平不断提升,治理效果显著。特色举措包括:

（一）深化"一网统管"，提高城市治理能级

积极探索"一网统管"与社会治理承接的模式路径，深化社会治理智能应用。一是建设"1+3+N"网格化系统。依托街镇智能"一张网"建设，以网格化系统为标准版，融入110非警务类业务处置、综合治理、市场监管等内容，逐步融通"社区云"、社区矫正、人民调解等基层治理内容。二是完善网格划分标准。实现基础网格、警务网格和综治网格的统一，全面整合各街镇（高新区）现有站所管理力量，打造一支由公安、城管执法、网格管理、综合治理、市场监管、社会力量等参与的7×24小时响应的城市运行管理和应急处置队伍，形成基层城市管理和应急处置工作合力。

（二）以修订落实村规民约、居民公约为抓手推进基层善治

一是坚持党建引领、民意导向。坚持"合法、务实、管用"的工作原则，在履行民主程序中最大限度体现群众意愿。二是坚持依法制规、多方参与。依托"村村有顾问 事事依法行"工作机制，村（居）法律顾问全程指导参与修订，确保村规民约、居民公约合法有效。三是坚持围绕中心、强化执行。创新性地探索村民信用管理机制，制定《村民信用管理实施办法》《村民信用评分明细》，将村规民约的履行情况与每年的以奖代补政策挂钩，切实推动村规民约有效落实。四是以自治为重点，建立乡贤理事会、道德评议会和村（居）民议事会三大议事机制，引导村（居）民有序参与村居事务。推行"乡贤+社会治理""评议+言传身教""协商+民事民议"。五是统筹协调各方资源，打造学习教育、信息收集、服务群众、矛盾调解、文体服务、协商议事等功能的六大线上线下服务平台，延伸村（居）综治中心的服务触角，打造具有本村本居特色的"一站式"综合治理平台——平安驿站。

第三节 完善基层社会治理体系的挑战与策略

一、完善基层社会治理体系的挑战

（一）基层社会治理存在薄弱环节

金山区在推进完善基层社会治理体系工作中取得了扎实成效和可喜成

绩,在部分重点领域取得了较大突破,但是仍然存在一些薄弱环节和短板问题:一是政府社会治理职能有待强化。有的政府部门社会治理意识不强,偏重行政管理而轻于社会治理,依法行政能力、公共服务能力、矛盾化解能力、重大风险防范能力等有待进一步提升。二是社会治理整体合力需要提升。部分区级单位和街镇部门对于自身在基层社会治理体系中的职能定位缺乏明确认识,工作推进力度不够大;各类协商渠道缺乏统筹推进,没有发挥应有的作用;群团组织和社会力量参与社会治理的渠道方法不多。三是社会治理工作品牌特色不够突出。社会治理工作特色亮点较多,但是缺乏具有全国影响力的重量级品牌工作,尚未形成具有金山特色的基层社会治理工作品牌体系。四是社会治理的数据共享意识还不足。当前社会治理领域各部门大多独立建设信息系统,"所建,即所有"的数据权属观念在各部门中依然存在。由于缺乏内在动力和外部约束机制,各部门在数据共享中想得到却不愿付出,数据共享意识较为淡薄。五是社会治理的智能化水平还不足。社会治理领域信息化建设过程中,对数据治理和分析应用的能力有待加强,缺乏科学预测城市运行趋势和主动发现应急突发事件的能力,智能应用水平较低。

(二)基层社会治理面临新的形势

从政策环境看,进入新时代,发展和稳定都面临新的形势,面临既要创新社会治理,推进国家治理体系和治理能力现代化,又要建设更高水平平安中国的任务。从发展环境看,金山区作为上海推进"长三角高质量一体化的桥头堡",在长三角区域加快融合的大背景下,发展机遇必将大大增加,经济产业结构必将进一步升级。经济发展带来人民生活水平的进一步提高,为社会治理和社会发展进一步奠定了必要的物质基础,同时也使得社会主体日趋多元、社会思潮日趋多样、社会利益诉求日趋复杂,统筹社会治理资源的难度进一步加大,特别是面对互联网+的科技冲击,社会治理的内涵和边界不断拓展,社会动员和组织方式有待进一步转变,对整合社会力量参与社会治理提出了更高的要求。从人口环境看,一方面,金山区对外来人口的吸引力将持续增加;另一方面,全区老龄化趋势将更加明显,人口老龄化问题加剧,教育、养老、医疗等公共服务的供需矛盾将更加凸显。总体来看,金山区社会治理工作面临新的形势、新的机遇,需要准确把握战略机遇期内涵的深刻变化,更加有效地应对各种风险和挑战,不断建立健全与经济社会发展相适应的社会治理体系。

二、完善基层社会治理体系的策略

（一）创新基层社会治理体系

深入推进党建引领下基层社会治理体系创新工作,确立权责明晰、分工负责、内在驱动、激励有效的基层社会治理责任链条,着力破解基层社会治理中的诸多治理困境,提升基层社会治理创新能力,打造一批基层社会治理创新品牌,形成基层社会治理的"金山模式"。

一是坚持突出党建引领。强化基层党组织领导核心地位。深化和推进网格化党建,推动党群服务站点建设提质增效。优化党支部"战斗堡垒指数"和党员"先锋模范指数"考评标准。二是健全完善自治建设。完善基层协商民主工作制度建设,畅通基层民主协商的渠道与形式,推广"百姓议事会""乡贤参事会""宅基议事"等基层协商平台以及"村组自治""宅基自治""村域自治"等模式,加强精细化、现代化管理。推进村级事务阳光运行。培育一批枢纽性、公益性、互助性社会组织,充分发挥社会组织在矛盾纠纷调解、特殊人群服务管理、救助困难群众等领域的独特作用。三是健全完善法治建设。村居层面总结梳理基层治理实践成果,推广"四张清单""自治公堂""宅基议事"等做法,科学界定村居自治组织权限,形成制度化村居民议事规则,推进村规民约（居民公约）的法治化、民主化和实效化建设。四是健全完善德治建设。持续开展文明村镇、文明社区等基础创建工作,广泛开展文明交通、文明居住、文明养犬、文明餐饮、文明旅游、爱国卫生等文明风尚行动。深入推进市民修身行动,围绕传统文化、体育健身、科普文创、美丽乡村、红色印迹等修身点位,在行走体验中看金山、读人文、品风尚、振精神。五是健全完善共治建设。健全完善综治中心"3321"工作体系,深化街镇、村（居）综治中心规范化、实体化、效能化建设。加强村（居）警务、消防、安全生产等工作,加强"雪亮工程""智慧公安"智能化应用,压实安全隐患排查治理责任,提升基层治理智能化水平。

(二) 提升"四治一体"合力

深化党建引领下"四治一体"基层社会治理体系创新工作,继续推动社会治理重心向基层下移,让人民群众成为创新基层社会治理的最大受益者。一是树立科学理念,增强基层社会治理引领力。加强整体规划和统一建设,用"全周期管理"理念统筹谋划基层社会治理,整合各方资源力量,强化全要素协作配合。充分发挥基层党组织在社会治理中的引领带动作用,发挥党员干部的带头作用,鼓励更多乡贤能人、热心群众积极参与村居务管理、开展民主监督、收集社情民意、调解矛盾纠纷、传播乡风文明,让党建引领基层治理有平台、有抓手。二是持续创新发展,增强基层社会治理驱动力。深入推进"一镇一品"建设,因地制宜挖掘培育更多街镇层面特色品牌。加快节奏发布党建引领"四治一体"建设规范,为村居做好基层社会治理工作提供权威依据和法治保障。深入推进"枫桥式"综治中心创建,统筹好公安派出所、社区警务站、检察室、人民法庭、司法所、信访办等基层资源力量,健全完善综治网格与党建网格、城市管理网格、警务网格"多格合一"的平安网格管理机制,把综治中心打造成开放式、综合性、多功能的综合性工作平台。三是推进协同治理,增强基层社会治理聚合力。推动村居依法修订村规民约(居民公约),推广村规民约"总则+信用管理"模式和居民公约"总则+分则"模式,突出规范性、可操作性和实用性。指导基层健全完善村居、宅基、楼组协商议事平台,明确参与主体、职责权利、议事规则、决策程序等,全面提升基层协商议事的法治化、规范化水平。推进培育一批枢纽性、公益性、互助性社会组织,发挥社会组织在矛盾纠纷调解、特殊人群服务管理、救助困难群众等领域的独特作用。深化社会各方协同治理,深入探索"红色物业"融入社区治理有效模式,推广"综治进企业""商圈治理共同体"等经验,最大程度凝聚基层社会治理资源。

(三) 推动社会治理智能化和专业化

打破传统工作方式的束缚和思维的壁垒,全面加强智能化在基层社会治理中的有效应用,更加重视运用5G、互联网、大数据、云计算等新技术,不断提高社会治理科学化、精细化、智能化水平。一是强化信息互联互通。加强顶层设计,强化全局统筹,合理规划、系统思考,推动智能化平台建设符合区域发展客观规律,确保物尽其用。二是强化服务精准聚焦。不断加强智能化平台的为民服务功能,进一步拓展面向市民的一站式"互联网"公共服务平台"市民云"的服务功能,更好地方便市民日常工作生活。

把基层队伍建设作为深化创新社会治理加强基层建设工作的重中之重,聚焦结构、能力、机制等关键要素,持续用力,补齐短板,探索创新,努力打造一支坚强有力的基层队伍。一是优化队伍结构。探索吸引更多具有党务工作经验的企事业职工进入社区工作,储备优秀人才。二是加强能力建设。深化培训教育,持续做好村居书记和社区工作者培训工作。聚焦提高群众工作、组织动员能力,推动基层干部走百家门、知百家情,密切与群众的联系,增进感情。三是优化激励保障。强化队伍激励,牢固树立基层导向,进一步突出在基层选人用人,拓宽成绩突出、甘于奉献、群众认可的基层干部的发展空间。

Ⅲ
基层案例

第八章
枫泾镇：社会治理从"独角戏"变为"大合唱"

第一节 构建"两约三会六平台"治理机制的创新实践

一、案例背景

自2015年以来，枫泾镇着力探索创新社会治理"四治五建"工作法，每年持续深化，基层特色治理品牌不断涌现。特别是在推出"两约三会六平台"工作机制之后，从坚持问题导向补齐工作短板、培育社区认同完善社区治理体系两个方面入手，促进村(居)民等社会多元力量参与社区治理，全面深化了"四治五建"工作法内涵，党建引领下的自治、法治、德治、共治"一体化"格局进一步完善，村(居)民从原来的社区建设"局外人"变为主动参与的"主人翁"，形成了"基层有活力、治理出成效、群众得实惠"的生动局面。

二、主要做法

(一) 以"两约"为抓手，助力基层治理法治化

近年来，枫泾镇紧扣新时代农村社区服务管理的新变化、新要求，以修订落实村规民约、居民公约为抓手，持续推进基层善治。2021年，全镇各村(居)已全部完成村规民约、居民公约的修订工作，并形成新义村"总则+细则+信用积分"的可复制、可推广模式，使得村居"两约"的内容和功能更加完善，镇域乡村治理法治化、规范化水平得到进一步提升。一是坚持内容求实，确保任务、需求导向。把村(居)民自治、垃圾分类、"美丽家园"建设等村居现阶段中心工作、重点任务纳入"两约"中，使村(居)事务工作有章可循、有规可依。二是坚持多方参与，确保基层治理守法守规。依托"村村

有顾问、事事依法行"工作机制,村居法律顾问全程指导和参与"两约"修订,审核把关每一个环节、每一条内容,避免与有关法律法规相冲突,确保村规民约、居民公约合法有效。三是坚持贴近群众,确保"两约"深入人心。坚持以更小的切口、更精练的语句、更通俗易懂的内容,修订"两约"内容。比如,枫香小区立足社区老年人多、居民多来自农村等实际情况,将原本字数较多、不易牢记的居民公约、楼道公约改成三字经、顺口溜等形式,便于公约入耳入脑入心。四是坚持量化考核,确保自治规则发挥实效。充分发挥村民主体作用,实施运用村民信用管理新机制。在村规民约具体实施过程中,制定《村民信用管理实施办法》和《村民信用评分明细》,将村规民约的履行情况用村民的信用分值来体现,并将信用分值与每年的以奖代补政策挂钩,切实推动村规民约有效落实。

（二）以"三会"为依托,助力基层治理多元化

以自治为重点,全镇所有村(居)都已建立乡贤理事会、道德评议会和村(居)民议事会三大议事机制,引导村(居)民有序参与村(居)事务。一是依托乡贤力量,实现矛盾就地化解。全面梳理辖区内遵纪守法、品行良好、威望高、口碑好、群众公认的社会贤达人士,成立乡贤理事会,充分发挥乡贤"智囊团"作用,汇聚起助推基层治理的社会力量。2022年,全镇各"乡贤理事会"共受理参与矛盾纠纷调解537件,调解成功524件,调解成功率达97.58%,把大量矛盾化解在基层、消灭在萌芽状态。二是推行评议引导,强化道德约束机制。按照"为人正直、办事公道、威信较高、说理能力强"的标准,通过辖区的老党员、老干部、道德模范等组成道德评议团。定期召开道德评议会,通过上门谈心评、就地现场评、开会集中评等方式,对辖区出现的不良现象进行评议、处理和监督,解决当前法律管不到、行政管不了的事。三是注重协商议事,畅通言路让民做主。针对集体发展和村(居)民利益的焦点问题,进一步畅通利益诉求表达渠道,经由村(居)民议事会协商,充分发扬民主,增强群众话语权,有效引导村(居)民更多、更好地参与到身边事的管理之中,改变村(居)委大包大揽的治理模式,实现从"为民做主"到"让民做主"的转变。例如,卫星村在"美丽一条埭"的创建工作中,通过广泛征求意见,充分发扬民主,避免了

创建工作的一言堂和任务指派。通过听取群众意见建议,召集"三会"成员商议,综合对比各村民小组的创建基础、群众创建意愿等因素,最终确定示范埭开展创建工作,使创建工作更加公开、透明。

(三)以"平台"为载体,助力基层治理精细化

统筹协调各方资源,打造集学习教育、信息收集、服务群众、矛盾调解、文体服务、协商议事等功能的共建、共治服务平台,将管理和服务延伸至群众家门口。一是打造平安驿站,延伸服务触角。以自然村落、埭、楼组为主体,打造具有本村本居委特色的"一站式"综合治理平台。通过平安驿站了解群众实际困难,从邻里纠纷、村务监督到消费维权等各类问题都记录上册,最大限度予以妥善解决,同时开发线上平台畅通居民需求的反映渠道,提供各类方便居民生活的服务。例如,枫岸居民区推出"美丽家园自治银行",以志愿服务时间存入"银行"换取积分,积分兑换他人志愿服务或生活必需品,并对志愿者个人信息、参与自治活动记录、积分情况、兑换情况等进行专业化信息管理,做到全方位、全流程记录。二是探索联动平台,破解民生短板。古镇景区打造城市运行管理联勤工作站,实行"7×24"全天候勤务运作模式,集合了公安、城管、平安办、居委会等14个部门单位、100余名工作人员、100余名网格员、60余名平安志愿者等群防群治力量。通过"一线发现、一线处置、一线解决"的工作模式,针对职权交叉、职责模糊等重点疑难问题,通过联勤联动、共商共治逐步消除模糊地带,使得各类矛盾、问题纠纷就地化解,让群众的"烦恼"得到一站式解决。2022年,古镇旅游景区依托联勤工作站,探索建立平安商户联盟"十户联防"机制,构建邻里守望、互帮互助,群防群治的治安防控体系,形成"联勤联动"到"联勤联动联防"的升级提档。2022年,累计开展工作培训15次,模拟演练20余次。市委政法委、区委政法委领导现场观摩演练。《法治日报》对枫泾镇"十户联防"工作做了专题报道。借鉴古镇联勤工作站成功经验,2022年8月,枫泾镇建立工业区(兴塔片)联勤工作站并启用。联勤工作站主要由工业区管委会、派出所、城管、市场监督所、安全生产等部门入驻,应急力量装备配备齐全,园区监控实现全覆盖,窗口"一站式"受理,通过整合多方力量实现实体化、实战化、实效化运作。市、区两级领导多次实地走

访调研对联勤联动机制工作予以充分肯定。

三、工作成效

（一）切实推动乡风文明，形成了环境新风貌

"两约三会六平台"机制的建立和运行，引导了更多的村（居）民有序参与村居事务，潜移默化中改变了村（居）民的生活习惯，提升了乡村文明水平，推动村居事务管理迈上新台阶。例如，依托"两约""总则+细则+信用积分"模式，使得全镇在实施"美丽乡村—幸福家园"创建暨乡村环境大整治等方面收到了事半功倍的效果。助力全镇10 485户成功创建美丽示范户，创建率达到95%。通过"三会"机制畅通渠道、汇集民意、促进参与。全镇成功开展了"整治乱停车""楼道乱堆物""整治楼道飞线充电"等议事讨论活动，并取得了比较显著的治理成果。

（二）预防化解矛盾纠纷，提升了群众幸福感

"两约"从无违搭建、村风民俗及邻里关系、道德示范、治安管理、消防安全等方面明确评价标准、考核方式和奖惩措施。对于各类细化标准予以明确规定，在很大程度上约束了部分不和谐的行为发生，让群众有据可依，遇到矛盾纠纷村民习惯按照村规民约内容为依据进行前期解决，从而大事化小，小事化了。同时，"三会"畅通了群众参与社会治理的渠道，强化了辖区矛盾纠纷的属地化解，实现"大事不出村、小事不出埭"。例如，下坊村与浙江交界，通过组建"乡贤边界老娘舅"调解队伍，着力解决涉及两地的矛盾纠纷，特别是在农业种植经营和交通小微事故调解工作中成效显著。再如，新枫居民区以"0033大家帮"工作法，汇聚社区内的"智囊团"力量，解决居民身边"零零散散"大事小事，更好地满足了居民的需求。

（三）有效打通治理末梢，增强了社会和谐度

2021年，全镇行政村实现了"平安驿站"建设的全覆盖，自"平安驿站"成立以来，全镇已解决矛盾纠纷500余起，有效促进了居民关系的和谐程度。使村级发展更加平稳有序。联勤联动工作站作为打通治理末梢的共治平台，古镇联勤工作站自正式运行以来，共处置事件4 236件，成功分流处置非警务类

警情2 072起,枫泾古镇试点区域报警类"110"警情同比下降了40.49%。工业区联勤工作站自成立以来,园区警情较2021年同期降幅15.4%,火灾次数下降17.5%,使得各类矛盾、问题纠纷就地化解,打通了基层治理"最后一公里",让群众"烦恼"得到一站式解决。

四、创新启示

枫泾镇通过完善"两约"、建立"三会"、打造"平台",做实党建引领下的村居民自治共治模式,村居民由依赖性地"靠社区管"转向自主性地"民主自治",从原本不关心社区建设的"局外人",变成为社区建设贡献力量的"主人翁",实现了从"为民做主"到"让民做主"、从"被动"参与到"主动"自治、从"享受"服务到"提供"服务的转变。下阶段,枫泾镇需要持续深化"两约三会六平台"工作机制,主动作为、善作善成,不断增强基层社会治理的动力和活力,努力破解一批基层社会治理难题,推动镇域社会治理能级不断提升。

第二节 新义村用活"村规民约",助力村民自治

一、案例背景

新义村位于枫泾镇南部,村域面积4.34平方千米,下辖20个村民小组。2015年,新义村实施美丽乡村建设,为使美丽乡村建设更加和谐稳定,新义村制定了66字的"村规民约",开始探索以"村规民约"保障实行村民自治。2020年,乡村振兴建设步入攻坚阶段,新义村在基层社会治理中的各种难点、痛点、堵点不断显现,村民对自治参与度不高,出现议论多、参与少、评论多、实干少的现象,村民们对村务决策、管理和监督工作的评价较低,旧的"村规民约"已跟不上乡村治理的步伐。面对这一难题,新义村通过充分发挥法律顾问作用,重新修订完善"村规民约",形成《枫泾镇新义村四治五建自治手册村民"小宪法"》,推动乡村治理法治化、规范化,开辟基层治理新路径。

二、案例内容

（一）坚持与时俱进、内容求实，聚焦化解乡村治理难题

新义村按照新形势新要求，在原来66字的村规民约基础上扩充了诚信条约，形成包括遵纪守法、联防联户、移风易俗、尊老爱幼、绿化村庄、科技兴农、诚以待人七个方面的村规民约，并结合村务管理中的痛点难点堵点，征求职能部门意见后形成了《新义村村民自治细则》，对生态环境、村风民俗、婚姻家庭等多方面细化约定。同时根据《枫泾镇关于规范农村家庭养殖、创建"美丽宅基"工作指导意见》《枫泾镇"美丽乡村—幸福家园"创建暨乡村环境大整治三年行动方案》，结合村实际情况制定形成《新义村"美丽宅基·五个一家庭示范户"创建细则》，使村务工作有规可循。

（二）坚持问题导向、多方参与，确保基层治理守法守规

在基层社会治理中始终坚持问题导向，坚持做到"三问"："问需"着力于解决实际问题，"问计"着力于发挥组织能动作用，"问效"着力检验工作成效。在制定村规民约的过程中，坚持由村党总支提议、村"两委"会商议、党员大会及村民代表大会审议，并充分发挥村民议事会作用，通过公示、宣讲、讨论等方式广泛征求村民意见，确保每一个程序都有村民参与。充分利用"村村有顾问，事事依法行"工作机制，通过法律顾问对村规民约进行审核把关，确保村规民约的内容和制定程序合法合规。同时，打造清风长廊、法治公园等，结合中国故事村、岳飞文化等资源优势，以法治故事、法治讲座、法治文艺演出等形式加强法治宣传教育，切实提升村民的法治意识，为村规民约的顺利实施营造良好的法治环境。

（三）坚持创新实践、考核量化，确保自治规则发挥实效

社会信用体系建设是国家治理体系和治理能力现代化的重要举措，在"人民城市人民建、人民城市为人民"的时代背景下，面对村民日益增长的对美好生活需求和不平衡不充分发展的矛盾，转型发展迫在眉睫。因此，新义村在建设"乡村振兴示范村"以及"美丽乡村—幸福家园"创建等基层社会治理工作中积极营造诚信、美丽、和谐、有序的乡村环境，充分发挥村民主体作用，探索村民信用管理新机制。在村规民约具体实施过程中,制定了《村民信用管理实施办法》和《新义村村民信用评分明细》,从无违搭建、家禽限养、垃圾分类、道德示范等方面明确评价标准、考核方式和奖惩措施。将村规民约的履行情况用村民的信用分值来体现,并将信用分值与每年的以奖代补政策挂钩,切实推动村规民约有效落实。

三、绩效评价

(一)有效推动村务管理,提高村民积极性

村规民约在移风易俗、垃圾分类等工作中发挥了事半功倍的效果。如在垃圾分类实行过程中,根据村规民约将每户垃圾分类情况与村民以奖代补政策挂钩,引导村民发挥主体作用,垃圾分类工作成效显著。实施"美丽乡村——幸福家园"创建暨乡村环境大整治以来,助力全村602户成功创建美丽示范户,创建率达到96%。同时,通过挂牌"五星家庭示范户""美丽示范户",有效激发村民争做守信农户的积极性。

(二)预防化解矛盾纠纷,提升群众幸福感

村规民约从无违搭建、村风民俗及邻里关系、道德示范、治安管理、消防安全等方面明确评价标准、考核方式和奖惩措施。对于各类细化标准予以明确规定,在很大程度上约束了部分不和谐的行为发生,让村民有据可依。遇到矛盾纠纷,村民习惯按照村规民约内容进行前期解决,从而大事化小,小事化了。自村规民约实施以来,新义村没有发生一起治安刑事案件,没有出现一次越级上访事件,村级发展更加和谐稳定。2021年,新义村被评选为全国民主法治示范村。

(三)引导村民参与自治,弘扬文明树新风

为更好推动落实村规民约,新义村还成立了道德评议团,定期召开道德评议会,通过村民自主评议、言传身教等方式,对辖区出现的不良现象进行批评和教育,引领见贤思齐的文明风尚,有效带动村风民风的改变,形成了事事守底线、人人促和谐的新气象。国无信而不达,人无信则不立,新义村信用体系建设大大提升了村民守信意识,通过诚信助力乡村治理,进一步增强村民的认同感、归属感、荣誉感，营造了诚信、美丽、和谐、有序的乡村环境，提高了乡村治理水平。

四、创新启示

经过几年的时间，村规民约已逐步成为新义村规范村级事务管理、提升村民行为标准、化解村内矛盾纠纷、实现和谐稳定的重要法宝。下阶段，新义村将继续深耕村规民约，注重打造基层法治文化，完善村民日常文明规范，促进乡村人居环境改善，助力基层社会治理现代化。

第三节　枫香居委打造"三双三同"，提升社区温度

一、案例背景

枫香名苑是一个纯动迁小区，1 107户的居民来自全镇13个村。常住人口2 020人，外来租住人口320人，户籍人口25人。小区居民老年人多，带有农村习惯，喜欢在宅前屋后种植蔬菜，其中不乏有许多陋习，乱晾晒、乱停车、乱堆物、乱丢垃圾现象比较严重，这些陋习严重阻碍了建设美丽家园的进程。如何让原来的村民、现在的居民共同、积极参与到小区的自治共治中，如何发挥动迁党员的先锋模范作用，是枫香居委会一直在探索的问题。

二、主要做法

（一）"三双"机制，发挥党组织引领作用

枫香居民区党支部党员少，目前在册党员16名，其中4人还是班子成员，小区的党员大部分组织关系还在各自村里，由于缺乏组织隶属关系，使得这些党员在参与社区自治、服务群众等方面很难发挥作用。针对这个问题，枫香居民区党支部以"三双"机制为抓手，做好党员的双向管理工作，发挥党组织的引领作用。"三双"分别是：日常管理双向、活动组织双联、作用发挥双岗。

1. 日常管理双向,党建活动共参与

所谓"日常管理双向",就是村居党支部双方共同管理,抓好动迁党员队伍。通过发放"给动迁党员的一封信",邀请动迁党员到居委会报到。以自愿为主的形式,邀请动迁党员列席参加居民区党支部党员大会,为小区的发展提出意见建议。定期将党员的活动情况反馈给村党支部,为党员民意测评提供考核依据,做到党员日常管理双向。

2. 活动组织双联,凝心聚力共携手

所谓"活动组织双联",就是村党组织与动迁党员本人、居民区党支部与村居党组织之间实行双向联系,相互交流、相互走访,实现动迁村居活动联办。建立定期联系、双向考评等工作机制,例如,村居共同调解矛盾纠纷、共同参与动迁小区女工比赛、端午等相关节庆活动等。

3. 作用发挥双岗,服务群众共努力

所谓"作用发挥双岗",就是动迁党员在村党支部发挥作用的同时,也在居住地发挥模范作用。落实党群服务责任网,划分党建网格,邀请动迁党员志愿者担任小片长,每位小片长联系2位楼组长,负责联系到户。并在区域内明确岗位责任,监督协调做好区域内的"三清"工作,即道路清、楼道清和绿化清。

(二)"三同"项目,带动居民参与社区自治

由于小区居民来自不同的村,缺乏对小区的归属感、邻里之间的集体意识,在服务居民的过程中,枫香居委会逐步总结出了一套独特的"三同"社区治理法,即"同桌的你、同楼的你、同龄的你"。

1. "同桌的你",协商议事同商量

因为常常坐在一起议事,故而称之为"同桌的你"。主要是一些志愿者团队。如劝导员议事队,每天在小区开展巡逻,对不文明的行为进行劝导和宣传,听取居民群众对社区各项工作的意见建议。对居民群众意见反映强烈的热点、难点问题通过劝导员、居委、物业三方联席议事会协商解决。矛盾纠纷调处队,发挥小区里的能人作用,将村居的老干部、在职委员、教师以及相关管理岗位工作者集合起来,有针对性地参与小区矛盾调解。

2."同楼的你",楼道文化同打造

小区的居民来自不同的村,"不是同一个村"就成了在他们之间一道隐形的障碍,为了帮助他们更好地融入社区生活,加深同楼道之间、同楼组之间的互动和了解,打破"不是同一个村"这道障碍,以"同楼的你"为主题推进楼道文化建设。如农民画爱好者为楼道里以及小区里的中小学生,进行农民画教学,并将作品布置在楼道里,形成农民画特色楼道、关爱未成年人主题的特色楼道、文明和谐楼道等。为了巩固创城整治成果,2022年年底评选一批卫生达标楼,以点带面,引领群众主动参与楼道文化建设,让"楼道文化"成为社区居民自我管理、自我教育、自我展示的活动阵地。

3."同龄的你",互助关爱同参与

针对不同年龄层次的群体,有针对性地开展互助、关爱等项目活动。针对80岁以上的老人开展耄耋关爱,组建老伙伴志愿者队伍,每个志愿者结对若干独居老人,定期上门探望。针对50—80岁的老人,以"睦邻点建设"为抓手丰富中老年人生活,如每周一举办爱心编织活动,为小区内的困难老人编织各类毛衣、帽子、毛袜;每周三晚上开设串珠课堂;每周四晚上组织舞蹈团队排练活动。针对20—50岁的中青年人,建立微社区,开设枫香居民微信群,"线上互动"弥补"线下空缺"。针对未成年人,开展社区少儿驿站,主要在寒暑假期间,挖掘社区内的教师、在读大学生等资源,聘请他们担任教师,为青少年开设不同形式的课程。

三、工作成效

通过"三双三同"工作法的开展和实施,居委党组织发动党员、党小组长发挥先锋模范作用积极参与社区各项活动,成立居民议事会、道德评议会、乡贤理事会,让居民由依赖性地"靠社区管"转向"民主自治",从原本不关心小区建设的"局外人",变成为小区建设贡献力量的"主人翁"。

现在更多的动迁党员、志愿者在小区里发挥着作用,更多的改变在居民中逐步体现。一是村民到居民的生活卫生陋习在逐步改善,二是动迁居民参与社区活动从不主动到主动的转变,三是农村党员在居住地动迁小区中发挥积极作用的改变。

四、启示展望

带动居民参与社区自治,使小区的自治建设更加规范化、制度化、常态化,努力打造共建共治共享的社区治理新格局,使得党建引领下的"四治一体化"格局进一步显现,合力共建美丽家园。

第九章
朱泾镇：法润珠溪、德泽花海，激发镇域治理新活力

第一节 厚植法治沃土，激发德治活力，党建引领镇域治理创新

一、案例背景

朱泾镇位于金山北部，镇域面积逾77平方千米，实有人口13万多，在建设"升级版"平安朱泾、法治朱泾中，面临着流动人口管理难、基层矛盾纠纷多、治安防控压力大等突出问题。为此，朱泾镇积极探索实践党建引领下"四治一体"基层社会治理创新工作，在全镇开展"法润珠溪、德泽花海""一镇一品"建设，推行"三堂一室"微自治模式（村民建言堂、乡贤议事堂、"惠泾彩"法治讲堂、"老法师"调解工作室）及"法律诊所""法治 in 家园"创新工作经验，不断提高社会治理能力水平。

二、基本做法

（一）党建引领，健全机制，强化组织领导力

1. 压实各级责任

成立朱泾镇推进"一镇一品"建设工作领导小组，明确由分管政法的镇党委副书记担任组长，制定朱泾镇基层社会治理创新"一镇一品"建设工作方案。召开推进全国市域社会治理现代化试点工作暨待泾村"三堂一室"基层治理创新工作现场推广会，落实"法润珠溪、德泽花海"朱泾镇基层社会治理创新"一镇一品"建设实施方案。在全部11个村建立"三堂一室"微自治模式，完成方案制定及办公房选址、工作流程和规章制度上墙等硬件设施建

设。2022年,11个村"三堂一室"微治理模式全面铺开且成效突出,《解放日报》《文汇报》分别刊发该探索实践经验,扩大了朱泾镇社会治理建设成果的传播力、影响力。

2. 规范运行机制

以"民事民议、民事民办、民事民管"为原则,明确"村民建言堂、乡贤议事堂、'惠泾彩'法治讲堂及'老法师'调解工作室"的工作原则、工作内容和管理办法,制定《"三堂一室"工作制度》《楼组议事厅工作制度》等,建立"提出议题—把关筛选—开展协商—形成决议—推动实施—效果评估"的建言议事操作链,建立健全各种资料表册,做到各种活动有记录、各项决策有记录、意见建议有记录、决策执行情况有反映。为进一步规范管理乡村旅游点,"议事堂"针对花开海上旅游景区商铺的经营与管理开展民主议事,推动了景区周边商铺租赁和日常管理方案的形成。

3. 纳入考核评价

将"法润珠溪、德泽花海"基层社会治理创新工作纳入综治(平安建设)年度考核,对落实有力且成效明显的村(居)予以奖励表彰,对工作落实不到位的村(居)予以整改通报。激发法治带头人、法律明白人、人民调解员、乡贤、网格员等在社会治理中的积极作用,围绕工作成效、服务能力、政治素养等方面进行考核,着力提升服务群众的能力,最大限度激发基层工作者的积极性、主动性和创造性。

(二)策由民选,事由民决,提升治理聚合力

1. 收集内容更广泛

建立"村民建言堂",推选出村里三支队伍中的代表及法治带头人、法律明白人担任建言堂成员,通过老方法、新媒体并用的方式广而告之,突出围绕乡村旅游、集体经济、村庄建设、文明风尚等发展主题,及时收集村民群众的好建议。

2. 办事议程更规范

建立"乡贤议事堂",优选出在村里品德好、威望高、办事公道的老干部、老教师、老党员等社会贤达担任议事堂成员,对有利于村集体发展的"金点

子",实时提交村居"两委"讨论,征询农村乡贤意见,充分凝聚民智。邀请名誉村主任和法律顾问等专业人才参与事关村庄发展的重大事项、重大问题、重大决策,提升议事质量。

3. 文明风尚见实效

建立"法治 in 家园"阵地,推进文明交通、文明养宠、文明旅游、垃圾分类等文明风尚行动,开展文明行为宣传教育自治行动,引导居民自觉养成文明健康的生活习惯。结合村规民约、楼组自治等形式,发挥法治规范约束作用和德治教化作用,推动丧事简办、集中充电、加装电梯等工作,取得了良好的工作成效。

(三)打造平台,强化宣传,提升治理保障力

1. 做实法治微课堂

以各村(居)为实践单元,按照"身边人讲身边事、身边人讲自己事、身边人教身边人"的原则,邀请社区民警、法律顾问及法庭法官等,结合"看一部短片、讲一个故事、谈一席感悟、作一番点评"等形式,有序开展以"防范电信网络诈骗""乡村土地的经营承包权和宅基地使用权"以及"宪法与我们息息相关"等为主题的法治讲座,有效增强基层群众的法治意识和学法用法守法的自觉性。2022年,共开展法治微课堂13场次,受教育人数达到450余人次。

2. 做强调解微品牌

根据各村(居)实际情况,组织退休政法干警、法治带头人和法律明白人等,形成以"南圩社区"法律诊所、"老法师"调解工作室、"百合邻里"调解工作室等为代表的调解工作团队,协助社区基层组织处理纠纷、调解矛盾。

3. 配强基层调解员

在配备专职人民调解员的基础上,吸收有威信、有经验、有专业特长的退休党员干部、退休公检法人员,组建配强人民调解志愿者队伍,发挥在矛盾纠纷排查化解工作中的"生力军"作用,以群众力量协同调处百姓纠纷。

三、工作成效

(一)做实自治德治,引领社会新风正气

朱泾镇通过建立"村民建言堂",对群众提出的优化人居环境建议高度重

视,制定《人居环境整治积分制实施方案》,调整优化乡村保洁管理机制,组建了村、埭、户三级巡查督导队伍,以此增强村民自治意识;通过构建"老年友好家园""祖孙模拟家庭"增强老年人社会参与感。朱泾镇以自治为基础、德治为先导培育良好风气,不断提升群众自治意识和道德素养,起到了相互促进、相互影响的良性作用。

(二)凝聚法治共治,依法治理水平稳步提升

推广南圩社区"法律诊所"、钟楼居民区"法治 in 家园"治理模式,持续开展"法治带头人""法律明白人"培养工程,进一步提高社区的法治宣传教育能力、法律办事服务能力、矛盾争议调处能力、邻里纠纷解决能力,增强社区居民的普法、学法、懂法、用法能力。2022年,朱泾镇共开展法治宣传活动130次,受教育人数达6 000余人次。镇、村(居)两级人民调解委员会共受理1 276起纠纷,调解成功1 276起,调解成功率为100%,制作协议书110份。

四、创新启示

朱泾镇坚持和发展新时代"枫桥经验",将"法润珠溪、德泽花海"党建引领下基层社会治理创新工作做深做实做透,实施推广待泾村"三堂一室"、南圩社区"法律诊所"、钟楼居委"法治 in 家园"头雁治理模式,聚力攻坚突破,着力扬长补短,将信访矛盾隐患、村(居)物业矛盾、邻里纠纷、工程改造等矛盾消解于未然,努力构建共建共治共享的社会治理新格局,厚植法治沃土,激发德治活力,将美丽朱泾"治理美"的风景串点成线,全面提升广大群众获得感、幸福感、安全感。

第二节 待泾村探索"三堂一室" 微自治模式,打造乡村治理新格局

一、案例背景

待泾村位于朱泾镇以西,南依大茫塘河,北临秀州塘,东起待步泾桥,西至

洋泾桥。村域面积6.26平方千米,农户耕地面积6335亩(约合4.2平方千米)。全村共有村民小组35个、1276户,总人口4390人。随着乡村振兴战略的不断推进,待泾村在农村人居环境、农民自留地归并、旅游产业管理等方面的问题随之显现。为此,待泾村自2021年开始探索"三堂一室"微自治模式(村民建言堂、乡贤议事堂、"惠泾彩"法治讲堂、"老法师"调解工作室),以"说"广泛收集疏导民意,以"议"科学规范决策,以"办"合力抓好事项落实,以"调"护航乡村和谐稳定,探索出了一条具有朱泾特色的"人民乡村人民治"基层社会治理之路。

二、基本做法

(一)党建引领,健全机制,强化组织领导力

一是"掌盘子",将党的领导贯穿始终。注重发挥好党组织的战斗堡垒作用和村书记的"领头雁"作用,由村党总支书记担任召集人,由村支部委员兼任组长,构建了党组织引领下的"三堂一室"微自治模式,解决和协调村里的相关事务,协助村"两委"做好群众工作,推进乡村治理由"为民做主"向"由民做主""与民共治"转变。二是"立尺子",规范自治运行机制。以"民事民议、民事民办、民事民管"为原则,制定《待泾村"三堂一室"工作方案》,建立"提出议题—把关筛选—开展协商—形成决议—推动实施—效果评估"的建言议事操作链,明确了"村民建言堂""乡贤议事堂""惠泾彩"法治讲堂及"老法师"调解工作室的工作原则、工作内容和管理办法,建立健全各种资料表册,做到各种活动有记录、各项决策有记录、意见建议有记录、决策的执行情况有反映。三是"选班子",汇聚乡村先进力量。推选出村里三支队伍中的代表及法治带头人、法律明白人担任建言堂成员;优选出村里老干部、老教师、老党员等在村里品德好、威望高、办事公道的社会贤达担任议事堂成员。根据工作具体任务,一人可以兼任多员参与村落治理,不仅解决了村委会服务半径过大、管理服务难等问题,也由过去"村民小组长单打独斗"转变成了"村庄建言议事群策群力"。

(二)策由民选,事由民决,提高乡村自治力

一是有事大家说,增强"说"的广泛性。建立"村民建言堂",通过老方法、

新媒体并用的方式广而告之,及时收集村民群众的好建议,突出围绕乡村旅游、集体经济、村庄建设、环境整治等发展主题,丰富说的内容。引导发动政法干警、各类人才、新农人参与,通过"会上说""埭上说""线上说"等新形式,创新说的渠道。二是遇事多商议,强化"议"的规范性。建立"乡贤议事堂",对有利于村集体发展的"金点子",实时提交村支"两委"讨论,征询农村乡贤意见,充分凝聚民智。邀请名誉村主任和法律顾问等专业人才参与事关村庄发展的重大事项、重大问题、重大决策,提升议的质量。2021年6月,为进一步规范管理乡村旅游点,"议事堂"针对花开海上旅游景区商铺的经营与管理开展民主议事,推动了景区周边商铺租赁和日常管理方案的形成。三是民事马上办,突出"办"的实效性。定期召开村民代表大会,投票表决通过各类草案,实践中及时查漏补缺,并予以动态完善。通过集中召开会议,对待泾村原三路公交终点站临时摊位进行划分指定,并指派村生产组长对摊位进行引导指挥,确保交通规范有序。

(三)打造平台,强化宣传,激发自治源动力

一是建立"惠泾彩"法治讲堂的学习平台。按照"身边人讲身边事、身边人讲自己事、身边人教身边人"的原则,邀请社区民警、法律顾问及法庭法官,结合"看一部短片、讲一个故事、谈一席感悟、作一番点评"等形式,开展了以"防范电信网络诈骗""乡村土地的经营承包权和宅基地使用权"以及"宪法与我们息息相关"为主题的法治讲座,有效增强基层群众的法治意识和学法用法守法的自觉性。2021年起,待泾村法治讲堂共开展讲座20余次、受教育人次1 500余人次。二是建立"老法师"矛盾调解的共享平台。组织退休政法干警、法治带头人和法律明白人等,形成一支结构合理、优势互补的调解工作团队,协助乡村基层组织处理经济纠纷、调解各类矛盾。积极入驻花开海上生态园,为在旅游中受到人身、财产等侵害的游客第一时间提供法律帮助,实现对旅游纠纷的"即时受理、现场调解、高效解决"。加大对景区项目建设区域矛盾超前介入和提前预防,把矛盾纠纷化解在初始阶段。2022年,待泾村充分利用和发挥"老法师"调解工作室的功效,成功调解各类民事矛盾纠纷55起,调解成功率达到100%,切实保障每一位村民的合法权益,营造了和谐、公正、

美好的乡村环境。

三、工作成效

（一）增强了基层组织的向心力和凝聚力

"三堂一室"微自治模式已经成为村组织凝聚村民群众力量的重要载体。村组织充分认清自己的角色和定位，该管的管，该服务的服务，该放权的放权，引导农民办好自己的事，畅通村民参与村务决策、反映诉求的渠道，使村务治理充分吸取民意、集中民智，充分体现村民对村务治理的"存在感"，进而更加积极主动地参与村务决策、支持村域公共建设。

（二）解决了乡村治理中的难点和问题

"三堂一室"微自治模式坚持问题导向，聚焦解决村民关注度高的问题和影响乡村管理的难点问题，随着村民建言堂以及议事堂工作的推进，包括自留地归并、河道整治和人居环境整治等村民们重视的问题逐步得到了解决。待泾村把"调解室"搬到纠纷现场，受理、调解游客与景区、游客与游客、游客与农家乐经营主体之间的各类民事矛盾纠纷，营造了和谐、公正的旅游消费环境。

（三）提高了乡村治理的能力和活力

"三堂一室"微自治模式是探索村民自治的有效形式，着力推动村民充分表达意愿诉求、开展民主协商议事、参与监督管理等自治活动，真正实现了农村民事民议、民事民办、民事民管的多层次基层协商格局。待泾村逐步引导村民全面参与村务，实现群众自我管理、自我服务、自我教育、自我监督，村民纷纷把村里的事当成"自家事"来办，"抢着干"的村民越来越多，"站着看"的村民越来越少。

四、创新启示

乡村治理是我国国家治理体系和治理能力现代化的重要组成部分。"三堂一室"微自治模式充分发挥了人民群众在乡村治理中的主体作用，拓宽了群众参与乡村治理的制度化渠道，实现了政府治理、社会调节、村民自治的良性互动,构建了共建共治共享的乡村治理格局。待泾村从"三堂自治"微自治模式探索出发,让农民真正成为乡村治理的主体、乡村振兴的受益者,释放了乡村社会的内在活力,是乡村治理同乡村社会稳定有机结合的产物,为基层乡村治理转型提供了经验,在乡村治理转型方面有一定的参考和推广价值。

第三节　南圩社区"法律诊所"创新社区调解模式

一、案例背景

南圩居民区位于朱泾镇的中心城区,是20世纪80年代建设的开放式小区,总面积14.7万平方米,楼道176个,现有居民2598户,近6500人。小区人口老龄化严重,人员结构复杂,再加上建设年代较久,设施老化,渗水漏水等问题频发,导致矛盾纠纷不断,社区调解工作压力较大,如何运用法律手段加强社区治理成为南圩居民区亟待解决的问题。

在这样的背景下,专门问诊群众法律问题的"法律诊所"应运而生。

二、基本做法

(一)加强队伍建设,提高专业素质

在南圩居民区党总支、居委会的大力支持下,"法律诊所"把调解队伍建设摆在核心位置,打造了一支专业素质过硬的基层调解队伍。从成立之初的一名退休老法官、一名社区调解员、一名综治志愿者,到后来居委会"两委"班子成员、工作人员特别是法律顾问、朱泾法庭法官的加入,人员结构不断完善。同时,诊所吸纳了社区综治专干、社区网格员、社区党员等骨干力量加入调解志愿者队伍,充分发挥其熟悉社区情况、深受群众信任、介入工作及时等优势,切实解决社区居民的烦心事。

(二)创新调解模式,打通服务群众"最后一公里"

"法律诊所"不断探索人民调解工作新模式,积极推行"五心工作法"并综合施治,打通服务群众"最后一公里"。

走家串户"交心"。通过全方位、多轮次不断巡回排摸辖区内的不安定因素。调解员走家串户做好与居民的沟通交流,及时掌握各类情况,梳理汇总可能存在的不安定因素,并在走访中主动参与一些突发事件的疏导,引导群众消除隔阂、化解矛盾。

降温祛火"舒心"。实行调解员轮流坐班工作制,定期邀请法律顾问坐镇"法律诊所",面对面现场"把脉",为来访者降温祛火。在与纠纷当事人接触中,做到"望而知之者,望见其五色,以知其病",善于从当事人的言行举止,判断其反映和要求解决问题的轻重缓急,引导当事人理性思考问题,创造以协商的方式妥善解决纠纷的机会。

绿色通道"安心"。针对辖区内疑难和易激化的矛盾纠纷,"法律诊所"采取"急事急办,特事特办"的方式,优先安排调解。通过与镇调委会、法律顾问、社区网格员及时沟通,第一时间想方设法化解症结,有效防止矛盾激化和事态扩大。

疑难案件"用心"。对容易激化且有可能给社会造成较大影响的重大疑难矛盾,及时协调镇司法所、平安办、派出所、城建办、安全办等部门,通过多部门整体联动,将矛盾纠纷顽疾症结拿准,集中力量对症下药,努力做到药到病除,使较为复杂的案件在短时间内得到有效解决。

案结回访"放心"。"法律诊所"定期组织工作人员对已调处的矛盾进行回访,及时了解当事人对调解协议的履行情况及其思想动态,对协议未完全履行或拒不履行协议的予以说服教育,做到案结事了,实现矛盾纠纷零反弹,避免矛盾反复发生。

(三)贯彻法治理念,培养社区法治人才

"法律诊所"以具体案件为抓手,着力从调解实践中培养社区法治人才,做实"传帮带"。碰到疑难案件,朱泾法庭法官、社区民警、基层法律服务工作者、社区调解员和志愿者一起研讨案例,聚焦关键、提炼规律,帮助年轻人加深理解、不断突破。通过系统梳理历年案件卷宗,借助法院和司法局的专业力量,编写《十年磨一剑——朱泾镇南圩社区"法律诊所"资料选编》一书,收录了"法律诊所"处理过的36个典型案例,成为村居调解工作的实用教材。同时抓好专业培训,定期邀请司法系统专业人士给调解员和楼组长上课,讲解最新的法律法规,介绍相关领域典型案例,教授调处矛盾纠纷的方法技巧,不断提升社区治理的法治化水平。

三、工作成效

(一)化解社区矛盾,提升了社区和谐度

南圩社区通过搭建"法律诊所"这一工作平台,以邀请法官提供专业的法律志愿服务、聘请人民调解员、鼓励社区能人担任楼组长等多种方式,有效缓解了社区矛盾纠纷调处这一治理难题。自2006年以来,"法律诊所"共接待居民来访3 751人次、法律咨询服务1 809人次,成功调处矛盾纠纷693起,制定调解协议书266件,其中办理司法确认离婚案件9起、遗产继承案件53起,涉及金额达2 500余万元。"法律诊所"在实现可防案件的遏制、家庭纠纷的减少及法治观念提高、治安满意率的提高等目标方面发挥的作用显著,成果颇丰。

(二)坚持为民服务,增强了群众满意度

南圩社区"法律诊所"坚持做好人民调解工作,做到为民所想、为民所谋,真心实意为社区居民办实事。2021年,社区居民陈某被驾驶电动滑板车玩耍的孩童撞倒,导致胯骨、腰椎骨折。在警方的协调下涉事儿童监护人支付了9万元医疗费,出院后又对涉事儿童监护人提出后续治疗费用的赔偿请求,但遭到了拒绝,于是陈某来到了"法律诊所"希望帮忙调解。涉事儿童监护人认为第一次赔偿的医疗费实际并未用完,再加上涉事电动滑板车车主另有其人,因此其不愿再次进行赔偿。了解来龙去脉后,"法律诊所"调解人员将电动滑板车的车主也请到了调解现场,通过安抚几方当事人情绪,并围绕《民法典》中有关人身损害赔偿范围以及连带责任等法律条款向几方当事人进行细致的讲解,最终双方达成了一致并签订了调解协议,约定了除去已赔偿的9万元,陈某提供详细的后续治疗预估费用清单合计4.4万元,由涉事儿童监护人和电动滑板车车主共同对陈某进行赔偿并一次性支付,至此使一件原本可能多方推诿无法落实赔偿的案件得到了解决。

四、创新启示

南圩社区"法律诊所"成功经验显示：在创新社会治理模式中，法治尤为重要。通过党建引领推动各方力量参与社区治理，搭建多元化法律服务平台，为社区治理注入了新的生命力，有助于构建社区居民共建共享的治理格局。"法律诊所"发挥了法律服务平台作用，通过依法维护居民正当权益，实现顺民意、谋民利、解民忧、得民心，赢得更多小区居民的口碑和认可，从而进一步推动社区依法治理。

第十章
亭林镇：科技赋能社会治理

第一节 小智慧助力大平安——亭林智慧社区建设

一、案例背景

亭林镇深入践行"人民城市人民建、人民城市为人民"的重要理念，全力构建市域社会治理现代化发展新格局，深入推进党建引领"四治一体"基层社会治理体系创新工作，注重运用大数据、云计算和人工智能技术实现科技赋能，推动人口服务管理数字化、公共安全管控智能化，加快推进智慧社区建设，着力提升社会治理精准化、智能化水平，不断增强人民群众的获得感、幸福感、安全感。

二、主要做法

（一）技防网络全面铺开，"科技+"助力治安防控

近年来，亭林镇引入现代科技手段，与东方有线公司达成合作，密织技防网，提高平安建设精细化、智能化水平，提升群众安全感，让科技更好地服务人民美好生活。一是建设智能安防系统，筑牢治安防线。至2022年年底，全镇15个封闭小区共计安装人脸识别设备134套、车牌识别设备48套、人车一体识别设备135套、无线管制设备29套，利用大数据和云计算保障社区安全。二是安装"楼道卫士"，守住安全底线。针对电瓶车上楼充电屡禁不止的问题，通过在电梯内安装电动车检测识别系统，智能识别后台联动阻止电动车上楼，减少了人力成本，形成了管理闭环。比如，隆亭居委会所属55个楼道中47个已安装"楼道卫士"智能探头，其中隆亭家园小区达成全覆盖，自项目实施以来未发生一起因电瓶车在楼道内充电引发的火灾。三是布局"农户卫

士",增设警醒红线。结合"雪亮工程"建设,亭林镇公共区域实时探头实现全覆盖,通过小技防的补充遏制了盗窃案件的高发态势,公共区域可防性案件持续下降,为成功创建"零发案"小区提供有力支撑。

(二)信息平台深入推广,"互联网+"提升治理效能

亭林镇大力推进网上综治中心建设,通过"互联网+"技术,为群众提供全面、优质、高效的综合服务。一是搭建沟通平台,群众表达有渠道。网上综治中心开设"理上网来""法律问答""百家争鸣"三大板块,发挥倾听群众呼声,提供专业服务,共议社区事务的作用,拓宽了社区与居民间对话交流、信息互通的渠道。二是搭建便民平台,服务群众零距离。网上综治中心承担事项接收、进程跟踪、居民反馈等职能,通过进一步压缩处理流程,第一时间掌握、回应、处理群众诉求,实现服务事项全覆盖、工作进展全留痕、业务流程闭环化、服务群众更及时。三是搭建信息平台,"三个精准"提质量。网上综治中心分类整理上报的问题,精准采集社情民意,回应群众诉求;精准化解矛盾纠纷,对口解决问题;精准防控安全风险,以平台大数据信息为导向,实施网上、网下同步精确排摸,全面推进治安防范工作。

(三)旅馆总台普及应用,"大数据+"创新人口管理

亭林镇实有人口数超过10万,其中来沪人员数超过5万,出租房屋有7 228户、21 532间。2019年以来,亭林镇探索农村出租房屋"旅馆式"服务管理模式取得了阶段性成效,通过出租房屋"红黄绿"三色管理和"以房管人"大数据系统建设,从根本上杜绝群租、火灾、盗窃等治安和安全隐患,社会治安环境持续向好。一是便捷网上租房,提供一站式服务。亭林镇设立镇、村两级旅馆总台和网上租房平台,来亭人员可以通过微信公众号登录居住房屋租赁公共服务平台查询出租房屋情况,提出意向申请,至"旅馆总台"签订租赁合同,接受安全防范教育,办理流动人口登记和入住手续,实现"来前审批,人来登记,人走注销"的闭环管理。二是善用数据分析,形成精准性研判。2022年,亭林镇持续优化"以房管人"大数据系统,开发新功能,通过与区实有人口数据库互联互通,从源头上实现对流动人口的信息管理和动态实时检测,切实做到"信息安全、底数清晰、管控精细"。平台现在

又与人才招聘信息系统相结合,增加外来人口就业渠道,实现多功能叠加,推动"以房管人"提质增效。

三、工作成效

亭林镇始终将科技赋能作为提升社会治理能力的重要手段,坚持惠民原则,将智慧"红利"惠及群众。

(一)科技赋能提升社会治安安全系数

通过技防工程建设纵向到底、横向到边,构筑大数据安全网络全覆盖,助力建设更高水平的平安亭林。2022年,全镇刑事立案199起,同比下降8.7%,其中可防性案件79起(电信网络诈骗67起、三车盗窃9起、入室盗窃3起),破案63起,破案率达79.75%;110报警类接处警数1 298起,同比下降15.3%;万人110报警数721.5起,同比下降17.1%。

(二)网络赋能提高社会治理服务质量

2021年5月起,镇级网上综治中心正式运行,截至2022年5月,微信用户注册33 802人,通过平台共受理基础设施、消防安全、便民服务、环境整治等各类民生问题124件,解决123件,处置成功率达99%。网上综治中心"马上就办"一方面便民利民,群众指尖就能办成事;另一方面减轻了"12345"网格案件压力。

(三)数据赋能探索基层自治共治新形式

将出租房屋管理工作纳入村规民约之中,在村民自我教育、自我管理、自我服务的过程中实现出租房屋管理更加规范、更加精细。在疫情防控期间,村(居)通过"旅馆总台"的"以房管人"大数据系统平台,第一时间准确掌握了2 941个重点地区人员信息情况,对外来人员实现了从"家门口"到"厂门口"的闭环管理,极大提高了疫情防控的针对性、预见性和有效性。

四、创新启示

"智能+"助力市域社会治理现代化是以科技为支撑,整合社区现有的各类资源,用好大数据、云计算、物联网、人工智能等新兴技术手段与信息工具的抓手，积极探索实践社会治理综合指挥服务中心、智慧消防安全监管平台、特殊人群服务管理平台等"智治"工程建设，提升了社会治理的科学化、智能化、精准化水平，推动基层社会治理数字化转型。

第二节　东新村组建"新三长"服务队伍，破解"城中村"治理难题

近年来，东新村结合村域实际，坚持党建引领，引导群众参与，以"新"的治理思维、"准"的治理目标、"实"的治理举措，系统化、制度化、实质化破解"城中村"社会治理难题，取得了良好的治理效果。

一、背景介绍

东新村呈"U"字形分布于亭林镇东、南、西三面，属于典型的城中村，全村总面积4.299平方千米，有21个村民小组，共1 046户，户籍人口3 773人，实际常住户籍人口2 019人。全村共有855幢宅基地房屋，其中506幢为出租房屋，总计4 490余间，来沪人员7 114人，占实有总人口的72.7%，户籍人口和外来人口比例严重"倒挂"。村域内个体工商经营户400多户，小企业91家，其中60%属于异地经营，而90%的小企业又租赁了非村集体资产房屋，如供销社资产、原镇级资产等。面对"城中村"治理"老大难"问题，东新村立足本村实际，在实行农村宅基地房屋租赁"旅馆式"管理服务模式的基础上，创新建立埭头长、微格长、商铺长"新三长"工作机制，构建"党建引领、精准服务、齐抓共管"的工作格局，走出了一条基层治理现代化新路。

二、主要做法

（一）创新网格体系，凝聚治理力量

全村划分6个网格片区、21个微网格，同步设置网格党支部、微网格党小组，并在宅基埭头以出租户为单位，建立506个"网格联络点"，将分散的出租房屋全部划入网格，结合党群服务阵地建设，设置1个总台、17个分站和224

个前台,与镇综治、公安、城管等部门联动,以"三色分级"验收推动房屋安全管理、人员精准服务向前端拓展。按照路段划分6个沿街商铺网格,从沿街商铺店主中排摸出有威信的党员同志和热心群众,组建商铺长队伍。探索建立"村—网—格—埭—户"五级网格化服务新模式,统筹基层治理权责下沉,设置"小微"任务清单,逐级压实网格长、小组长、埭头长(商铺长)、微格长工作责任,形成"6个党小组+10名村民小组长+10名妇女小组长+45名埭头长"的基层治理基础体系,实现村、户层面"事有人管、人有事做"。

(二)优化服务内容,提升治理效能

埭头长定期组织村民召开宅基议事会、埭头会,就近联系群众、及时反映诉求、快速响应解决。至今累计开展治理巡查、埭头宣传、特殊关爱等行动800余次,直接服务近万人。商铺长发挥"老乡管老乡"的积极作用,参加服务、宣传、经济普查等日常工作。"大上海保卫战"期间,商铺长专人专片,协助落实全员核酸、抗原筛查人员发动、物资分发、检查白名单营业防疫措施、劝阻非白名单商铺营业等管控手势,每日早、中、晚至少负责辖区"扫街"一次,发现问题及时上报,充分发挥了"传话筒"的积极作用。微格长积极响应村委会工作,承担宅基地出租房屋人员排查、上报、管理服务等第一线责任。新冠疫情发生后,36名党员房东带头提出"出租屋防疫0123工作法",即疫情防控期间0租赁、每天1次政策宣传、2次消毒、3类重点人群及时掌握,形成齐抓共管合力。"大上海保卫战"期间,微格长做到每天"一敲门",排摸刚到上海、未找到工作、付不起房租、没钱采购的来沪人员情况,采取"租金赊账""供应主食简菜"的形式,保障租客的基本生活需求,体现"东新温度"。

(三)建立长效机制,夯实治理基础

围绕疫情防控、防灾减灾、纠纷排查等重点工作领域,通过集中教学、线上指导等方式开展事前培训,提高服务队伍责任意识和业务水平,切实建设高素质的"新三长"队伍,兜底片区"大事小情"。提高网格化管理科学化水平,规范"新三长"人员信息采集、为民代办服务事项流程,及时反馈巡查发现的问题和群众的诉求。"新三长"人选任用采用"老三长"选拔模式,实行民主评议,以全村工作推进过程中的表现和村民反馈意见作为重要参考,针对长期存在管理不到位问题的片区责任人,根据村民意见重新选拔。

三、工作成效

（一）平安乡村建设成效初显

"新三长"专人专责,政策宣传到位、安全管理到位、信息排查到位,着力化解矛盾纠纷,实现小事不出埭、矛盾不上交,守牢片区安全底线。在新冠疫情期间,发动房东作为主体责任人,形成了群防群治、联防联控的工作机制,确保了辖区稳定、疫情防控有力有效。2022年,东新村报警类案件200起,同比下降14.5%,刑事立案3起,同比下降57.1%,全年未发生重大社会舆论事件。

（二）文明乡村建设成效初显

通过"新三长"的示范带头,深层次地发动群众参与社会治理,开展文明餐饮、文明交通、文明养犬、文明居住、清洁家园等文明风尚行动,实现人人参与、人人监督,引导村民崇德向善,有效改善了乡村社会风气、提升了村民自我修养,形成了尊老爱幼、邻里和睦、互帮互助的文明新风尚,凝聚起建设文明乡村的强大精神和品格力量,进一步提升了乡村治理的软实力。

（三）和谐乡村建设成效初显

东新村积极发挥"基层战斗堡垒"作用,以"新三长"队伍为引领,充分动员广大党员群众参与"大上海保卫战",坚定必胜信心,让党旗在基层一线高高飘扬。经过疫情"大战大考",流动人口在居住地的主人翁地位逐渐突出,有越来越多的热心"新村民"从"旁观者"变成"参与者",治理模式从单纯管理为主变为服务管理并用,"新村民"和"原住民"共建共治共享格局逐步建立,整体上实现了从"运动式"被动治理向"常态化"主动治理的良性转变。

四、创新启示

（一）开好"共治共享"这张"良方子"

"共治共享"在基层治理中具有关键作用。在基层治理能力现代化建设中,抓好党建工作,提高基层党组织的战斗力、凝聚力,以网格化为纽带把党员骨干、本地村民、外来人口融合在一起,充分发挥党员先锋模范作用,突出村民自治管理的能力,激发外来人员参与热情,进一步探索"人管人"和"科技管人"的联动模式,科技赋能网格化管理,能够有效提高常态化治理新效能。

(二)走好创新发展这条"新路子"

创新发展是破解基层矛盾难题的利器。基层实际随着社会发展不断变化,社会高效治理要进一步立足实际,以问题为导向,认真总结经验,分析存在问题,创新治理思路,创新治理模式,靶向攻坚、精准发力,充分调动人民群众参与社会治理的积极性,确保各项工作推进细化落实,取得良好成效。

站在新的发展方位推动基层社会治理数字化转型升级,是东新村加强城中村治理面临的新机遇和新挑战。下一步,东新村将继续深入践行人民城市理念,筑牢微观基础,构建更高质量的共建共治共享基层治理新格局,更好地融入上海超大城市发展的宏观定位。

第三节　隆亭居民区携手铺就幸福路,同心共建和美家

近年来,隆亭居民区紧紧围绕"邻里情,共帮衬"服务理念,以居民群众为社区治理主体,敢于破题开局,探索创新"党建聚合圈""亲民服务圈""自治生活圈"圈圈融合治理模式,用心用力共绘自治"同心圆",有效推动同筑社区"幸福圈"。

一、案例背景

隆亭居民区由隆亭家园和南亭佳苑两个动拆迁安置小区组成,是集9个村的拆迁安置户、外来购房户和流动人口于一体的多元化混合社区,常住人口近6200人,其中半数为来沪人口,辖区内的人口复杂,管理难、楼道环境脏乱差、基础设施较陈旧等是社区治理中的难题。为破解难题,隆亭居民区坚持"党建+治理"的工作思路,充分发挥居民自治活力,用自治力量把"小区事"转化成"自己事",有效提升社区自治服务能力。

二、主要做法

（一）一个中心，构建"党建聚合圈"

一是"党建+红色网格"，推进社区服务网格化。社区党组织以建立"1+3+N"服务体系为抓手，"1+3+N"即1名红色网格长，配备3名红色网格员（1名网格警长、1名专职平安网格员、1名楼组长），N名党员、志愿者等服务队伍组成，实现"党建工作开展在网格上"。社区党员在每个楼栋内张贴公示牌，亮身份、亮职责、亮承诺，搭建党员联系服务群众的平台，服务群众"零距离"。2022年以来，红色网格处置初起突发事件18件，实现了"小事不出网格、大事不出社区"。二是"党建+红色物业"，打造社区治理共同体。围绕打造"红色物业"社区治理模式，推进社区党组织、业主委员会、物业公司三方联动，促进党建工作与社区治理、物业管理与居民自治深度融合，打通党组织服务群众的"最后一米"。"红色物业"由社区党组织牵头，充分发挥业委会和物业公司服务居民作用，把脉社区治理难题，三方共治联席会议每季度召开一次，每半月碰头一次，搭建起了"三方共治"的桥梁，形成了"小事居民治、大事物业办、难事居委商"的基层治理新格局。

（二）两个支撑，构建"亲民服务圈"

一是居民议事连民心。充分发挥党建引领作用，健全完善"隆情汇"居民议事协商平台，以居民区党支部为引领，居委会、业委会、物业等协同治理的"四位一体"的社区治理模式，确保居民需求在第一时间得到处理。围绕美丽家园、疫情防控、惠民实事，把治理问题"摆上台面"、把破解难题"提上日程"，对标对表、共商共治，让社区治理从"独唱"转变为"大合唱"。2022年以来，隆亭社区共开展"居民议事厅"活动5次，采纳意见建议6条，全面激发了居民参与社区治理的积极性。如南亭佳苑完成新建6个充电棚，为电动车提供集中停放区域和充电服务，实现居民自约、自管、自治。二是志愿服务暖民心。持续深化"走进我温暖你"志愿服务品牌，组建流动宣传队，常态化开展疫情防控、环境整治等志愿者服务活动，真正让每位党员、居民都参与到社区建设中来，做到出发点"实"、着力点"实"、落脚点"实"。如在新冠疫情期间开展重点人群健康管理,对独居老人、体弱多病人群,针对病情变化做出用药指导;对居家治疗的新冠病毒感染者一天一次电话或随访,确保疫情期间不同人群得到及时照顾。

(三)三位一体,构建"自治生活圈"

一是交叉任职"模式化"。推动社区党组织、居委会、业主委员会"三方融合"工作机制,将居民小组长、平安志愿者、"铿锵玫瑰"志愿者等新鲜血液注入社区治理,健全落实"五议两公开"基层民主管理制度,常态化组织开展"治安自巡、环境自管、安全自查、文明自守"等活动。实施交叉兼职,党建引领作用进一步增强"三更"理念,即业委会、物业服务管理更规范、运作更有序、服务更到位。二是社区服务"精细化"。居委会切实发挥多方协调组织作用,联合商圈店铺、辖区单位定期开展"大走访、大排查"活动,以家政服务、文体活动、心理疏导、医疗保健、法律服务、宣传教育等为主要内容,以低保对象、留守儿童、残疾人、空巢老人为服务对象,有针对性地开展多元化、个性化服务,拉近邻里关系,融入和谐"邻里情,共帮衬"实践。三是社会组织"亲民化"。社区积极引入公益救援协会社会组织,居委会组建舞蹈队、义务巡逻队等活动队伍,通过联合开展便民服务、环境保护、文明劝导等社区活动,调动社会力量、居民群众参与社区治理的责任感和主动性,逐步形成了"社区+社会组织+群众"的居民自治新格局。

三、工作成效

(一)强化党建引领,激活社区治理

居民区党支部群策群力,积极创新社区治理新模式,从点上发力,搭建居委、业委会、物业治理工作架构,发挥党建引领下的"三驾马车"合力作用,引导多方参与,激发多元共治活力,齐心协力优化社区治理工作格局,构建共建共治共享的基层社会治理体系。

(二)落实居民自治,发挥主体作用

定期召开会议研究部署,坚持年初有方案、活动有落实、年终有总结。居民由"靠社区管"转向"自我管理",提升居民自治参与度,使之从"旁观者"变为"参与者"。发挥法律顾问职能优势,带动法律明白人和法治带头人参与,制定居民公约,涉及小区公共区域管理、垃圾分类、文明养宠等多个方面,以立"良规"行"善治",推动社区形成办事依法、遇事找法、解决问题靠法的良好环境。

（三）推进五方联动,优化治理模式

切实发挥好基层党组织的领导作用,坚持以人民为中心的发展思想,加快推进基层社会治理现代化。"隆情汇"居民议事在党组织强有力的引导下,深化居民自治,破解治理顽疾,逐步形成了支部牵头,居委会、业委会、物业公司、居民"五方联动"的民主协商机制,实现了联系群众、自治议事、优化决策、化解矛盾的居民自治新途径,全面提升社区治理水平和治理能力。

四、创新启示

为进一步夯实社区治理基层基础,完善基层社会治理体系建设,隆亭居民区以"党建+治理"为统领,以"双业红色联盟"为抓手,彰显"红"的特色,体现"治"的成效,齐心协力助推"三驾马车"合力,搭建好社区、物业、居民之间的桥梁,打通了联系服务居民的"最后一米",提升了居民群众的幸福感和获得感!

第十一章
漕泾镇：探索"贤治理"新实践

第一节　漕泾镇"三张图"推进"贤治理"

一、案例背景

近年来，漕泾镇党委、政府深入贯彻落实习近平总书记考察上海重要讲话精神，始终坚持"人民城市人民建、人民城市为人民"重要理念，以党建引领下"四治一体"基层社会治理体系创新建设为抓手，发挥人民群众在基层社会治理中的主体作用，以"漕泾参事"乡贤治理为特色，打造"一镇一品"特色品牌，全面推进市域社会治理现代化，不断增强人民群众的获得感、幸福感、安全感。

二、案例内容

（一）谋篇布局，探索"贤治理"顶层图

漕泾乡贤历来多有善举，漕泾镇闻名上海的"浦南第一桥"——济渡桥，就是由清代乡贤筹资兴建的。新时代，漕泾镇注重吸纳乡贤参与基层社会治理，探索基层社会治理新模式，社会效应逐步显现。一是突出制度引领。制定《漕泾镇推进"四治一体"建设 提升社会治理水平的实施意见》，明确搭建乡贤议事和引资、引才、引智平台，成立"乡贤工作室""贤士会"等乡贤组织，截至2022年，已汇聚80余名乡贤参与乡村建设和基层社会治理。二是拓展参与形式。各村（居）立足自身实际创设多样载体，以会议议事、书面提案等形式收集乡贤建议，并根据实际予以采纳。三是丰富团队建设。经过两年多的培育和实践，漕泾镇各村（居）逐渐形成了各具特色的乡贤团队，有参与公共事务管理、为村（居）提供决策建议的"智囊团"；有协调邻里纠纷、促进社会和谐的"老娘舅";有推动村规民约(居民公约)落实、维护公序良俗的"督导组";有着重服务来沪人员的"巷里乡亲"工作室;还有发现纠正居民不文明行为的"啄木鸟"队伍,乡贤团队作用越来越凸显。

(二)多点发力,激发"贤治理"能量图

漕泾镇各村(居)多点发力,乡贤主动作为,涌现了一批优秀的乡贤组织和个人,充分发挥了示范引领作用。一是当好传统美德传承人。乡贤们带动身边的群众遵规守约、尊老爱幼,引导群众崇德向善,涵养文明乡风。金光村连续三年开展"孝星"评比,乡贤苏宝云自身是尊老爱幼的模范,她在调解赡养纠纷时,经常现身说法,晓之以理、动之以情,赡养纠纷大多顺利调解。二是当好乡村治理领头人。乡贤们通过人脉关系、工作经验等在基层治理中充分发挥参谋助手和带动引领作用。乡贤徐文忠,是东海村的一名人民调解员,借助自己土生土长、长期基层工作的优势,在乡村建设中建言献策。遇到垃圾分类中的瓶颈和难题,除做好上门工作外,还针对农户的不同情况,分门别类,制定不同方法,提出村民既能接受,又能做得好的整治方案。同时还协助村委会修订《村规民约》和相关细则,为基层治理工作有序推进发挥作用。三是当好慈善公益热心人。乡贤们积极投身公益事业,扶贫帮困、乐助善捐。营房村乡贤万辉华不仅帮助残疾困难青年再就业,还通过自己管理的公益服务社推动镇区内的妇女积极参加居家养老服务,截至2022年,已帮助186人成功就业。四是当好平安建设守护人。在集中居住、土地流转等重大事项协商议事中,乡贤们又当起"老娘舅""消防员"。水库村以乡贤张雪龙为带头人的"老娘舅"调解队伍,在乡村振兴示范村建设过程中,当起了村民和工地的联络人,平稳调处矛盾纠纷10余起。五是当好政策法规宣讲人。乡贤们在本村(居)往往具有一定的影响力,能够在政府与群众之间架起有效的沟通桥梁。比如,部分群众对异地安置到其他镇的政策不理解,对安置房建设质量有疑问,乡贤王仁利在金山城乡建设工程公司担任经理,他不仅带头签约,还亲自参与房屋质量监督,为推进异地安置工作起到了较好的带头作用。再如,乡贤金瑞贤曾是阮巷村老书记,对房屋动迁政策掌握得比较透彻,他不厌其烦地走门串户,摆事实,讲道理,宣传有关政策,给群众释疑解惑,消除群众的顾虑。

(三) 守正出新,绘就"贤治理"新蓝图

为推进乡贤组织建设和运行工作不断完善,漕泾镇围绕目标任务、制度机制、方法举措、推进保障、成果展示五个方面系统化开展"一镇一品"建设,2021年4月出台《漕泾镇关于加强乡贤工作的实施意见》,建立漕泾镇乡贤工作领导小组,建立镇、村(居)两级"乡贤参事"运行机制,形成镇级指导、镇村(居)联动、协同推进的"贤治理"工作体系,发挥"乡贤参事"在金色、绿色、红色"三色"漕泾建设中的积极作用。同时,坚持提质增效,全域深化"贤治理"平台机制,分级分类开展工作。镇级综合性活动由镇人大牵头,主要征求乡贤对政府工作的意见和建议。镇级分类性活动,主要按照行业分类和乡贤特长,建立"五类参事"分别开展活动,即服务"金色漕泾"的经济参事、服务"绿色漕泾"的农业参事、服务"城镇建设"的城建参事、服务"社区建设"的文卫参事、服务"平安漕泾"的平安参事。首批已有62名"参事"纳入全镇乡贤人才库,其中有工程院院士、教育人士、企业家、种养能手等。农业参事方志权是市农业农村委秘书处处长,他在漕泾调研乡村振兴期间指导总结梳理乡村振兴工作中的典型经验,并针对性地提出了对策建议。城建参事张丹作为青年设计师代表,积极参与漕泾郊野公园相关景观及浦卫路两侧停车场设计,并创造性地提出融合江南风貌结合现代风格的设计理念。文卫参事李首民是原交大二附中校长,全程参与了护塘村党群服务站设计创意排版工作,还积极协助村委会筹划护塘村建党100周年活动,动员村民们广泛参与。

三、绩效评价

(一) 发挥乡贤榜样模范力量,提高村民参与乡村事务的积极性,增强基层群众的向心力和自治能力

新冠疫情期间,各村(居)乡贤主动联系村(居)委,要求做道口执勤志愿者,投身疫情防控第一线;东海村乡贤发现人居环境整治方面问题后,向村委会提交整治方案;花园乡贤协助居委会共同编制《花园居民委员会居民规约》,内容涵盖遵纪守法、尊老爱幼、环境保护、垃圾分类、防灾防盗防诈骗、严禁"黄赌毒"、丧事简办等19条内容。

（二）发挥乡贤道德感召力量，有效化解各类矛盾纠纷，改善干群关系，涵养崇德向善的文明乡风

针对矛盾纠纷等基层治理难题，发挥乡贤为人公正，做事正派，号召力强的优势，在动迁安置、环境问题方面起到了"稳压器"的作用。截至2022年，漕泾各乡贤组织调处矛盾纠纷430起，矛盾化解率达99.53%。在沙积村动拆迁安置工作中，乡贤发挥了较大作用。沙积村成立了乡贤政策宣讲队及调解小组，走街串巷，跑遍了搬迁小组的每个宅基进行政策宣传解释，坚持做到服务群众"零距离"，"面对面"回应群众诉求。同时，乡贤成功调解了几十起因为拆迁问题产生的邻里或家庭纠纷，有力助推动迁安置工作顺利开展，使干群关系更融合。

（三）发挥乡贤公益慈善力量，利用人脉、经验、财富等方面优势，积极帮助困难群体解决实际问题

各村（居）乡贤在培训、就业等方面为村（居）民提供更优、更好的服务资源。面对突如其来的新冠疫情，乡贤纷纷慷慨解囊，积极踊跃捐资捐物；蒋庄村乡贤杨寒观是名企业家，他每到春节、重阳节等节日时，主动提供自己厂里适合老年人使用的棉被、四件套等床上用品，让老人们能度过一个温暖的节日。截至2022年，各村（居）乡贤累计捐助用于疫情防控、重阳节慰问、结对帮扶等物资和善款达到33.47万元，这种抱团做慈善的义举，为社会治理注入新的力量。

（四）发挥乡贤决策咨询力量，提升村务管理效能，在基层治理中起到参谋建议、示范引领、桥梁纽带的作用

乡贤积极为家乡发展献计献策，截至2022年共提交关于镇、村发展意见建议97条，被采纳81条，采纳率达83.5%。其中阮巷村"贤士会"向村委会提交的关于建设"老街文化展示馆"的建议被采纳，展示馆建成后原原本本还原了百年老街的历史风貌，深受群众好评。

四、创新启示

漕泾镇在实践中从顶层设计着手，根据实际情况定义乡贤参与社会治理

模式的整体权责内容及方向,以资源整合为抓手,汇聚乡贤智慧和力量,以解决村民实际问题为落脚点,激发村民自治意识。下一步,漕泾镇将继续坚持以人民为中心的发展思想,以"贤治理"为特色,激发自治活力,共谋乡村治理,建设人人有责、人人尽责、人人享有的社会治理共同体,争当推进基层社会治理现代化工作的排头兵,为建设"三色漕泾"提供坚强保障。

第二节 水库村"三会三话"推动社会治理"三转变"

一、案例背景

水库村位于金山区漕泾镇北部,村域面积3.66平方千米,旧时俗称"水库里",因水网密布、纵横交错而得名。水库村水体面积占到村域总面积的40%,是全区水面率最高的村,水质常年保持在Ⅲ类水以上,全村拥有70多座小岛。江南水乡的农民集中居住,村庄的肌理沿水岸徐徐展开,彰显"水墨为底、多彩融合"的水乡振兴画卷。这是画卷,也是答卷,良好的硬件条件自然需要强有力的软件支撑,水库村形成党建引领下的"三会三话"工作法,通过搭建对话平台,进一步形成共治聚合力,记录着漕泾镇乡村发展治理多年来的坚实足迹和丰硕成果。

二、案例内容

(一)"三会"找准支点,搞清楚群众"信什么"

水库村党总支在动员村民开展乡村振兴建设时,村域项目数量多、工期紧,群众的诉求和意见很多,甚至出现有些村民不理解不支持,阻碍项目进度的情况。结合村域实际情况,建立"三会"找准支点,搞清楚群众"信什么"。召开决策前的听证会,在重大决策之前进行充分论证,尽量征求村民意见,切实保障人民群众的知情权、表达权、参与权、监督权,提高决策的科学性、民主性。召开施工中的协商会,召集工程投资方、承建方、有关职能部门以及村民召开宅基头的协商会,对施工项目中存在的问题及可能遇到的问题进行集中讨论，充分听取村民意见，引导村民参与支持乡村振兴建设。召开项目建成评议会，一同评议"家门口"的工程项目是否符合验收标准，群众说"好"，才能让工程通过竣工验收。

通过不断践行新时代"枫桥经验"，聚焦基层治理痛点难点堵点，实践不断地证明，在加强源头治理、化解重大社会矛盾的过程中，信任是撬动群众对乡村振兴建设工作理解、支持和配合的有力支点。群众信"说"更信"做"，对待群众，"说的多不如做的多""说的好不如做的好"。水库村沈家宅因地处漕泾镇郊野公园入口处，宅基分布较集中，被选为风貌改造的试点宅基。最初，沈家宅的改造并不顺利，对于怎么改造，每家每户群众都有着自己的想法。为此，村委会在改造前召开全体意见征询会2次，小范围讨论会8次，入户调研7次，还组建了一支以村委会调解主任为组长，乡贤、宅基党员为骨干的"改造带头小组"，针对各家情况、意见进行逐个突破。改造过程中，村干部一直有个疑问：这是为群众做改造、谋实惠，怎么阻力还这么大？在实地工作中发现，由于群众对村庄建设了解的不系统，参与不深入，所谓的"为你好"并不能成为群众心中的"大家好"。于是转变思路，牢牢把握"村事民定""全过程参与"的原则。

就这样，一个个乡村振兴项目火热推进，水库村按下社会治理"快进键"，跑出乡村振兴"加速度"。

(二)"三话"聚焦痛点，搞清楚群众"盼什么"

只有搞清楚群众"盼什么"，才能在源头上理清楚应该为群众做什么。通过"三话"工作法聚焦痛点，更好地打通农村基层社会治理的"神经末梢"，把矛盾解决在萌芽，化解在基层。"三话"工作法，即热线通话。线上线下相结合，充分发挥热线电话、微信公众号等平台的作用，让群众遇到问题能有地方"找个说法"。接访答话。制定每周二村干部接待群众日，集中将群众问题进行收集，并及时进行答复。同时聘请村里德高望重的"老法师""乡贤"，妥善化解纠纷。上门谈话。对纠纷矛盾较为突出的群众进行个别上门谈话，了解和掌握实情，将问题解决。

习近平总书记指出，"人民对美好生活的向往，就是我们的奋斗目标"。

人民群众最大最多的盼望,就是过上美好的生活。就一个镇来讲,如果全镇群众总体能过上美好的生活,那么基本就能从社会治理的源头上奠定社会和谐的基础。群众对美好生活的追求不是抽象的而是具体的,不是单一的而是多样的。水库村党总支通过搭建村委和村民之间的对话平台"三话"工作法,鼓励村民在乡村建设过程中积极投入,村委会协调项目投资方,为村民提供"家门口就业"方案,让村民参与项目的筹划和建设过程,既改善了项目方与村民之间和谐共生的关系,同时降低乡村建设的成本,也降低公共物品的维护成本,更重要的是提高了群众的满意度和幸福感。

在乡村建设项目实施过程中,水库村"两委"改变"干部干、群众看"的局面,维护了村民自身利益,也保障各个项目的顺利推进,各个项目纷纷落地。

三、绩效评价

"三会三话"工作法通过引导村民运用民主思维协商议事,让村级重大事项在公开透明的环境下决策运行,有效保障村民的知情权、参与权、决策权和监督权,让村民对乡村振兴和基层治理工作从"雾里看花"到"一目了然",从旁观者变为参与者,推动实现群众"三转变"。

(一)治理手段从单一向综合并用转变

水库村做好"水文章",发展"水经济",部分村民仍保留着捕鱼习惯。2019年"有机水产,增殖放流"项目在水库村启动,需要禁渔,部分村民意见较大,村班子为此对这部分老渔民的诉求通过"三会"村民议事平台进行专题研究。随即开展"三话"走访上门工作,唤醒捕鱼户"主人翁"意识,让他们了解禁止捕鱼后可有效保护水生态环境,同时鼓励他们主动成为水库"护渔人"。最终选拔召集了8名"捕鱼能手",协助做好"护渔"及水上巡逻工作,对违规野钓、非法拉网、非法捕捞等行为进行排查整治,队伍成立以来已累计劝离100余起野钓事件,并扩大了治安巡逻范围,有效防范游客落水等安全事故的发生,补足了水上治安防控能力。村干部采用和风细雨的方式,动之以情,晓之以理,采取协商、教育、对话、平等等方式,调节和保护好"捕鱼"和"护渔"的利益关系,从而使"捕鱼人"转变成了"护渔人",用综合治理的方式来解决问题化解矛盾,减少工作阻力,提升治理效能。

(二)治理重心从事后处置向源头治理转变

水库村何家宅有一处"小三园",在建设初期曾遇到很多阻碍,群众始终不愿意腾出自留地用于建设。通过"三会三话"工作法,前后多次召开会议,谈心谈话,听取群众意见建议,把起初的项目方案改成建设"小三园"项目——"两米花园、十米菜园、中心地带药园"。"把这块土地利用起来,建设中草药科普园,教授村民中草药知识,普及健康理念,让村民一起参与种植、养护和管理",这个想法得到了周边村民的认可和支持。大家渐渐从"观望"状态到"主动"。村委会变事后处置为事前预防,把源头治理、动态管理结合起来,使关口前移,树立预防化解社会矛盾的超前意识。在相关政策决策前,村干部甘当"孺子牛",零距离接触群众,广泛听取群众意见,充分论证和听证,保证决策符合客观实际和群众要求。

(三)治理方式从管控向法治保障转变

因为疫情,水库村乡村振兴建设按下了"暂停键",这使得复工后的施工队更加争分夺秒抢工期。据统计,最高峰时期有20余支工程队同时施工作业,无论对村民们的工作还是生活都造成了一定影响。为此,村委会在开展法治乡村建设的背景下,一方面不断强化村民的法治意识,另一方面组织成立"老娘舅"调解队伍,通过一个"老娘舅"跟进一个项目的方式,有效调处解决各类建设方和村民之间因沟通不畅、不清导致的矛盾纠纷,"老娘舅"这支具有人民调解员色彩的"老法师"队伍成了工程项目建设方与村民之间的沟通桥梁,有效预防化解了多起矛盾纠纷。他们奔走在施工方与村民之间,安抚村民的同时,帮助各项工程顺利进行。通过探索创新"三会三话"制度搭建民主协商议事平台,打通村委会和村民之间的对话渠道,既有效帮助村民维护合法利益,也保障工程项目顺利推进。

四、创新启示

习近平总书记在党的二十大报告中提出,"完善社会治理体系,健全共建共治共享的社会治理制度""建设人人有责、人人尽责、人人享有的基层治理共同体"。通过搭建村委和村民之间的对话平台,建立起人民群众感知公共服务质效和温度的"神经末梢",在保障工程项目顺利推进的同时,维护村民合法利益和所盼所想。村域环境得到有效改善,水治理、水产养殖、乡村旅游等项目纷纷落地。现今水乡综合体工程、藕遇公园项目、金财鱼项目、金鹰训练营等已经建成并投入使用,漕泾郊野公园、酷岛理想村、游客中心等项目在持续推进……"三会三话"工作法的软实力夯实乡村振兴的硬功夫,促成群众"三转变",种种变化,激励着水库村党总支继续把社会治理创新做得更深、更细、更实。

第三节　护塘村"四张清单"+"三个到底"提升村域治理水平

一、案例背景

上海市金山区漕泾镇护塘村位于西杭州湾畔,区域面积5.29平方千米,辖21个村民小组和1个动迁安置小区。因为地处市政项目建设的焦点地区,一部分村民不得不搬离村庄。村域内又新建动迁安置小区,外村村民入住,由护塘村实行属地化管理。在这样的背景下,护塘村逐渐成为新型城镇化进程下的典型农村社区,村务工作中存在一系列来自体制内外的问题,例如村委会独立性不强,工作规范性弱,村干部往往存在"头疼医头、脚疼医脚",个别村干部还存在"办事不公、优亲厚友"等问题,逐渐引发群众不满和不信任。为此,护塘村结合村情实际,逐步探索和实践"四张清单"村域治理模式和"三个到底"工作机制,提高了服务群众的工作效率,提升了乡村治理制度化规范化水平。

二、案例内容

(一)"四张清单"制度提高村务工作标准化规范化水平

1. 程序清单明确办事流程

程序清单着眼于实现村务管理标准化,核心是要明确规定村级重要事项的步骤和程序。"凡是涉及村民切身利益的事情都要让村民一起来参与决策",这是护塘村"程序清单"对日常村务工作的基本要求,也是他们在探索村民自治工作中迈出的重要一步。护塘村通过梳理村级重要事项,遵循有效精简和便民利民原则,对部分事项进行归并和分类,列出村级重要事项清单25项,绘制每一个事项办理的程序流程图,明确事项的名称、实施主体、办理流程、运行过程的公开公示等内容,让村民一目了然。

2. 责任清单明确村干部职责

责任清单着眼于解决村干部"干什么"的问题,重点是明确自治组织和村干部必须履行的职责和承担的责任,厘清干部职责边界和履职内容。根据法律法规制定了责任清单118项,涵盖党风廉政建设、精神文明建设、社会宣传和社会事业管理等26个方面,并进行责任细分。根据责任清单,2019年护塘村在村域范围内积极推进"美丽宅基"创建活动,全村456户村民成功创建"美丽宅基"户,占总户数的93%,为争创"上海市美丽乡村示范村"奠定了扎实的基础。

3. 制度清单规范重要事项准则

制度清单着眼于解决基层干部"不作为、乱作为"问题,关键是明确涉及村民利益的重要事项制度规定。护塘村制度清单涵盖基层民主、为民服务、项目建设、社会稳定等8个方面,又细分出38项具体制度。如针对村民搬迁后居住分散的现状,护塘村结合"村管社区"治理模式,进一步完善了村干部联系走访村民机制,将村行政管理区域划分为5个块区,并由5名村干部分别对口联系,通过定期走访,及时发现问题、解决问题。另外,还修订完善了《村民自治章程》和《村民公约》,明确规定村民的权利和义务,提高村民的责任意识。

4. 考核清单建立村干部评价体系

考核清单着眼于基层干部行权履职成效,实现村务管理规范化精细化。护塘村结合政府年度目标管理考核,以工作实绩为中心,科学设置考核评价体系,按照"可量化、能落实、好检验"的原则,强调监督、检查、考核同步,综合评估工作进展和阶段性成效。考核清单涵盖社会治理和发展、基层组织建设、专项和重大建设等5个方面,又具体分出30项考核细则。在漕泾镇村(居)干部目标管理考核中,护塘村连续多年位居全镇前列。考核清单的推行,打破了以往"大锅饭"的局面,村干部的年收入进一步拉开差距,最高和最低的相差5万元之多。

(二)"三个到底"工作机制完善工作方法,推动村务工作提质增效

为了进一步增强村干部服务群众的责任感、使命感,在"四张清单"的基础上,护塘村探索形成"三个到底"服务群众工作机制,许多热点、难点问题有效化解在基层,化解在萌芽状态。护塘村这几年因市政项目建设村民房屋搬迁多,针对不同搬迁项目安置方式和地点不同,造成村民不理解,甚至出现要集体信访的苗子。对此,护塘村立即启动"三个到底"工作机制,按照服务网格分工,各级干部分头深入村民家中开展宣传,及时掌握村民诉求,做到情况政策上通下达,在解决好村民合理合法诉求的同时,也对村民提出的超范围诉求进行了解释,有效避免事态扩大,把矛盾化解在萌芽状态。

村干部以包干形式,每名村干部挂钩联系3—4个村民小组,每周1—2次深入分管区域,通过在田头、村民家中与村民零距离接触,"面对面"解决问题	每位村民小组长身兼政策宣传员、信息员和调解员,事无巨细,全力而为,对自己组内农户的服务负责到底	护塘村党总支发动其下属38名骨干党员,包干了38个大宅基,有效配合了村民小组长的工作
村干部为民解忧,服务到底	村民小组长驻守一线,负责到底	骨干党员引领示范,包干到底

"三个到底"工作机制图

三、绩效评价

推行"四张清单"制度和"三个到底"工作机制,不仅把村干部的权力关进制度的笼子,更是将村民的权利放出笼子。不仅从道德上倡导干部责任担当,更从制度上规范行权履职,解决了基层干部"不作为、乱作为"问题,人民群众的满意度和获得感得到了显著提升。一是健全了村级事务管理机制。村干部的程序规则意识和依法办事能力得到明显提升,村民参与村务决策、反映诉求

的渠道得到畅通,村级事务管理更加科学有序。2018年,在G228国道项目建设中涉及土地征用安置劳动力工作,护塘村依照程序清单,村民直接参与劳动力安置工作,有效解决了以往为争"职保"名额闹得不可开交的现象。二是规范了基层干部行权履职。通过梳理"四张清单",护塘村对各项"土权力""小微权力"进行分类、界定和固化,不仅提高了村级办事的透明性和规范性,也给基层干部上了一道"紧箍咒"。近年来,护塘村抓住大市政项目建设的机遇,安装了256杆路灯和116个高清监控探头,调整了对村民医疗费用的补助比率等重大事项,全部按流程办事,有效避免了行政和人情等外部干预。三是完善了村域治理监督体系。在考核清单的总体框架下,护塘村逐步建立起群众监督、村监会监督、上级部门监督有机统一的三级监督体系。坚持对"四张清单"实行动态更新并及时公开。针对"五违四必"环境整治工作,建立"公开墙",将全村违建情况上墙公开,在村干部和党员的带动下,村民积极配合参与并进行监督,在全区率先成功创建"无违建"村。

四、创新启示

（一）加强党的领导,强化党员责任担当

"火车跑得快,全靠车头带",实现基层有效治理关键在党、关键在人。在农村地区,党员干部是事业的顶梁柱、群众的主心骨,党员干部自身素质过硬,才能为群众当好榜样、做好表率,才能汇聚起广大群众共同参与社会治理的磅礴力量。护塘村通过"三个到底"工作机制,强化村干部、村民小组长、骨干党员等责任担当,制定民情走访表,定期走家入户联系群众、服务群众,和群众打成一片,并通过"公开墙"形式有效推进垃圾分类、"美丽宅基"创建等重点工作,形成群众看党员、党员看干部的良好氛围。

（二）动员群众参与,解决群众实际问题

"枫桥经验"的基本内涵是"发动和依靠群众,坚持矛盾不上交,就地解决"。护塘村切实把握"枫桥经验"的精髓,确立了"凡是涉及群众切身利益的事,都让群众一起参与讨论、决策和监督;凡是涉及村级重大事项的事,都让村民代表一起参与讨论、决策和监督"的工作准则,搭建党员议事会、青年议事会平台征集意见建议,建立文化长廊展示村民喜事好事,开展各类文体活动汇聚民心,切实保障群众的知情权、参与权、决策权和监督权。对于群众诉求,想方设法帮助解决,正是由于村干部听群众话,时刻把群众的琐事放心上,老百姓才愿意听村干部的话,党群干群关系才更加融洽。

(三)坚持统筹推进,筑牢制度建设"笼子"

一个国家的管理靠法治,一个社区的治理靠制度。要实现制度化管理,必须制定出一套科学合理、符合实际的规章制度。护塘村的"四张清单"就做到了这一点,既有责任清单明确村干部职责,又有制度清单规范重要事项准则,还有程序清单明确办事流程,最后有考核清单对村干部落实规章制度情况进行评价,每一项制度又细分、量化为若干考核细则,形成立体化制度管理网络。实践中,护塘村不仅将"四张清单"制度上墙,更是做成手册发放到每家每户,切实运用"四张清单"规范村干部行权履职,简化群众办事流程,促进了基层社会治理的法治化、规范化。

第十二章
山阳镇：全面推进依法治理

第一节 深入践行"法治山阳"治理模式

一、案例背景

近年来,山阳镇深入贯彻习近平法治思想,全面落实关于全面依法治区的部署,始终坚持以人民为中心的理念,把法治作为最优发展环境、最佳治理方式和最强综合竞争力,积极探索党建引领下的"四治一体"基层社会治理的路径方法,把各项工作纳入法治框架内运作,形成了一套具有山阳特点、符合基层实际的"法治山阳"建设体系。中央依法治国办进行了实地调研,市委依法治市办、区委依法治区办、法治日报社共同举办了"法治山阳"探索与实践研讨会,总结推广"法治山阳"建设的经验和做法,法治在全镇的战略性、基础性、保障性地位进一步确立。

二、主要做法

（一）坚持党建引领,紧抓"法治山阳"第一责任

1. 法治谋划"一面旗"

一是强化镇党委的领导和引领作用,在全市率先成立镇党委全面依法治理委员会,每年召开全镇法治建设推进会,统筹协调"法治山阳"建设工作的合力显著增强。二是强化党内制度建设,印发《山阳镇"三重一大"事项正面清单》《山阳镇党委开展巡检工作实施意见（试行）》等文件,夯实依规治党制度基石。三是强化创立专题述法制度,印发《山阳镇党委会述法制度》,每半年组织党政分管领导、部门及村（居）党政负责人向镇党委会进行专题述法。四是推行集体学法制度,把宪法、民法典、行政法、习近平法治思想等列入党委

中心组年度学习计划,组织集体学法、法治知识能力测试等活动。五是加强法治建设顶层设计,在全区率先发布《法治山阳建设规划(2021—2025)》和年度"法治山阳"建设工作要点,明确"法治山阳"建设的蓝图目标与具体任务。

2. 法治文化"一张网"

一是制定并落实《法治项目清单》,在村(居)和企业中积极开展法律讲堂"月月行"、普法宣传"天天行"、法律服务"社区行"等多种形式的法治宣传。结合山阳故事文化,组织开展法治故事征集活动和"山阳故事说·法"巡讲活动。二是着力推广法治文化阵地建设,镇法治科普公园建成开园,构建"可看、可玩、可学"的沉浸式法治宣传体验环境。将法治元素融入美丽家园建设中,各村(居)建成38个法治微阵地,渔村"法治文化小巷"成为新的网红打卡点。

(二)突出机制创新,构建"法治山阳"制度体系

1. 法治实施"一张图"

"法治山阳"建设,关键在于政府依法执政、依法行政带头示范。一是注重法治制度建设,制定了《法治山阳"六张清单"》《山阳镇重大行政执法决定两级法制审核制度》《山阳镇行政规范性文件两级法制审核制度》。二是强化法治审核和法治保障,设立镇法制服务办公室,明确14项工作职责、8项工作制度,负责镇级机关和镇域范围内的法律服务工作。三是不断优化法治营商环境,制定并落实《优化营商法治清单》,镇、村居、网格三级公共法律服务网络实现全覆盖,设立上海湾区科创中心与山阳经济小区公共法律服务点。

2. 法治共治"一盘棋"

把小区的事、群众的事办好,需要在法治的原则下创新自治机制和民主协商机制,构建共建共治共享格局。一是制定法治村(居)、部门创建实施意见与指标体系,2017—2020年,完成了第一轮法治部门、村(居)创建活动全覆盖。2021年启动民主法治示范村(社区)创建工作,进一步提升基层法治化治理水平。二是探索"四治一体"有效机制,在深入调研和试点的基础上,全面推广宝华、中兴经验,把村规民约(居民公约)的实践成效列为村(居)年度专项考核项目。

（三）坚持法治为民，体现"法治山阳"人本价值

1. 法治信访"一条龙"

信访的关键在于把事实搞清楚，依法按政策把群众诉求解决好。一是细化了"受理、调查、研判、决策、反馈和终结"五步工作流程，建立领导交叉包案制度，完善律师、法治调查员制度和法律服务办法治审核制度，促进案清事明，依法化解信访矛盾。二是连续开展"大接访""大约访"行动，坚持新官理旧事，一批多年前的旧案、老案得到了化解缓解，达到"遏止增量、削减存量"的效果。

2. 法治评议"一把尺"

法治政府的落脚点和出发点都是法治为民，是为了维护好保障好人民群众的合法权益，让人民群众成为法治建设最大的受益者。每年组织区、镇两级人大代表召开法治评议会，听取"法治山阳"建设汇报，开展工作评议，邀请区司法局等上级部门进行指导，总结成功经验，查找薄弱环节，指导优化项目。

三、工作成效

（一）顶层设计培养法治思维

构建纵向三个层次贯通、横向三个要素拓展的"三纵三横"法治山阳建设体系。纵向三层次中，中枢领导层统领全局，形成党管法治引领力；中间操作层强化职能，形成司法所牵头协调，各职能部门共同推进的"1+X"工作模式；基础参与层发挥合力，各居民区党组织、业委会、群众共同参与基层治理的过程，形成共建共治共享格局。横向三要素中，突出制度要素，强化顶层设计；突出智力要素，成立法治办、法治调查组、律师、社区顾问团四支工作队伍；突出监督要素，落实人大监督、群众监督、第三方监督，找准法治建设短板问题和发展方向。

（二）法治建设助推社会治理

在党建引领社区治理"1+3"等工作机制引领下，以"总则+细则"模式推动村规民约（居民公约）的修订，全镇所有村居（筹建组除外）全部完成修订工作。海悦居民区"366"工作法、万皓"鑫·商社联盟"成为党建引领"四治一

体"的生动新实践。基层公共法律服务网络更趋完善。2022年全年共受理各类民间纠纷1184件,成功调解1184件,调解成功率达100%。全年审核重大行政执法决定7件,行政诉讼二审案件1件,未发生行政执法决定经行政复议被变更或被撤销、行政诉讼败诉案件。

(三)法治实践推动和谐发展

山阳镇作为金山城镇化建设的主战场,矛盾风险多,维稳压力大,通过打造公开、透明、稳定、可预期的法治环境,激活基层动能,推动解决了一大批历史遗留问题和重点突出矛盾。几年来,全镇信访总量、重复信访率持续下降。2021年全年,山阳镇信访办累计收到群众信访事项127件(批)次、160人次,同比件(批)次下降25.29%,人次下降34.69%,无到市和区集访。全年排查矛盾11件,化解10件,化解率达91%。全镇共立刑事案件253起,同比下降28.7%,破案175起,同比下降12.3%。电信网络诈骗接报既遂112起,同比下降30%,入室盗窃案件8起。

四、创新启示

"法治山阳"建设是一个全面的系统性工程。经过几年的探索实践,遇事学法、有事找法、解决问题用法、化解矛盾依法的法治氛围在山阳镇逐渐浓厚,用法治思维谋划问题、用法治方式解决问题已经成为干部群众的思想自觉和行动自觉,基层治理法治化水平与治理能力得到有效提升。

一是领导带头示范是前提。党委、政府主要领导带头垂范,常抓不懈,始终将法治思维融入重大决策、社会治理、城市建设、经济发展等各个环节。通过推行集体学法制度,把宪法法律、党内法规列入党委中心组年度学习计划,通过定期法治培训,培养了一支具有法治思维、法治能力的干部队伍。二是法治制度建设是起点。法治的载体,是形成有广泛认同的一系列法治制度。经过5年的探索实践,法治山阳基本形成了由法治建设规划、法治政府、法治社会、法治文化、监督考核等5个部分构成的法治建设制度体系和框架,相关制度共计37项。三是闭环体系打造是核心。为使"法治山阳"真正取得实效,需要各部门之间能够采取有效联动,及时反应。山阳镇党委在顶层设计上着重打造了一套闭环的管理体系。率先组建了镇级法律服务办公室，搭建实体机构，为重大决策、重大事项把脉问诊、保驾护航。四是法治实践创新是动力。山阳镇党委将雷厉风行与久久为功相结合，推进"法治山阳"探索与实践的不断创新，为打破多年连续信访、反复接待的怪圈，在实践中细化了信访办理流程，推行"信访五步工作法"，坚持新官理旧账，在促进解决历史遗留问题、突出信访矛盾方面取得了实实在在的效果。五是各界广泛参与是关键。通过原创法宣漫画、石头画、法治故事等形式，打造公共法律服务普法品牌"山阳故事说·法"，建立法治故事员队伍，主动配送故事说法菜单。挖掘小区景观资源，结合"一村一公园"建设，积极打造村（居）法治宣传阵地，形成了渔村法治文化景区等村（居）法治阵地。

从实践的成效来看，山阳全镇已经形成了党委把方向、管大局、做决策，政府重实干、强执行、抓落实，基层和群众齐参与、强监督、享成果的法治共建局面。

第二节　山阳镇金豪居民区以"法治助力"提升小区治理水平

一、案例背景

山阳镇宝华海湾城小区建于2008年，小区有高层19栋，别墅74梯，居民1400户，隶属于金豪居民区。小区入住率高，人口密度大，基础社会治理问题多。一方面，小区治理混乱无序，业主车辆乱停放；部分业主停车费、物业管理费不交、少交或迟交；维护保养乱收费等现象长期存在，导致业主切身利益得不到保障。另一方面，社区治理中居委会、业委会、物业公司"三驾马车"坐不到一块，导致物业公司管理水平低下，业委会没能充分履行自身职责，居民自治意愿得不到有效反馈和表达。

面对问题金豪居民区党总支、居委会感到：宝华小区社会治理中基础社会治理问题多，是缺失了一条贯穿社会治理和基层建设的红线，就是在居民区党组织的领导下,发挥市民公约、乡规民约等基层规范在社会治理中的作用,培养社区居民遵守法律、依法办事的意识和习惯,这既是党对精细化治理小区的要求,也是老百姓对美好生活向往的需求,更是在全面推进依法治国、实现治理效能现代化中的重要一环。

二、主要做法

实现小区治理效能现代化,金豪居民区党总支牵住"牛鼻子",运用法治思维和法治方式,实现从组织架构到方式方法再到行为规范的改头换面,不仅让群众共建、共治,而且让管理者善治。

(一)修订居民公约,引导居民自治

实现小区治理效能现代化,首先居民要共同参与,对小区治理的举措不但知道,而且要共同遵守。居民公约是个好抓手。金豪居民区党总支借助金山区推进村规民约修订试点工作的契机,小区重新修订了《居民公约》。该居民公约改变以往宣传教育、文明倡导的"口号"形式,经过"三上三下"充分讨论,最终形成1个"总则"加3个"细则"的居民公约,居民们称它为"小宪法"。3个"细则"分别针对停车管理、公共区域管理、宠物管理三大顽症进行约定,经居委会法律顾问审核后由全体业主表决通过,于2018年7月正式开始实施。

宝华小区新《居民公约》,详细写明了惩罚措施和处理程序。如针对压绿乱停车问题,由物业公司进行锁车及主张赔偿,其他行为则按照力度递增的方式进行惩罚。如初次违约,书面告知,要求改正;再次违约,社区大屏幕曝光;第三次违约的就抄送其所在单位。新居民公约奖惩措施针对性强、容易操作,实施效果立竿见影。2018年《居民公约》实施以来,该小区共发生"压绿锁车赔偿"17起,每发生一起赔偿200元,资金主要用来补种绿化和日常维护等。小区大门口的大屏幕曝光4起。"抄送单位"原本拟实施一起,但在即将抄送时其本人同意改正。《居民公约》施行以来,"停车压绿"现象基本杜绝;小区单向行驶顺利实施,挪车率同比下降93%;高层楼道大厅非机动车乱停车同比下降75%;小区宠物饲养和管理实现有序可控,小区《居民公约》实施卓有成效,小区环境整体明显改善。

（二）规范工作流程，依法依规共治

小区里的事，关键是一碗水端平，依法办事，公平公正，老百姓才信服。宝华小区业委会在决策过程中充分发扬民主，在涉及小区重大事项上，通过各种座谈会征求居民意见形成草案，经居委会、房管所、社区办等相关部门审核后再广泛征求居民意见投票表决，尽力保障每一户居民的知情权、参与权和表决权。比如在小区车辆单行、《居民公约》修订等重大事项上，均向1 400户家庭征询意见，确保得到最广泛的居民支持，也为决策执行奠定群众基础。

注重源头预防治理，法律顾问是宝华小区依法治理的底气和保障。除了开展法治讲座、提供法律咨询、化解矛盾纠纷外，法律顾问通过参与居委会"四位一体"（居委会、业委会、物业、社区民警）会议为宝华小区治理提供法律服务。比如，审核把关《居民公约》；在宝华道闸系统改造中，改造方反复改造未能正常使用，无法验收，宝华业委会通过法律顾问向改造公司发去函告，依法终止合同和补充协议，维护了小区业主权益。一些涉及赔偿的物业纠纷，在法律顾问参与下也能较快明确各方责任，纠纷得到快速有效化解。

（三）"三驾马车"履职，并驾齐驱善治

居民小区的依法治理，首先有赖于居民小区"三架马车"的共同发力，劲往一处使，才能真正实现共治善治，有力有效履职。

宝华小区按照"影响力、协调力、执行力"标准重组业委会，由居民区党总支、居委会介入协调，并启动业委会换届改选，于2018年3月正式组建第二届业主委员会。在考察候选人员时，筹备组注重按照影响力、协调力、执行力选优配强"当家人"，既确保民主集中后的意见一致性，又注意具备较强协调能力，确保能处理好业主与物业关系，更具备良好执行能力，确保能推进问题解决。

宝华小区业委会重组后，面临原物业合同到期是否更换物业公司的问题。业委会充分尊重业主意见，两次开展意见征询，并根据业主意见启动协议招标物业企业程序。业委会组织聘用小组，实地考察排摸有投标意向的10家物业企业，接收6家标书，审核后遴选出2家企业向全体业主进行征询，并根据业主投票情况，与高地物业签约。

新业委会和新物业上任后,在居民区党总支领导下,积极配合所在居委会重新梳理小区存在问题,迅速采取有效方案一一解决,小区治理逐步规范有序。比如,困扰业主的道闸问题彻底解决,从不识别不抬杆到功能齐全正常使用,价格从40万元降到20万元。所有长期未交费或过期未交费的车辆逐一补交齐全。临时停车由1个月收费改为半个月收费,业主权益得到维护和保障,善治发挥了新活力。

三、工作成效

金豪居民区党总支发挥市民公约、乡规民约等基层规范在社会治理中的作用,培养社区居民遵守法律、依法办事的意识和习惯,走出了一条精细化治理小区实现治理效能现代化的新路,取得了较好的社会效果。

(一)党建引领,是法治助力"主心骨"

在社区治理的"最后一公里",基层党组织在基层治理中发挥着思想引领、组织动员、指导协调、规范监督等重要作用。宝华小区在完善小区依法治理机制、调动居民投身小区自治过程中,居民区党总支发挥了至关重要作用。如在修订《居民公约》过程中,部分业委会成员认为业委会是民间自治组织,只要监督好物业,管好维修资金,其他不必干预。党总支书记就此专门召开会议,统一业主的思想认识,确保了《居民公约》的修订和实施。

(二)自治共治,跑出治理"加速度"

居民小区依法治理必须走好群众路线。在宝华小区治理中,初衷是为了居民生活的便捷舒适,治理的智慧来源于居民的广泛参与,治理的效果得益于居民的有力支撑。立足群众关心关切的问题,发动群众广泛深度参与,在自治中共治,就能让群众最终受益。

(三)法治保障,织密治理"防护网"

依法治理是规则之治。宝华小区的《居民公约》充分运用法治方式,克服了以往村规民约缺乏操作性和执行力的弊端。如通过"总则加细则"的形式对社区治理难题进行逐项细化规范,增强了针对性;明确执行主体和执行方式,实现了可操作性;法律顾问的审核把关,保障了合法性,真正实现用"软法"规范解决小区治理的硬问题。

四、创新启示

山阳镇宝华海湾城小区在居民区党组织的领导下,以"人民至上"理念提升基层治理水平,发挥市民公约、乡规民约等基层规范在社会治理中的作用,使《居民公约》这个"小宪法"发挥大作用,不仅让群众自治共治,而且让管理者善治,基本实现小区治理效能现代化,小区《居民公约》实施情况引起广泛关注,中央依法治国办、司法部调研组对此进行实地调研。这一"法治助力"小区治理的案例给人以启示:加强和创新基层治理,党建引领,居民群众广泛参与,进一步完善德治、法治与自治相结合的基层治理体系,将基层治理的"最后一公里"变为服务群众的"最美零距离"。

第三节　中兴村通过宅基议事实现村事村民管

一、案例背景

山阳镇中兴村地处山阳镇西北部,位于金山新城规划区域的北端。村域面积 4.41 平方千米,耕地面积近 2 300 亩(约合 1.5 平方千米)。目前村中有民宅 480 户、户籍人口 3 500 余人。

自 2018 年以来,中兴村面对受污染河道整治工作进度缓慢、村集体厂房租金无法及时收取、村民擅自占用集体土地耕种等治理难题,村党总支、村委会贯彻民主协商原则,创新探索"宅基议事"制度,完善民事民议、民事民决、民事民办的运行机制,将村务村事决策权彻底交给村民,成功解决了一个又一个村级治理的矛盾和问题,极大地提升了党总支的凝聚力、战斗力,激活了党总支与村内党员、村民群众的联系纽带,提升了村民的获得感、安全感、幸福感。

二、主要做法

推进村民自治制度化、规范化、程序化。中兴村党总支建立村务议事规则和管理机制,成立由片区网格长、村民小组长、妇女信息员、专职网格员、宅基村民户代表组成的宅基议事会。在会议程序上,村"两委"严格落实"会前准备—会中表决—会后执行"三步法,即村委会组织召集户代表、党员干部、利益相关方参与,通过党员干部模范带头效果展示,让村民既看到真真切切的利益,又感受到身边人身边事的正能量;在表决机制上,采取民主集中制,让各项决策成果体现集体组织多数人的意志;在执行上严格按照"四议两公开一表决""四民主"制度,即所有村级重大事项决策、重要项目安排、大额资金使用以及相关民生事项都要在符合法律法规的前提下,按照分类实施、注重实效的原则,通过"四议两公开一表决"的步骤决策推进,并确保程序的规范。

（一）问题矛盾摊到桌面上来议

"宅基议事"助推拆坝建桥项目透明化。由于存在施工期间人员出行的安全隐患以及施工会占用自家自留地为由,拆坝建桥项目进展缓慢。党总支、村委会决定召开"宅基议事会"解决这一问题,召集每家户代表就拆坝建桥项目民主协商,"宅基议事会"在网格点全过程公开,三方议事、村民把关,拆坝建桥开工条件水到渠成,两年来共计完成7座桥梁建设,"宅基议事"既能让村民有权说上话,还能在矛盾中啃掉"硬骨头"。会上,通过"一看二赞三议四表决",把问题矛盾摊在桌面上议一议、说一说,一来二往,村民达成共识、村干部赢得支持、问题得以解决,也在其他组的村民群体中立了规矩、树了典型。

（二）议事决策交给村民一起定

"宅基议事"助推村域环境建设生态化。中兴村内多条河道由于长期生活污水、工业废水混排,致河道发生黑臭现象。一方面,居住在河边的村民对黑臭河道整治的诉求尤为强烈;另一方面,村民又以河道污泥和施工机械临时占用沿岸自留地为由阻碍施工队伍入驻,一时间局面僵持不下。村"两委"班子巧用"宅基议事"制度,邀请河道施工团队与河道沿岸各宅基村民代表一起开会,通过"会前准备—会中表决—会后执行"三步法,力争将施工活动对沿河岸村民生活的影响降到最低。经过修复,阔别已久的水清岸绿、鸟语花香的景致又重新回到了人们的视野。自2018年以来制定了美丽乡村的总体规划,在河道整治方面,中兴村就河道整治累计召开"宅基议事会"10余次,共计完成河道疏浚17条、新开河道2条,累计疏浚河道长度超过40千米,惠及宅基数量逾200户。

（三）宅基议事让村民当家做主

"宅基议事"使村民停车便利化。原中兴村6组停车场因地理位置问题无人管理,导致外来车辆随意停放,现场环境脏、乱、差,附近村民无法享受家门口停车场的便利。中兴村第二网格召集原中兴村6组村民召开关于中兴村6组西侧停车场管理问题专题宅基议事会,与会有利益相关方户代表、村"两委"班子成员、村民小组长、村监会成员、专职网格员等16人参加。会上,杨永刚书记对当前中兴村6组西侧停车场面临的管理问题做会前说明,外来车辆随意停放占用、卫生环境差,以及我们村民实际未能享用停车场等问题,鉴于以上观点,村"两委"班子讨论商议由第三方进行管理,在维护本村村民利益的同时,给村集体经济增收。会中,村民户代表各自发表了自己的观点与难点,有村民表示停车场出租后,由于自家进户路狭窄,会造成自身停车难问题,村干部做好记录,并现场解答,提出解决方案,会留出部分停车位,加装地锁分配到每户。通过此次宅基议事会,民主决策,大家一致同意将西侧停车场以租赁方式出租给第三方管理,每年为村集体增加15 000元收入。

三、工作成效

近年来,中兴村通过宅基议事治理模式,拓宽了机耕路1 100米并安装路灯72只,修建了停车场4座、健身小苑8个,先后建设马棚文化公园、马棚先锋公园、马棚企业公园,成功打造了8条美丽宅基埭,拆坝建桥5座,中甸路旁的善治主题公园正在规划设计当中。"宅基议事"在党建引领下,逐渐形成了"支部担当带头、党员示范支持、村民认同参与",解决百姓"急难愁盼"的完整闭环。

（一）强化党建引领,乡村治理进一步激活

社会治理创新必须把以人民为中心的理念贯穿到思想和行动中,发挥好基层党组织的领导和牵引作用。中兴村"宅基议事"在党建强有力的引领下,通过持续优化宅基议事制度,从会前召集到事中整治再到事后持续改进,逐渐形成了"支部担当带头、党员示范支持、村民认同参与",解决百姓"急难愁盼"问题的完整闭环,实现了民事民议、民事民决、民事民办的民主协商运行机制,为各项政策措施在村组织内的有效执行最大程度上争取群众的支持与拥护。

(二)落实民主管村,村民自治进一步优化

在中兴村,村中违章搭建以及违规使用土地的情况严重侵害着广大村民的利益。面对这些传统的上门走访、开展调解等手段无法解决的问题,村党总支通过"宅基议事"将问题和矛盾向所有村民"摊牌",借"公开"让群众看到身边的问题、借"表决"让群众做维护利益的主人,使基层党组织与群众增进了解、加深理解、消除误解、取得谅解,密切党同人民群众的联系,从而打通基层治理法治化的"最后一公里"。

(三)深化综合治理,平安法治进一步深化

中兴村党总支依托"宅基议事"把"法治德治"精神融入"自治共治"实践,使"四治"相互交融,成为基层"四治一体"的生动实践,有效推动了农村治理精细化和实效化,有力推进了美丽乡村建设,增强了村民的获得感、安全感、认同感,辖区发案和信访均明显减少,平安稳定的社会环境更加巩固。

四、创新启示

(一)组织强则人心齐

乡村治理涉及农村政治、经济、文化、生态等方方面面,只有始终将党管农村工作要求贯穿到乡村治理全过程,才能确保社会治理沿着正确方向前进。在社会治理过程中,通过村党组织政治引领、广大党员示范带头,把基层党组织打造成治理核心、治理保证,以党风促民风,推进民心在基层凝聚、矛盾在基层化解、问题在基层解决。

(二)机制全则运行顺

良好的体制机制是乡村治理有效的关键,必须把制度建设摆在突出位置,强化改革创新,优化制度供给。推动基层民主协商的有效性,完善基层自治组织议事规则,充分发挥村民自治组织自我组织、自我管理、自我服务的优势,最大限度调动村民参与乡村治理的积极性、主动性、创造性,更好地激发农村基层活力。

(三) 情感至则矛盾解

做好乡村治理工作,公众参与是重要基石。中国特色的社会自治就是中国共产党领导下的发动群众、组织群众、依靠群众,在服务群众中实现社会治理。针对农村熟人社会、人情社会的特征,要将村内退休老干部、宅基埭头人、网格员、顾问律师等多元力量吸纳到宅基议事制度中,发挥他们群众公信度高、调解经验丰富等优势,参与矛盾纠纷调解,构建共建共治共享格局。

第十三章
金山卫镇:"微治理"带动"卫治理"

第一节 "微治理"
——党建引领基层社会治理的切入点

一、案例背景

金山卫镇位于上海市西南的杭州湾北岸,工业起步早,文化底蕴深,人口导入量大,在快速的城镇化建设与发展中,成了典型的半城郊地区,快速发展带来的社会治理的不平衡性也逐渐显现。比如上楼的"村民"成为居民后,一些传统的农村生活陋习影响了社区治理;处于城乡接合区域的部分地区,出租房多,环境脏乱差,来自不同地域人员生活在同一区域,各种矛盾交织让治理者无从着手;许多老旧小区基础设施老化,管理和服务跟不上居民多元化的需求,成为社区治理的烦心事。对此,金山卫镇党委、政府坚持问题导向,以推进党建引领"四治一体"工作为抓手,以提升群众的获得感、幸福感、安全感为出发点,以"微治理"为切入点,通过建设美、弘扬美,实现社区形态美、人们心灵美,形成了基层社会治理"卫治理"新模式。

二、主要做法

(一)加强顶层设计,构建全镇"一盘棋"的基层治理格局

以网格化党建为依托,以制度建设为抓手,以小见大推动基层治理。一是织密基层治理工作网络。建立镇—村居—组(小区)—埭(楼组)的四级工作网络,完善镇班子领导联系村居和部门(单位)大调研"集中回访日"制度,确保镇级力量下沉村居,了解民情民意,丰富基层治理资源。制定"三优"网格

模式(优划设置、优画地图、优化功能),通过网格日志记录,做到数据清、底数明,推动资源和要素延伸至末梢,形成横向到边、纵向到底的基层治理网络。二是推动社会治理制度集成。把脉金山卫社会治理的瓶颈,制定了"美丽微治理"、党建引领下"多网合一"的网格化党建工作指导意见等一系列工作制度,坚持一个制度解决一个问题的原则,以制度集成为支撑点,打通全镇社会治理的各个环节。三是筑牢基层治理阵地平台。依托"美丽+"工程,着重加强"景""点"建设,结合美丽乡村、美丽庭院和美丽楼道建设,变乱为景,将一些曾经违建多、垃圾多的区域建成居民茶余饭后休憩的美丽埭和小公园,使群众切身感受治理的成果;将一些废旧仓库改造为村史馆,传承文化基因,留住美丽乡愁、凝聚人气人心。赋予党群服务点、百姓茶馆、文化广场等阵地新的功能,因地制宜设置议事坊、睦邻点等议事讨论点,建立健全群众参与基层治理的阵地和平台。

(二)广泛凝聚人心,激发全镇"一起干"的基层治理热情

基层社会治理遇到的最大问题就是:"干部干、群众看。"为了解决这个问题,金山卫镇从三个方面精准施策:一是发挥党员干部的带头作用。充分结合金山卫"红色档案"党员管理手册,运用好"两个指数"(党组织"战斗堡垒指数"和党员"先锋模范指数")的导向作用,明确党员干部发挥正面带头作用的工作清单,将为群众办实事和遵纪守法纳入考评体系,督促党员干部主动亮身份、作表率。做实"一册一点两考评",对于作用不突出的同志,及时提醒谈话鞭策。二是运用先进典型的带动作用。以评选最美家庭、最美女性、最美青年、最美志愿者(团队)为先进典型,形成见贤思齐和比学赶超的良好风尚。发挥群团组织的优势作用,通过举办微治论坛、讲座、沉浸式体验实践,激发城市治理巾帼能量;开展"美丽+青年ZAO"项目,激发青年的创新热情和创造活力。最广泛组织社会各界为治理出谋划策,不断丰富治理资源、壮大治理力量。三是激发社区群众的参与热情。结合"我为群众办事"实践活动等载体,通过点亮"微心愿",提供"微服务"等举措动员群众参与社区治理。以区域化党建为平台,通过公益项目、结对共建等,为困难群众送去关怀。依托老党员、道德模范、乡村能人、崇尚公益的志愿者、活跃在宅基田头和社区楼道的热心

人等,收集民情民意、调解矛盾纠纷,开展志愿服务,组织群众为社区事务建言献策,激发了群众参与社会治理的积极性。

(三)坚持细微治理,实现辖区"一齐美"的基层治理成效

以堵点和痛点为切入点,将工作触角延伸至农村的埭头、宅基和居住小区的楼组,增强社会治理的向心力。一是党组织牵头抓总。通过"走出去"和"请进来",组织群众到兄弟区、镇、村现场学习,邀请示范单位来辖区言传身教。二是自治共治形成合力。"做不做""怎么做",让群众先"议一议",通过自治和共治,引导群众议事讨论决定怎么做,避免"一言堂"。三是由点及面实现转变。通过党员带头建,形成治理样板,在大家共同努力下,推动来沪人员聚集、环境脏乱的农建8组、9组建成规范、整洁的法治公园;卫城村通过实施"五微"工作法,使"城中村"转身为时光之旅。

三、工作成效

在党建引领下,谱好自治、法治、德治、共治"四重奏",通过"微治理"用活了基层社会治理资源,解决了许多困扰已久的问题,将问题都能解决在辖区,吸附在当地。

(一)提升了基层治理的精细化水平

以网格化党建为平台,将资源和力量向基层倾斜,做实、做细基层治理微网格,打好"多格合一"的"组合拳"。星火村创新开展"格务智治"微格治理,通过宅基和埭头议事,组务微格工作管理,建立健全群众参与、监督评议和巡查反馈等机制,最广泛动员村民参与市乡村振兴示范村的创建,使村民享受到乡村振兴的"红利"。海帆居民区组建专家型、资源型和服务型的"三型"志愿者,为辖区每个网格提供组团式、个性化的靶向志愿服务,提升了社区治理的精准性。

(二)解决了群众关心的难点问题

堵点和痛点往往就是治理的难点,容易反复。金山卫镇开展"卫治理",就是坚持问题导向、群众需求导向,坚持因势利导、疏堵结合。金康居民区抓住动迁小区居民对农村和土地的情结,开辟"百草园""百草堂",引导居民种

植中草药,解决了动迁安置小区"毁绿种菜"问题;东门居民区在广泛宣传引导、居民反复讨论的基础上,引进占地面积小、充电效率高的智能充电桩,源头上解决了居住小区电瓶车上楼充电和乱停放的隐患。

(三)破解了"干部热,群众冷"的困局

群众是基层社会治理的主力军,在社会治理过程中更多强调的是社会力量的参与,"卫治理"模式激发了全镇各界参与社会治理的主动性和积极性,将每个人身上的微光汇聚成灿烂星河,形成人人有责、人人尽责、人人享有的新局面。南安新村是20世纪80年代建成的老旧小区,通过居民区党组织搭建平台,物色和选准居民带头人组建"老伙伴"自治小分队,带领居民共议社区治理,一起动手改变旧状,推动把"老弄堂"变为整齐有序的"睦邻坊"。

四、创新启示

金山卫镇在新形势下,探索形成了"卫治理"模式,为古城新镇的基层社会治理注入了新的元素,谱写了党建引领下基层社会治理的新篇章。下一阶段,金山卫镇将围绕建设美、弘扬美、实现美,不断健全完善制度,巩固提升现有机制,不断创新治理载体,通过资源整合"卫联盟"、民生民情"卫心愿"、红色根植"卫文化"、线上线下"卫课堂"、选树推优"卫榜样",努力使"盆景"变"风景",从"微治理"的点上开花,到"卫治理"的百花齐放,推动"一处美"迈向"一片美",着力建设高质量和谐宜居美丽的古城新镇。

第二节 "微格治理"工作法
——星火村深化网格化治理的创新实践

一、案例背景

星火村地处金山卫镇西北部,村域面积4.18平方千米,常住人口3 600余人,地形复杂、人员流动性大给基层村域治理带来了不小的挑战。2019年以来,星火村细化党建网格,探索实践"微格治理"工作方法,并先行打造了智慧管理平台。2022年,根据镇党委统一部署,星火村整合资源,通过将党建、数字、人才、制度全要素赋能,做细、做实、做精"微格治理",在村域精细化治理方面进一步提"智"增效。

二、主要做法

(一)细化微格,让基层治理基础更牢固

一是做细格数,一网覆实现管理精细。星火村根据地理位置、人口规模、居住集散程度等实际情况,将全村分为1个总网格、4个子网格、20个微网格。每个微网格内又根据农村宅基分布情况,进行进一步细化,以5—15户家庭为单位,组成一条埭,将其设立成更小规模的宅基网格,用金字塔形的"村—网—格—埭—户"五级架构优化了传统的"村—组—民"管理架构。微格由每家每户的户代表,推选出一名埭长,负责监管埭上外来人员流动、新增违建、乱堆乱放、突发事件、家庭困难等情况。除此之外,土地划分、矛盾调解、乡村建设等事项同样也由埭长、微格长组织村民在"星火驿站"内商议决定。通过划小划细微格,让各类信息的传递不脱节走样,及时掌握村民思想动态,积极为群众解决身边的小事、难事,确保网格事务"事事有回应、件件有落实"。

二是做强队伍,全岗通实现服务精进。星火村将村"两委"班子、支部党员、报到党员、条线干部、"三支队伍"、群众骨干等工作力量和志愿力量化整为零,分组分片配置到每个微格。成立"微格党群服务队",由微格长担任队长,确保每支服务队配备3—5名队员,并进一步吸收乡贤能人、来沪人员党员,开展党员示范网格、示范村埭等创建工作,落实包干责任,带动村民群众主动参与村域治理;落实《乡村振兴规划师制度》,聘请村域企业家、"五老"、乡贤等带"智"入"格",组建特色服务小分队,让基层党建的红色触角和乡村振兴的发展理念深入宅基埭头。

(二)数字赋能,让基层治理服务更精准

一是抓牢工作重点,村域管理实现一屏统揽。2021年6月,星火村借助上海市乡村振兴示范村创建契机,打造了"智慧村庄"信息管理平台,将村庄原有的社区云管理、云监控、信息采集等功能进行融合,并结合村民的实际需求，开发了六大主题版面，分别为"总览""智慧党建""社会治理""新村民管理""河道管理""村务公开"。经过8个多月的应用和实践，将原6大主题版面更新为"智慧党建""社区治理""片区引领""暖心行动""新村民管理"及"商企治理"，使得平台版面更优化，内容更丰富，作用更凸显。智慧平台的开发进一步为精细化治理赋能，切实成了"微格治理"的"智慧大脑"，使得村域管理锦上添花。作为"智慧大脑"抓取数据的触手和神经，实时监控、人员管理、出租屋管理、应急处突等智能化功能发挥了重要作用，实现了村域在人居环境、综治平安、疫情防控等方面"一网统管""一屏统揽"的智能化管理目标。

二是抓牢管理难点，疫情预警实现一屏知晓。外来人员管理一直是星火村社会治理工作的重点和难点，为实现外来人员的动态管理，在每家每户门口都安装了二维码，形成"来时登记、走时注销"的"旅馆式"自助登记管理模式，同时，以村规民约约束房东督促外来人员完成扫码工作。在2022年的疫情期间，及时上线疫情防控功能板块，与区大数据中心联通，将疫苗接种、核酸检测结果等数据通过身份信息进行匹配，实时在平台上显示，一屏掌握全村各个微格内疫情防控实时动态。

（三）积分量化，让基层治理主体更主动

一是建章立制，将村规民约进行量化。没有规矩不成方圆，为了倡导良好的村风民风，每年星火村紧紧围绕村重点工作，把难于管理且在法律之外的一些管理事项纳入村规民约，为"微格治理"提供规则保障，如移风易俗、坟墓乱埋乱葬、犬类管理、外来人口管理、违章搭建等。星火村是全镇首个实行积分制的村，在广泛征求村民意见建议的基础上，结合村规民约等文明行为规范，形成具体的给分清单，并分为会议学习、环境卫生、传统美德、遵纪守法、志愿服务五大类，实行"一月一收集，一季一公示，半年一兑换，一年一评比"。

二是赏善罚恶，激发村民自治主动性。参与积分制管理的农户都有专属积分档案，积分实行累积使用，可用于兑换服务、兑换物资、年度内文明评比等。兑换服务、物质奖励由村委会统筹实施。当然，"积分制"是有奖有惩的，以每户人家为一个单位，每户人家都有一个基础积分100分，这个基础分值不能参与兑换。一旦村民们在相互监督时发现哪户人家做了有违村规民约的事情,上报给网格长核实后,也会有对应项目扣除积分。比如乱种、破坏绿化植被,经多次劝阻仍不改正扣8分,家庭成员健康码变黄码扣4分……基础分被扣到80分以下,就失去年度福利享受待遇,如发现有人烧秸秆、家有旱厕等,这户人家则一票否决。公开透明的积分制度、"真金白银"的奖励措施激发出村民自治内生动力。

三、工作成效

"微格治理"将原先的大网格划精划准,进一步优化了传统基层治理的管理服务模式,既确保了疫情防控各项政策措施能够在最基层、最小微单元落地落实,又推动了基层治理精准化、精细化和数字化。

（一）强化格务议事会制度,乡村治理实现全民化参与

"微格治理"有赖于发挥群众的力量,所谓自家人管自家事,星火村推行"格务议事会"制度,"格"在第一时间知晓,治在第一时间介入,在自上而下传导工作和自下而上解决问题的工作闭环中发挥"微格治理"最大效能。近些年,在落实"美丽乡村—幸福家园"创建工作时,微格议事会将"内部求共识"作为破题关键,村党总支通过召集埭上每户家庭的1名家庭代表共同前往邻近街镇实地参观,让村民从最初对打造"美丽一条埭"时的不理解、不配合逐渐转变为对美丽家园建设的共同期盼。此外,议事会趁热打铁召集埭上村民集中商讨并达成共识,昔日令人头疼的鸡棚鸭棚、乱搭乱堆摇身一变,成了人人点赞的绿色小菜园。以"微格议事"体现小民主,以全民参与体现大民主,村民的民主自治意识有了极大的提高,全村形成了自己的事情自己办、复杂的事情协商办、全体的事情一起办的氛围,推动星火村不断在基层治理上开花结果。

（二）强化智慧平台建设,乡村治理实现精准化管理

星火村由于有近半的外来人员,且绝大部分老人、小孩不去办理暂住证,同时本村年轻村民中人户分离情况也比较突出,造成常住人员和暂住人员的信息不准确。"智慧村庄"平台上线后发挥其信息化工具实时特点,让房东去监督外来人员上报居住人员信息,解决了农村治理中耗时长、成本高、效率低的人口管理信息登记问题,同时也为疫情防控提供了便利。例如,2022年4

月,村域封控管理期间,"智慧村庄"后台突然跳出新增3条人员入住信息,微格埭长立即上门排查,发现是第五微格内某快递站点新增的配送员从居住的酒店回出租屋居住,村党总支第一时间落实排查管控措施,及时杜绝风险隐患,大大提高了疫情防控和基层治理的精准性和时效性。

四、创新启示

"微格治理"工作法是星火村以网格化党建为基础进行的一次深化实践,经过几年的探索,已经取得了非常显著的效果,有力推动了星火村基层自治再上台阶。

(一)村民参与是最佳法宝

星火村按照"离民最近、与民最亲、在民身边、为民服务"的理念,以构建"15分钟自治微圈"为抓手,推动党群阵地一沉到底,直抵宅基埭头。引导更多的"埭头阿哥""埭头阿姐"参与到乡村治理中,形成"微格中聚人、微格中议事、微格中解难、微格中成事"的强大自治体系,使村民成为村内工作落实的最有力推动者,解决了过去"干部干、群众看"、上热下冷的瓶颈。

(二)数字赋能是最大助力

数字化技术能够快速、高效地对数据进行统计、整合、分析,从而深度挖掘数据的内在联系。星火村通过结合现代信息技术创新乡村治理,推动"以房管人",实现了村域租房情况一目了然、居住环境进一步优化、租房安全隐患彻底消除、租客管理有序、治安状况不断变好这一目标。

第三节 党建引领、居民自治
——南门居委会打造和谐宜居的"睦邻坊"

2015年以来,金山卫镇南门居民区以"幸福睦邻坊"建设为抓手,通过党建引领统一居民思想,积极回应群众所盼,解决群众所需,赢得了广大居民的支持和配合,在其辖区所属的南安新村逐步形成了小区事务居民自治管理的模式,使这个曾经没有物业、保安和业委会,内部混乱不堪的老小区秩序井然、面貌焕然一新,社区自治的成效得到了初步显现。

一、案例背景

南安新村建于20世纪80年代,小区有9幢居民楼,近200户居民。前些年,这个小区遇到了许多问题,开放式、无人值守造成社会车辆和人员随意进出,入室盗窃等案件多发,乱搭建、乱晾晒、乱堆物随处可见,为了防止家门口被停车,小区内竖起了许多"拦路桩",这又导致停车"难上加难"等。2015年年初,随着物业公司的退出,使这个小区"雪上加霜",许多居民无可奈何地陆续搬离了这里。为破解老旧小区管理难的问题,南门居民区探索实行"幸福睦邻坊"建设,通过小区自治管理破解难题,提升居民幸福感。

二、主要内容

(一) 坚持党建引领,形成工作合力点

"问题多、牢骚多""干部热、群众冷"是当时南安新村面临的现实问题。居民区党总支通过"三步"工作法,将小区居民的思想统一到共同的目标上来,形成工作合力。一是设准议事点。居民区干部主动深入牢骚和意见最多的老年活动室,与居民们拉家常、听意见,共议小区管理,引导居民关心和参与小区各项事务。在此基础上,固定了老年活动室的议事点,并形成了每周定期议事的制度。二是找准共识点。针对小区内存在的各种问题,将其交由群众共同商议,加强正面引导,逐步形成了共识点,即居民们都迫切希望有针对性的措施尽快改善周边的生活环境。三是选准带头人。在议事讨论中发现并物色了10多位群众中比较有声望,且具有奉献精神的热心人,以他们为基础组建了"老伙伴"自治小分队,带领居民们共同管理小区。

(二) 充分贴近群众,找到工作切入点

为了彻底改变小区及居民家中的环境,居民区党总支以群众需求为导向,充分发挥"老伙伴"自治小分队的力量,找到了工作切入点,逐步破解了困扰小区的难题。一是紧贴居民所盼办好事。通过"老伙伴"组织居民议事,摸清居民最迫切的愿望:改变家中用水难和房屋外墙破败不堪的现状,由居民区主动向上争取水管改造和外墙面修复的项目。"老伙伴"运用各种资源,想方设法联系到小区所有业主征求意见,循循善诱就项目具体内容达成共识;在项目实施过程中,"老伙伴"又成了社区中的"老娘舅",及时调处由于施工影响居民日常生活引发的各类矛盾纠纷,确保项目顺利完工,解决了居民所盼的用水等问题,真正将惠民好事办到了群众的心坎上。二是紧贴居民所愁解难事。小区内有40多个违章搭建的停车棚,飞线充电也是见怪不怪,一方面居民担心影响环境且不安全,另一方面又担心电瓶车没处停。通过"老伙伴"收集的信息,居民区党总支在镇党委、政府的支持下,在小区内统一规划建了电瓶车充电棚,同时"老伙伴"充分发动和带领居民们拆违建、拔路桩、清垃圾、整理花坛、安装晾衣架,使原本杂乱无序的公共区域变得干净整洁,真正从源头解决了居民的担心。三是紧贴居民所需做实事。随着小区生活环境的明显改善,社区安全成为新的聚焦点。"老伙伴"组织居民集思广益,确定了"管住进口、内部规范"的原则,即将小区公共区域科学划分停车位,由居民讨论并通过停车收费的标准,在小区进出口安装门闸设施与图像实时监控。"老伙伴"自告奋勇担任门卫和保安,每天早上6点到晚上6点,2人1班轮流站岗负责看守进出车辆、登记外来人员信息等。至此,守住了小区的入口,规范了内部的车辆停放,杂乱变有序,自2018年以来,小区实现了零发案。

(三)注重建章立制,实现运行常态化

随着小区面貌的大变样,南门居民区党总支将工作重心从促改变转向了固成效。一是完善工作机制。在"老伙伴"自治小分队的基础上,在南安新村推行"幸福睦邻坊"建设。将议事点升级为睦邻点,将睦邻坊的组织架构等内容向全体居民告知。"幸福睦邻坊"的成员轮流到睦邻点组织和参与居民议事讨论,掌握小区内的热点问题,将意见征求汇总反馈居民区党总支,将睦邻点打造为民情意见站。二是加强法治保障。在广泛征求居民意见的基础上,制定并通过南安新村的居民公约,明确了小区管理的相关标准,为进一步推进居民自治提供了法治保障。在睦邻点开展法治系列活动,邀请社区民警开展防范讲座,请社区法律顾问到点上为居民提供法律咨询等。三是注重示范引领。在"老伙伴"的引领下,小区内党员的先锋模范作用也得到充分调动和体现,活跃在各类志愿者服务中,越来越多的居民也主动关心和参与小区的事务。居民区因势利导,在"幸福睦邻坊"建设中陆续增加了邻里守望、防范宣传和环境综合整治等内容,这个过去日渐冷漠的小区成为小区事大家议、小区事大家干的自治社区。在2020年年初疫情防控期间,小区居民们自发组织参与路口值守和测量体温等工作;小区的热心志愿者还义务在家门口为居民理发,解决了疫情期间的"理发难"问题。

三、绩效评价

(一)党建引领是"幸福睦邻坊"的基础

"幸福睦邻坊"将过去人人头疼、问题缠身的小区打造为自治管理的模范社区,其核心是坚持党建引领,由居民区党组织搭建工作平台,找到了社区治理中的"带头人",通过示范引领引导群众关心和参与各类社区事务。

(二)贴近群众是"幸福睦邻坊"的动力

主动换位思考,站在群众的立场思考和发现问题,制定切实可行的措施,解决服务群众"最后一公里"问题。善于发动群众,将小区治理的自主权交给全体居民,发挥小区居民的主人翁意识,将过去"干部干、群众看"的"上热下冷"转变为"我的家我做主",全体居民共同参与。

(三)建章立制是"幸福睦邻坊"的支撑

及时总结小区治理中好的经验和做法,完善工作机制,推动长效常态化管理。结合小区社会治理中遇到的各类实际问题,制定居民公约,并开展内容丰富的法治宣传和服务,形成办事依法、遇事找法、解决问题靠法的良好氛围。

四、创新启示

经过几年的实践,在南安新村社区事务没人管已经成为历史,如今社区事务人人参与、齐抓共管,居民们参与社区自治的热情高涨,小区由过去的"脏、乱、差"转变为如今的绿意盎然、秩序井然,曾经冷冰冰的"老弄堂"成了和谐宜居有温度的"睦邻坊",一些曾将房屋外租的业主也搬回来了。如今南门居民区已将"幸福睦邻坊"的经验在辖区多个居住小区进行推广,让居民自治成为社区新风尚。

第十四章
张堰镇：探索"四雁"齐飞的治理新模式

第一节 张堰工业园区以"雁企管家"模式打造最优营商环境

一、案例背景

张堰工业园区创建于2002年年底，是上海市级工业区，又是上海市高新技术产业化新材料产业基地，规划面积2.35平方千米，重点发展以新材料、智能装备为主的特色产业。园区现有245家企业，其中上市公司2家，规模企业59家；整个园区内共有12 000余名职工，其中外来人员7 500余名。近年来，随着越来越多的企业选择入驻园区，园区逐渐呈现出新能源型企业多、知识密集型企业多、高成长型中小企业多的发展态势，同时也给园区企业的安全生产、消防和人口管理等带来了诸多挑战。为此，张堰镇紧紧围绕"北雁企，南驿站"平安建设理念，立足企业实际需求，探索打造"雁企管家"——一体化综治服务中心（雁，指张堰发布领航雁的品牌，亦与"堰"同音；企，指张堰镇工业园区企业；管家，指提供一体化服务），为辖区企业构建和谐稳定的营商环境。

二、主要做法

(一) 网格精细化，管牢安全防控网

为切实加强对园区企业的隐患排查，成立了网格工作专班，将辖区企业划分成单元网格，管牢安全防控网。一是细化网格管理范围。将2.35平方千米的辖区以茸卫路为界划分成东西两个大网格，并分别由工业园区总经理及城运中心主任担任组长，同时再将两大网格细分为9个子网格，由各网格管理人员分别负责其网格内企业的平安建设、矛盾隐患排查,以"2+9"网格模式助推生产精细化,实现"人在'格'中走、事在'网'中办"的"叶脉管理"格局。二是细化网格管理队伍。成立了由工业园区、城运中心、应急中心、总工会、经济小区组建的38人网格管理队伍,通过加强对单元网格企业的治安管理、安全生产、人员管理、疫情防控等巡查,及时掌握企业发展动态,切实发挥好前沿触角作用,不断提高服务效能,推动辖区稳定。三是细化网格管理职责。通过"挂图作战"制定各网格员的职责清单,明晰工作任务,压实工作责任。在疫情防控期间,各网格队伍指导企业制定疫情防控与应急处置工作方案,同时每天跟踪辖区企业做好员工闭环管理及健康管理,使网格管理与服务更加规范化与精细化。

(二)资源多整合,管实共建新格局

一是搭建"多能合一"工作平台。建立综治(警务)联勤联动一体化工作服务站,设立平安驿站、城运分中心、公共法律服务点、商会人民调解委员会、劳动争议调解点、优化法治化营商环境服务点等,探索打造集公共法律服务,信访维稳处置,警务应急处置,企业和职工情况信息和治安问题排摸、受理、分流,知识产权保护,综合行政执法等多项功能为一体的服务和管理平台,推动机构整合、平台融合、力量聚合,增强警务实战、社会治理、为民服务的快捷性、高效性、协同性。二是完善"多制合一"工作体系。建立健全"1+1+X"工作体系,即制定1个中心工作规范,建立1个由商会、工业园区、平安办、派出所、司法所、劳动监察、市场监督所等18家单位部门组成的服务企业联席会议制度,健全现场接待服务规范制度、矛盾纠纷预警机制、警务室工作制度、调解委员会工作制度等若干个工作制度,进一步畅通企业、职工诉求表达渠道,梳理汇总企业发展中碰到的困难和问题,形成快速反应、处置、反馈、评估的运行机制,做到"事事有回复、件件有回音"。三是探索"多网合一"工作模式。构建"技网、人网、互联网"共同发力的立体化治安防控和为企业服务模式,推进完成园区内70个数字高清监控点位、18个警企联系点,运用视频解析技术平台,全息自动感知园区内"人、车、物、案"等实时信息动态;整合民警辅警、法律顾问、调解员、网格员、园区党建工会、安全生产、疫情防控等各类组织信息员、联络员等资源,加强联动值班值勤和服务力量。

(三)服务再延伸,管优营商大环境

一是量身打造服务措施。紧密结合实际量身打造一批服务保障法治化措施,结合"综治进企业"项目建设,融合张堰镇"留溪法韵"公共法律服务、小吴警官讲反诈、"母亲式"企业服务、"企业按需点单、部门联合上菜"清单式服务、公调访调快速对接等工作品牌,组织开展法治化营商环境集中宣传月活动,为特色产业招引落地、发展壮大提供一站式服务、法治化保障。二是协助防范法律风险。组织律师深入企业开展"法治体检",将有法律服务需求的申菱电梯、航凯电子等企业列入法治体检名单,就发现的问题出具法治体检报告书,向企业提出解除风险的建议,做到对症下药,量体裁衣。加大对困难企业的法律援助,健全涉企多元化矛盾纠纷调解机制,推动市场主体依法高效快捷化解纠纷、解决诉求。积极推进涉企民商事、知识产权纠纷在线多元化解,及时化解涉企纠纷。三是严惩涉企违法犯罪。加大制止和惩治涉企违法犯罪力度,深入开展常态化扫黑除恶斗争,加强企业及周边治安环境治理,严厉打击破坏市场经济秩序犯罪,严惩侵犯企业合法财产、企业经营者人身权利犯罪,营造安全稳定的营商环境。

三、工作成效

(一)治安防控能力显著提升

建立"雁企管家"——一体化综治服务中心以来,最大限度将区域内人员出入、治安状况、交通秩序、公共设施等纳入"视线"范围,消除管理死角和盲区,可防性治安案件得到有效预防和遏制。2022年全年,共接工业区"110"报警类警情31起,同比2021年下降20.5%;"110"交通类警情136起,同比2021年下降33.7%;火灾类警情3起,同比2021年下降66.7%。

(二)辖区经济社会发展得到保障

随着营商环境进入"深水区",面对张堰高质量发展的需求、城市之间的激烈竞争、重点改革的深入推进、广大群众的热切期盼,"雁企管家"以破解治理难题为导向,依托多个服务平台,及时处理网格、企业等单个力量难以协调的问题,打造共建共治共享的治理新模式,张堰镇的营商环境建设有了较大幅度的提升。2022年园区产值达169亿元,产业经济缓中有进,经济运行总体平稳,为自立、尼为等在建项目加快推进提供有力保障。

（三）矛盾纠纷得到有序化解

张堰镇以建立健全矛盾纠纷化解机制为支点,以创新为杠杆,推动服务资源有序下沉,引入"老娘舅"、劳动保障、心理服务等资源,让更多专业力量参与到解决群众和企业"急难愁盼"问题的过程中,让新时代"枫桥经验"落地生根。根据企业需求初步筛选,选择最优的解决方式提供企业参考,实现了企业矛盾纠纷就地化解,2022年共化解涉企纠纷212件,涉及金额700余万元,为企业发展提质增效保驾护航。

四、创新启示

一体化综治服务中心的设立,贵在联合联动,各部门充分发挥各自专业优势,开展突发事件先期处置、重点部位巡防、协同综合执法等,不断加强区域内协作,凝聚强大合力。工作站还通过网格化管理体系及热力图,实现情报信息的快速更新和汇总,清晰了解区域人流量分布情况,及时掌握社情动态,有效实现社会稳控,使得各类矛盾、问题纠纷就地化解,打通基层治理"最后一公里"。下阶段,张堰镇将复制推广"雁企管家"模式,将领航雁党建品牌辐射到企业、学校、居委、村委,最终形成"四雁"齐飞的治理新模式。

第二节　秦阳村域网格治理评议会助力美丽乡村建设

近年来,秦阳村以党建为引领,创新社会治理,加强基层建设为工作主基调,围绕"自治、法治、德治、共治"为一体化的基层社会治理新模式,积极探索和实践"四治网格治理",建立"村域治理评议会",努力打造"环境优美、设施配套、田园风光、人文和谐、舒适宜居"的美丽乡村。近年来,秦阳村荣获全国示范性老年友好社区、上海市美丽乡村示范村、上海市农村社区建设试点示范村和金山区平安示范小区等荣誉称号。

上海城市治理报告(2022—2023)：上海市域社会治理现代化的金山经验

一、案例背景

秦阳村位于张堰镇西南,离镇区3.5千米。村域面积3.11平方千米,辖区有19个村民小组、516个村民户,户籍人口2086人,外来人口477人,常住人口1715人,现有耕田面积2700多亩,是一个纯农业村。在村域日常社会治理中主要以邻里纠纷和宅基地纠纷等造成的问题较为突出,特别是在"美丽乡村、幸福家园"三年行动中,村民不同意拆除鸡鸭棚、柴草间等乱搭建,阻碍美丽家园创建工作的顺利推进等问题较多。面对这些基层矛盾纠纷和上访问题,秦阳村意识到单靠村委会的调解力量显然不足,亟需寻找新的基层治理资源。在被选为金山区"四治"一体化试点村以及成功创建枫桥式综治中心之后,秦阳村积极探索和实践"四治网格治理",建立了"村域治理评议会",以开展道德评判、宅基议事、项目监管等主题为抓手逐步完善治理体系,实现了以"自治、德治、法治、共治"四治一体化的治村新路径,为创建平安示范小区、社区建设示范村,推动市级美丽乡村示范村建设提供了良好的和美环境。

二、主要做法

秦阳村探索创新基层治理主要依托"村域治理评议会",将宣传教育、处置矛盾、宅基议事、工程监督、道德评判、评优考核等主要内容注入村4个片网格的功能中去,形成基层社会治理的骨干网络。

（一）凝聚乡贤资源,完善组织架构

秦阳村区域现有4个片区,分别是侯家片、隆兴片、秦阳片、窑埭片,秦阳村运用"党员议事会"代表在4个片区中推选了威信高、口碑好、敢说敢评敢教的7名老同志组成了"村域治理评议会";每个片区还建立了由5人组成的网格评议小组,组长由4个片区分支部书记担任。评议组成员都是由片区中的老干部、乡贤人士和骨干党员群众代表参与。通过这些制度建设,充分调动了党员、老干部和乡贤人士的积极性。

（二）强化管理机制,推进事事共管

村域治理评议会主要功能是在片区内平安驿站常态化开展片区微治理。

制定了村域治理评议会实施方案、工作制度和工作流程。以定期定人每周六上午开展宣传教育、政策解答、道德评判、百事服务、实施村规民约等开展宅基议事。同时,以不定期开展"有事就商量"来解决村民发生的矛盾纠纷,防止矛盾激化。秦阳村隆兴片一村民因宅基前土地纠纷导致邻里之间长期不和,村建立评议会后,通过评议会成员上门了解情况,集中讨论评判确定调处方案,解决了历史矛盾纠纷。通过充分发挥网格实效,进一步推动邻里"微治理"机制落小,瞄准民生小事、微事改造,建立和开展"邻里和谐微治理""土地纠纷微治理""环境整洁微治理""村民事务宅基议""评先评优大家评"等,形成"大事一起干,好坏大家判,事事有人管"的治理模式。

(三)凝聚治理力量,巩固德治传统

立足育民为民惠民,积极发挥"1+7+X"阵地作用,评判会依托平安法治主题公园、公共法律服务点,积极参与到15分钟学习点、妇女微家、睦邻点、老年人日间照料中心、"老娘舅"工作室和"i秦阳百事通"课堂等宣传阵地,围绕"德治""法治"专题课程月月讲,以身边的人讲身边的故事,培育和引导村民遵规守纪、向上向善、孝老爱亲、重义守信的道德意识,营造文明新风的良好环境。为了让活动不枯燥,评议会还经常开展文艺表演。文艺小分队成员就是由评议会成员中热爱文艺的大妈组成。她们能说会唱,自编自演的快板说唱"美丽乡村,人人参与"、"垃圾分类"、"老年朋友想穿点"、"争当时代先锋"等节目经常在宅基上表演,引得了村民的一致认可和好评,让村民们在收获笑声的同时,也收获了乡风文明的理念,提高了村民积极参与"美丽乡村、幸福家园"积极性。

三、工作成效

通过一年多探索和实践,"村域治理评议会"工作有序开展,积极有效促进了秦阳村在党建引领下,法治保障、德治教化、自治强基、共治支撑的乡村治理新格局,有效解决了当前法律管不到、行政管不来或管不好的事情,实现了"人心聚、风气正、环境美、日子美"的美丽乡村画卷。

(一)美丽乡村幸福家园创建出成效

结合当下提升优化农村人居环境工作,秦阳村的幸福家园示范户创建工作取得了明显改善。如通过宅基议事堂,充分发挥党员带头、村民跟上的工作路径,村民参与的主动性增强了。2021年12月,全村已完成了美丽乡村幸福家园示范户的创建任务。

(二)平安法治观念大大提升

秦阳村积极培育平安法治家庭示范户,通过以"网格治理评议会+平安法治主题公园+",带动全体村民学法用法尊法守法,形成办事依法、遇事找法、解决问题用法、化解矛盾靠法的良好法治秩序,提升法治水平,确保"小事不出网格、大事不出村、矛盾不上交"。2020—2022年,秦阳村没有发生网络诈骗案、殴打行凶等刑事案件,已连续2次被评为金山区平安示范小区。

(三)树立新风尚,营造好环境

秦阳村在党建引领下的网格微治理评判会不断深入,一系列的活动丰富了村民的文化生活,增进了邻里之间的友谊,邻里纠纷减少了,村容村貌明显改观,路面干净,垃圾分类,环境清幽,连公共场所烟头都没了……村民的自律意识有了巨大转变、自我约束能力不断增强,道德规范、法治理念深入人心。

四、创新启示

紧紧围绕党建引领下的"四治一体"基层社会治理体系创新工作,打造新时代"枫桥经验"治理体系,深化秦阳村"村域网格微治理评议会",不断提升社会治理能力水平。以常态化坚持开展村民道德讲堂、榜样宣传、健康讲座、文艺汇演、关爱弱势、有事说事、志愿服务、评先评优等活动,促动党员干部带头示范蔚然成风,激发村民养成好习惯,形成好家风、好民风的内生动力,展现秦阳美丽乡村人文环境新面貌。

第三节　富民居民区"红色管家团"助力"社区微治理"

近年来,富民居委会始终坚持以加强党的全面领导为核心,以党建引领基层治理为主线,以服务群众、改善民生为出发点和落脚点,围绕小区治理难题,积极发挥居民区"三驾马车"共建共治作用,组建"红色管家团",有效破解了各方在社区治理中相互观望、推诿扯皮、出工不出力等顽疾。面对突发的新冠疫情,"红色管家团"全力以赴应战疫情防控工作,有效解决群众身边的"关键小事",全面打通为民服务"最后一米",有效筑牢了群防群控"防疫网"。

一、案例背景

富民居民区地处张堰镇镇区东部,总面积 0.34 平方千米,辖区共有 143 个楼道、1 675 户,总居住人口 3 543 人。小区是集开放式、封闭式、直管公房老住宅于一体的混合型社区,居民居住比较分散,小区大部分基础设施较陈旧,居民自治意识不强,辖区内有两家不同的物业公司,没有形成一个专业化物业管理模式,社区事务杂而乱,物业管理上经常出现短板问题,居民之间矛盾突出,居民不是因为停车扯皮,就是因为堆放东西斗嘴,以至于造成小区矛盾多、群众投诉多。在 2022 年的疫情防控期间,由于小区管辖范围广、外来人员多、出口多,一度给防控工作造成了比较大的困难,社区工作人员大部分时间和精力被牵扯其中,而且还没有达到理想的效果。

二、举措机制

(一)机制护航,凸显管家功能

为进一步夯实社区治理基础,推动社区微治理,富民居民区努力搭建好社区、物业、居民之间的桥梁,组建"红色管家团",完善服务机制,有效提升了社区治理效能。一是织密网格,集聚管家力量。推行片区负责制,班子成员带头包干片区,并从居委会、业委会、物业"三驾马车"中选取党员骨干、退休老干部、老教师组建"红色管家团",形成共同管理的三级管理网格。在 2022 年的疫情中,"三驾马车"因地制宜绘制"富民居民区疫情防控作战指挥图",班子成员带队根据片区安排,以网格包干形式开展疫情防控工作,切实做到底数清、管控实,确保各项工作有的放矢、快速落实。二是细化责任,完善工作机制。一方面,制定"红色管家团"会议制度,由社区党组织牵头,邀请管家团成员一并参与疫情防控专题会议,聚焦疫情防控重点,研讨社区管理难点,共享信息和资源,确保工作落实到位。另一方面,完善"红色管家团"服务机制,建立完善管家团服务机制和工作流程,通过广泛听取群众意见建议,提出解决问题的途径,明确相关负责人和办理时限,提高社区服务工作效率。三是督查反馈,提升服务效能。"红色管家团"以交叉督查的形式每季度检查对方所负责的片区,重点对居民诉求集中的乱堆放、乱停车、乱涂写、乱张贴、乱搭建、乱拉线等问题进行实地检查,并进行评比通报。集聚三方合力,针对问题形成闭环管理模式,同时注重收集服务过程中的短板进行查漏补缺,进一步提升社区治理服务效能。

(二)夯实阵地,凝聚管家力量

管家团成员借助线上线下平台广泛深入开展形式多样的服务活动,不断提高社区居民的获得感和满足感。一是筑牢阵地堡垒。邀请专业人士如社区民警、片区城管、法律顾问等入驻"微法"工作室,每周三固定管家团成员负责当日"红法"活动,形成咨询服务活动常态化,营造社区知法、懂法、护法、守法、用法的良好氛围。对于社区矛盾问题特别是在疫情期间突出的纠纷等,由管家团成员担任"老娘舅",由其牵头对矛盾问题及时跟进、疏导,将矛盾控制在基层,遏制在萌芽状态。二是拓宽宣传渠道。充分利用各种宣传阵地和工具,组织管家团成员开展法宣设摊、观看宣传片等形式多样的法治宣传教育活动,定期更新法治宣传栏,健全居民公约并做到家喻户晓。主动协调社区民警、城管、签约律师、心理咨询师等成员前往"微法"工作室"值班",线上、线下为社区居民提供公益性法律咨询服务,解决生活中的实际问题。三是提供智慧服务。以居民大数据为基础,探索运用"互联网+"线上报修小程序,开发居民一站式服务微信服务平台。辖区内居民们通过线上报修小程序,足不出户就能享受线上预约、在线交费、水电报修、一键报警、信息咨询等相关服务。管家团在收到相关预约信息后,组织专人提供相应的服务,为居民提供便利的同时,更提升了社区的治理能力和治理效能。

(三)资源联动,激活管家动能

为全面打通服务群众"最后一米"、满足居民的更高需求,"红色管家团"充分调动自身资源,形成"五红"联动资源,切实提高为民服务水平。一是红色代办解难题。考虑到一些业主因上班或行动不便,管家团推出了"红色代办"服务,根据业主的需求代收信件、快递,代交物业费、停车费、代交电话费、水电煤费用等,帮助业主解决"跑腿"烦恼。疫情期间针对有些滞留在外无法归家的居民,物业及时帮助解决一些力所能及的事情。二是红色关爱暖人心。在得知辖区内有一位空巢老人和一位家境贫困但学习优异的孩子需要关爱时,管家团的成员第一时间与其结对,每周与老人会面,与其聊天解闷,打扫卫生,让老人感受美好温馨的家庭氛围。与孩子沟通了解其近期的思想、生活和学习状况,资助其每年的学费,提供力所能及的帮助。疫情期间,居委会联合物业公司为特殊困难群体上门发放物资。三是红色人文提素质。结合传统节日组织管家团成员开展包汤圆、包粽子、做塌饼等活动,并将制作的传统美食赠与辖区内独居高龄老人,让其感受到关爱。积极发动业主参加红五星比赛,丰富业主业余生活的同时,也增进了业主与管家团的感情。开展形式多样的市民修身讲座,进一步提升广大居民的素质。四是红色资助显担当。在得知张堰二中有学生家境困难需要帮助时,管家团积极牵线搭桥,由航效物业与张堰二中签订帮扶协议,设立"航效"杯资助奖励基金,用于资助贫困奖励优秀,彰显企业的社会责任,以慈善回报社会,2022学年基金已全部帮扶到位。五是红色志愿构和谐。在2022年的疫情防控保卫战中,管家团成员积极报名参与志愿服务,协助开展核酸筛查、抗原检测、物资发放、道口执勤等,物业保洁人员在疫情吃紧期间,每天都对楼道及小区环境开展消杀;门卫的保安则24小时不间断地做好小区的"守门员",严格落实"一戴三查"、查验场所码等。

三、工作成效

(一) 发挥政治"牵引力",汇聚"红色合力"

富民居民区以"党建+"为统领,积极发挥政治"牵引力",结合"红色物业"建设,全面整合三方力量,以"红色管家团"为服务载体,坚持共建共治共享,进一步健全矛盾排查化解机制、三方联动服务机制,实现事务共商、活动共办、工作共抓工作新格局,成功解决了小区管理中相互猜忌、事责不清、推诿等问题,妥善化解了群众反映强烈的矛盾,受到小区业主的一致好评。

（二）找准需求"切入点"，激发"红色细胞"

富民居民区作为20世纪90年代建立的老旧小区，因为没有电梯，很多高层居民特别是老人，上下楼梯很不方便。居委在前期广泛调研下确定了富民新村111号楼梯需要加装电梯，但这一举措在前期的推进过程中却并不顺利，分片包干的管家团得知这一情况后，通过与居民近距离接触，从居民需求出发，以热忱的态度加上十足的耐心积极劝导不同意安装的居民，助推加装电梯工作顺利推进。

（三）深化治理"服务链"，传递"红色温暖"

为打赢"大上海保卫战"，助力小区恢复常态化疫情防控，"红色管家团"以开展志愿服务为抓手，助力社区疫情防控工作。管家团成员既是社区的"宣传员"，又是社区的"守门员"，也是社区的"快递员"……他们的一次次志愿服务传递着一份份温情，为居民营造了一个安全规范、舒适宜居的小区环境，提升了居民的幸福感和安全感。

四、创新启示

社区治理是一项长期的工作，直接关系到居民的满意度、幸福感和获得感，富民居民区积极发挥居民区"三驾马车"的共建共治作用，通过边探索、边总结、边提升，因地制宜、精准发力，将"红色管家团"打造成基层党组织联系服务群众的工作平台，推动实现资源共享、责任共担、问题共解，使管家团在服务社区、服务群众中发挥重要作用，真正做到"民有所呼、我有所应"，让社区治理工作真正有色彩、有温度、有活力，充分体现"治"的成效。

第十五章
廊下镇："一院三堂"基层社会治理新模式

第一节 社会治理"公家事"变为群众"自家事"

一、案例背景

近年来,廊下镇深入推进党建引领下"四治一体"基层社会治理创新工作,建立健全党委领导、政府负责、社会协同、公众参与、法治保障、科技支撑的现代乡村社会治理体制,提升干部驾驭处置复杂疑难矛盾的能力,激发群众参与基层社会治理的热情,逐步形成了以村民自治为核心、依法治理为保障,具有廊下地方特色的"一院三堂"社会治理新模式(即党建事合院、自治公堂、村民学堂、职工课堂),顺应人民群众对美好生活的向往,不断提升人民群众的获得感、幸福感、安全感,为全面提升基层社会能级发挥了重要作用,为乡村振兴打好基础、提供保障。

二、主要做法

(一)一个"院"纵向延伸,下移治理重心

积极发挥党建"红色纽带"作用,通过搭建党建"事合院"汇集本村乡贤能人、整合多方资源,有效解决乡村治理"空心化"问题。一是将支部建到网格上。2018年,廊下镇党委制发《关于开展"区域党建、综治平安、社区管理""三网联动"网格化工作的实施意见》,同年在各村(居)小网格建立党支部,同时在各自然村落建立"事合院"党建服务点,缩小治理单元,强化社会治理的基层组织建设,全镇14个村(居)共成立了55个网格党支部,45个网格"事合院"。近年来,各村(居)"事合院"针对基层治理难点开展议事,为村民落实

"微实事"61项。二是将队伍组建在村落上。将"五老党员"(即老干部、老战士、老专家、老教师、老模范)列入"事合院"议事骨干队伍,协助村委开展环境治理、矛盾调解、困难帮扶等工作。比如,光明村依托现有的管理网格,整合村"三支队伍"、老书记队伍、宅基乡贤能人队伍,按照3—4个村民小组(约150户村民)配备一个"宅基管家"团队的标准,组建6个"宅基管家"议事点,通过建立工作专班,落实责任分工,充分调动"事合院"网格支部的积极性,确保有人牵头、有人办事。比如,特色民居"事合院"党员志愿者在走访中注重收集民情民意,创造性地开展"红色代办"服务项目,目前已帮助330户居民解决实际问题。三是将服务延伸到宅基上。在宅基埭头设立平安守护点,确保一个"事合院"带领2—3个守护点,促进村民自我服务、自我教育、自我管理。目前,全镇共有371个平安守护点,覆盖每个宅基埭头,共收集上报安全隐患466件,自我排除429件,充分发挥了平安守护前沿阵地的作用。

(二)"三个堂"横向辐射,服务多类群体

面对农田承包、土地流转、动迁安置、环境整治、邻里纠纷等基层治理难题,廊下镇通过建立自治公堂、村民学堂、职工课堂,不断优化"自治+法治"的基层治理方式。一是推行"自治公堂",做实民事民议。深化南塘村"用村民自治机制化解矛盾纠纷"(即"小矛盾"上"大会场")的经验做法,2019年在全镇各村推行"自治公堂",组织老党员、村民骨干、乡贤能人组建村民议事组织,开辟专门议事场所,将"事合院"、村民自治小组、平安守护点收集提交的诸如宅基美化、土地租赁费难收等难点热点问题进行公开讨论,并邀请律师、专家等参与议事指导,经集体讨论、批准同意后形成解决方案。二是推行"村民学堂",提升法治意识。针对"自治公堂"议事过程中发现的群众法治意识淡薄、法律知识缺乏等问题,廊下镇及时推行"村民学堂",通过征求各部门和村居需求,将法治教育和政策宣传内容编制成课程菜单,精准推送至需求人群,不断提升村民法治意识。中联村、中丰村、光明村还通过"村民学堂"推行宅基律师服务,送法律服务进村入宅,受到村民的一致好评。三是推行"职工课堂",强化宣传教育。针对在企业中务工的村民和来沪务工人员,廊下镇采取在企业开设"职工课堂"加强宣传教育,引导企业职工做事依法、办事讲法、解决问题靠法,实现法治宣传教育全覆盖。该做法不但增强了职工的法治意识,更提高了职工对企业的归属感,受到了企业的欢迎。

(三) 一套制度长期保障,形成常态化机制

廊下镇坚持以"小矛盾不出村、大矛盾不出镇"为目标,就地化解矛盾纠纷,固化好经验好做法,形成常态化工作机制。一是民事民议讲规矩。2020年,廊下镇制发《关于在全镇各村居推行"自治公堂"村民议事制度的意见》,明确村民为民事民议的主体,老党员、乡贤能人等是"自治公堂"的议事骨干,事合院、守护点及村民是议题收集的主要来源,规范了议事、决策、落实、监督等各项程序。二是法治保障严把关。村民议事离不开法治的有效保障。比如,南塘村通过采用"调解+诉讼"的方式,结合党组织力量和司法力量,推动5户拖欠租赁费的问题就地化解。为防止同类乱象再次发生,南塘村针对问题排摸处置流程和土地流转、农户占用耕地、集体资产管理、租赁费欠费等具体问题,专门修订村规民约细则,有效提升乡村善治能力。三是善作善成重长效。各村(居)党总支在广泛征求村(居)民意见的基础上,与村(居)法律顾问共同讨论,完善了例会制度、议事制度、评选制度、法治宣传制度、考核制度、调解制度等一整套工作机制,与村(居)民代表会通过的"自治公堂"组织框架、村规民约(居民公约)等一起公开上墙。镇依法治理办每年开展村(居)民议事工作评审,确保规范运行。

三、工作成效

(一) 基层组织"公信力"得以增强

通过"一院三堂"的建设,使镇党委和基层党支部之间、基层党支部与群众之间的关系不断拉近,形成了基层治理由党内向区域辐射的格局。唤醒了群众主体意识,调动了群众参与的积极性,群众的立场、村(居)民的作用得到了充分的尊重,使百姓在潜移默化中形成党总支"信得过、想得到、用得到"的共识。村居党总支"说得到、做得到"的公信力日益增强,干群关系明显改善。

(二) 村镇规划"微更新"得以实现

通过"一院三堂"的建设,部分民生基础设施和功能配套更趋完善,乡村面

貌进一步改观。光明村在"宅基管家"团队的努力下,开展美丽一条埭建设,清理门前屋后建筑垃圾砖瓦6万块、处置建筑生活垃圾150吨。南塘村通过"百姓公堂",解决了荒废旧场地改建为群众健身点、破旧仓库修建为文化小礼堂、村级道路和桥坡修缮、垃圾房的建造升级等提升村民生活品质等多个问题。在各项事关民生事项推进中处处体现百姓意愿,乡村建设的各种疑难纠纷得以顺利化解,民生工程得以顺利开展,人民群众的幸福感得到极大提升。

(三)百姓生活"急难愁"得以破解

通过"一院三堂"的建设,廊下镇各村(居)的"棘手事""急难事"得以迅速解决,并得到了广大群众的积极拥护。各村(居)"自治公堂"累计开堂159场次,解决各类矛盾纠纷近200件。比如,中联村党建"事合院"联系在外发展的乡贤能人,用"电商+直播"的方式,让近20万吨受台风影响的滞销蔬菜在三天之内销售一空。光明村牌场区域近20亩(约合13 334平方米)违建拆除与环境整治项目得以快速推进。南塘村、山塘村、中民村等村运用"自治公堂"有效解决了长期困扰村里的土地租赁费收交、动迁安置和邻里纠纷等难题。

四、创新启示

(一)坚持党的建设与社会治理有机统一

党的建设和社会治理绝不是两股道上的车,党的建设包含社会治理,搞好社会治理,离不开党建。要坚持党的建设与社会治理的有机统一,进一步完善和创新党的建设和社会治理紧密结合与相互融合的体制机制,不断增强基层党组织在打造"四治一体"的社会治理格局中的领导力、组织力、战斗力,彰显基层党组织的公信力、凝聚力、吸引力。

(二)坚持"自治""共治"与"德治""法治"同向发力

坚持法治与德治相结合,是中国特色社会主义法治道路的一大优势;将"自治""共治"融入"德治""法治"也是基层治理的现实要求。通过"四治一体"理念的相互交融,有利于凝聚基层各方力量,有利于构建联动联勤联办联管的新平台,有利于自我管理、睦邻互助的良好社区氛围的形成。

廊下镇通过党建引领强基础,构建"一院三堂"治理平台,创新基层社会治理模式,有效推动治理重心下移,把治理的主动权交给村居民,发挥村居民的主人翁意识,实现了基层治理变"公家事"为"自家事",走出了一条乡村善治的新路子。今后,廊下镇将持续深化"一院三堂"的社会治理实践,通过规范村规民约(居民公约),形成基层治理的长效机制,努力打造具有廊下特色的乡村治理新模式。

第二节 "村落议站"+"村落管家"——山塘村探索社区治理新路径

一、案例背景

早在唐宋年间,廊下镇山塘村即自发形成集市,迄今为止已有非常悠久的历史。"一桥跨两省"的山塘桥横跨于山塘河之上,北为上海金山廊下镇山塘村,南属浙江平湖广陈镇山塘村。一河之隔又一桥相连,面积、人口几乎一模一样。协同发展以前,南北山塘治理不同步、风貌不统一。直到2019年,南北山塘以村居"四治一体"建设为要求,在毗邻党建引领下成立"村落议站"自治平台,组建"村落管家"队伍,开启了发展新篇章。近年来,山塘村创建成为"上海市第二批乡村振兴示范村""金山区民主法治示范村"等,山塘村党总支荣获"上海市先进基层党组织"称号等。这些成绩主要源于社区治理的不断创新。在沪浙山塘联合党支部的领导下,山塘村根据社区治理新要求,不断探索社区自治新模式,拓展社区治理新路径,提升社区治理新水平。

二、主要做法

为进一步发挥村民自治作用,南北山塘成立共同的基层治理平台——村落议站,组建"村落管家"队伍,统筹做好政策宣传、民情收集、检查评比、邻里互助、矛盾化解等各项事务。

(一)遵循共建原则,成立"村落议站"平台

"村落议站"是南北山塘第一个可以实现村民自我管理、自我教育、自我

服务的基层群众性自治组织。"村落议站"成立后,依托平湖市"全域秀美"创建、金山区"美丽乡村—幸福家园"示范户、示范埭创建,南北山塘持续推进村庄清洁行动,农村人居环境得到全面改善。山塘村村域面积4.07平方千米,下辖11个村民小组,总户数748户,总人口2713人,目前共成立了10个"村落议站"。该平台的成立,能够有效缩短服务群众距离,发挥村民自治力量,切实提升村民幸福感和满意度。

(二)遵循共治原则,组建"村落管家"队伍

"村落管家"通过村落村民推选产生,由"党员+组长+村民代表+群众"组成,负责政策宣传、民情收集、检查评比、邻里互助、矛盾化解等各项事务。每个"村落议站"配备5—7名"村落管家",形成了"村民"管理"村民"的推进模式。在"美丽乡村—幸福家园"示范户创建过程中,"村落管家"们成了"统计员",做好老百姓家中废弃缸、罐、瓦、砖等回收统计工作,再将其变废为宝,打造乡村小景;在解读各类制度措施时,他们又成了"宣传员",根据下发的《告村民书》,深入推进村里制定的"六项负面清单以及三项制约措施",啃下一块块难啃的"硬骨头"。在没有大量资金扶持的情况下,"村落管家"们用自己的智慧、自家的材料、各自的干劲,美化自己的家园,真正实现村民自治。

(三)遵循共享原则,提高"村民自治"水平

为加强村落治理,发挥好"村落管家"作用,提高村民自治水平,结合村落实际,山塘村制定了《村落议站制度》。在乡村振兴示范村创建过程中,一切工作的开展都以"村民自治"为基础。在广大村民的支持、配合、参与下,山塘村快速推进民宿产业发展,成功打造牛角浜重点区域,全面推动移风易俗活动树立文明乡风……同时,山塘村通过推行垃圾分类"积分制"模式,用积分兑换生活用品,引导村民自治,以小创新撬动垃圾分类大课题。在大家的共同努力下,2020年,山塘村成功创建为上海市第二批乡村振兴示范村。

三、工作成效

在"村落议站"平台和"村落管家"队伍的推动下,山塘村各项工作取得显著成效。

（一）环境整治扮靓乡村容貌

无论是南山塘的"全域秀美"项目还是北山塘的"美丽乡村—幸福家园"项目，都是改善南北山塘农村人居环境的一次次生动实践。两地通过成立"村落议站"平台，组建"村落管家"队伍，抱团开展农户宅前屋后环境整治工作。牛角浜、独圩湾等自然村落在完善便民服务体系、提升整体风貌的同时，通过废物利用，将收集的缸、罐、瓦、砖打造成乡村小景，扮靓乡村"颜值"，提升乡村"气质"，同时也能保留乡村特色，留住美丽乡愁。

（二）治理有效凸显乡风文明

"村落议站"既是村民们的学习平台，又是村民们的活动阵地，"村落管家"会定期宣讲相关政策，收集村情民意，将矛盾化解在基层。在组建"村落管家"队伍的基础上，山塘村又组建了平安宣传组、特需关爱组、矛盾化解组、治安防范组、环境保洁组和党员先锋队等若干志愿者队伍，从志愿服务到环境整治，从乐善帮扶到村规民约，从治安防范到矛盾调解，各支队伍在山塘村各项工作中，是志愿者、宣传员，更是践行者。阵地、队伍和制度的不断完善给乡村治理打下了坚实的基础，也进一步凸显了乡风文明。

（三）产业互补带动村民致富

在"村落管家"的积极宣传下，村民们主动融入，携手并进走好毗邻乡村振兴路。南北山塘统筹协调农家乐、乡村民宿等旅游资源，发掘各自优势资源，初步实现"吃在南山塘，住在北山塘"产业布局。目前，南山塘共有6家农家乐，北山塘共有16家主题农场、12家乡村民宿。其中，南山塘的钱程似锦酒家，北山塘的溪进农庄、听风塘民宿、涵七民宿都是优秀青年返乡创业的典型，他们在实现"创业梦"的同时也走上了"致富路"。2020年，北山塘的天母果园，爱索特、牛博士采摘园等多家主题农场带动周边200多位村民就业，实现村民共同富裕。

四、创新启示

一是积极发挥沪浙山塘联合党支部的领导核心作用。建立以沪浙山塘联合党支部为领导核心，"三支队伍"和南北山塘其他党员群众共同合作，两地村民广泛参与的基层工作网络。二是创新自治载体。"村落议站"平台为村民参与村内事务提供了更加方便、快捷的途径,同时也提高了村民的公共精神和合作意识。三是激发自治活力。"村落管家"队伍借助"村落议站"平台不断探索深化,有效解决村民关心的环境脏乱差、就业难等问题,让村民成为社区治理的参与者、组织者和代言者。四是完善自治机制。建立一整套"村落议站"制度,如村落议事规则、村落公约、村落自治管理积分办法等,为村民自治的科学性、实效性提供有力的支持保障。

第三节　中民村以村民帮扶理事会提升治理温度

一、案例背景

中民村村民帮扶理事会于2014年4月12日初步创建,几年来在部分乡贤的引领下将中民村建设成了更有温度的乡村"大家庭"。新时代背景下的中民村,地处国际化大都市上海的西南角,年轻人纷纷离开家乡到城市工作。中民村不仅面临着老龄化、空心化的问题,村民邻里关系也比以前更加生疏,村民的即时需求往往难以得到及时的解决,横亘在村委会和村民们之间的"最后一公里"成了大难题。正是在这样的背景下,几位德高望重的乡贤牵头创建村民小组理事会。几年来,理事会调解村民纠纷、倡导公益志愿、提供公共服务与人文关怀,同时甘愿充当政府与村民沟通的桥梁。事实上形成了乡贤引领下推行常态式德治的制度化理事小组,中民村成了更有温度的乡村共同体。

二、案例内容

(一)村民自治模式探索——理事小组初步建立

2014年4月16日,理事会第一次会员代表会议成功召开。中民村五组53户村民共计49位户代表到会,商议通过了理事会章程、爱心基金管理制度,推选理事会理事四人,监事一人,负责日常工作,规定了理事会的宗旨是加强村民自我管理、自我教育、自我服务,调动村民建设社会主义新农村的积极性,促进物质文明和精神文明建设,构建和谐村民关系,形成良好村风村貌。理事会初步规定了理事会代表会议的参会资格、组织形式,爱心基金管理制度也初步明确了资金来源、管理方式和使用范围。村民理事会是在村民小组(自然村)基础上成立的村民自治组织,能够管组里很多"政府管不到、干部管不了、社会无人管"的老大难问题。通过借鉴先进管理模式和理念,全体理事会成员逐步建立、完善了针对理事会、爱心基金的信息公开制度和针对理事会成员的绩效考评制度,努力实现将理事会从村民自治小组向农村基层自治组织转型。

(二)不断规范理事会制度——制度是保障

村民帮扶理事会与村公共法律服务工作室一体化建设,村级层面重新选聘尽职履责的法律顾问律师,并利用闲置集体用房进行议事场所"升级改造",将议事流程、议事规范、议事成效上墙公示,进一步激发村民"想议事"的意愿。一是"重要原则"摆得正,将"坚持依法议事""坚持局部利益服从整体利益""坚持协助政府做好有关工作""坚持自愿原则""坚持少数服从多数"五大工作方针列为推进"民事民议"的主要原则,为一系列议事规则的确立奠定了根本遵循;二是"核心职责"拎得清,立足"有序开展民主协商",实现"协助村委会开展工作""调解矛盾纠纷""倡导文明新风""维护村民民主权利""宣传党和国家方针政策""代办基本公共服务"的六大职能,明确"帮扶理事会"工作的"靶向目标";三是"重点环节"行得稳,由于"帮扶理事会"作为一个集成基层议事、经济互助等功能的组织,兼具"人合性"与"资合性",通过实现帮扶基金实施"限制来源、规范支出、严格管理、定期公开"的"四条铁则",使得该组织全程运行在阳光下,有利于持续巩固该组织的权威性以及面对风险挑战时的公信力。

(三)不断激发乡贤能人——关键在人

乡贤能人作为上接"天气"、下接"地气"的议事组织者,作用不言而喻。为此,"村民帮扶理事会"持续立足乡贤能人的"赋能增效",更好凸显乡贤能人的"关键少数"作用。一是把牢"入口关"。议事骨干选任由村"两委"严格开展背景分析,确保议事骨干确实具备各居住片区、各类阶层、各年龄段村民的代表性,间接保障各类主体开展村务治理的参与度。二是捏紧"知识关"。建立以提升乡贤能人法治能力为核心的学习机制,积极组织"法律明白人"、调解员、老村干等乡贤能人参加区、镇、村组织的《民法典》知识、习近平法治思想学习讲座,促进其议事组织能力的提升。三是抓住"履职关"。在设立独立监事负责监督理事会工作及时纠偏的基础上,构建外部评价机制,每年由村民代表对理事会及其成员就日常工作、矛盾调处、解读上级政策、收集民意、规范使用基金五方面开展考核评优并奖优惩劣。此外,理事会考评制度还囊括了各种扣分事项,如无故缺席重要会议、基金使用状况公开不及时等。中民村理事会考评制度虽不复杂,但条条框框都蕴藏着理事会成员严于律己、服务村民的庄严承诺。

三、初获成效

（一）一以贯之坚持自治

村民帮扶理事会是中民村村民自我服务、自我管理的村民基层自治组织,村民是理事会一切活动和工作的基础。为避免今后理事会出现脱离群众的问题,理事会合理配置成员分工,保证无论男女老少,每一位村民都有至少一位理事会成员负责;定期组织理事会成员每家每户寻访活动,实时跟进村民思想生活动态;积极开展集体活动,加强中民村村民集体凝聚力。理事会增补一名妇女理事,专门负责处理村内的留守妇女问题,作为代表在理事会为女性村民发声,并给予留守妇女更多来自理事会和全村村民的关心。中民村村民帮扶理事会基本形成了覆盖全村、分工合理的人员配置,真正实现了"从村民中来,到村民中去"。

（二）民事民议蔚然成风

在村民帮扶理事会的带领下,涉及"五违四必"环境整治、"小三园"新农村建设、集体修路修桥等棘手的公共事项,都坚持以法治思维贯穿民主协商,通过民事民议,提出实施方案,依法有序推进。理事会成员定期开展"每户寻访",实时跟进村民思想生活动态,同时积极开展集体活动,汇聚全体村民集体凝聚力,同时积极运用"情在中民"微信公众号展现工作成果,扩大正面影响,努力挖掘热心"帮扶理事会"事务的"新生力量",确保"后继有人",目前已有3户村民的"小字辈"已经表达了进入理事会的意愿。2020年以来,"帮扶理事会"累计开展各类自治议事活动38次,1 248人次参与议事,助力化解纠纷36起,村内邻里关系明显改善,矛盾纠纷连年下降,让乡贤能人带动百姓开展"民事民议",自发解决身边事的做法在中民村蔚然成风。

(三)疫情期间的桥与墙

在战疫过程中,充分发挥"帮扶理事会"力量,让理事会成员成为村党总支和村委开展工作的"眼睛"和有力抓手。理事会成员就地取材用竹竿、铅丝等拦断村各支路,并第一时间在信息公示栏张贴防疫知识,用小喇叭向村民普及防疫知识,安抚村民恐慌情绪。理事会成员积极配合村委会开展抗原筛查和全员核酸检测,相互监督,做到了"不漏一户、不落一人"。村委会与理事会成员主动对接,充分沟通,积极采纳,让群众的积极性更强,参与度更高,为构筑战疫屏障打下了基础。

四、启示展望

中民村村民帮扶理事会在实践中越办越好,越来越接近一个管理科学、配置高效的新时代村民自治组织。不管是乡贤引领的德治、群众主导的自治还是制度保障的法治,让村民过上幸福生活的善治才是中民村村民帮扶理事会的初心,也是理事会不断改革所期盼能够达成的最终目标。目前,中民村村民帮扶理事会的经验做法已经在全镇推广,力求"小事不出埭,大事不出村",争创实现矛盾纠纷源头治理的"非诉社区"。帮扶理事会既是村民实现"自我服务、自我教育、自我管理"基层依法治理的平台,也是政府与村民沟通的桥梁,全体村民凝聚成一个富有温度、充满温情的乡村依法治理共同体。

第十六章
吕巷镇：打造基层矛盾调解的"非诉和合"品牌

第一节 基层社会治理的特色实践：创建"非诉社区"

一、案例背景

近年来，基层矛盾纠纷呈现出利益主体多元化、形成因素复杂化、表现形式多样化等特点，在基层如何快速、规范、高效化解矛盾纠纷，显得尤为迫切。吕巷镇以习近平法治思想为指导，贯彻落实"把非诉讼纠纷解决机制挺在前面"的重要指示精神，结合金山区推进全国市域社会治理现代化试点工作要求，在探索巷邻坊里和解、出诊一线调解、四访合一化解的基础上，全面推进非诉社区创建工作，将非诉机制挺前，突出源头治理、预防为主，强化多方参与、联调联动，引导群众通过非诉讼方式解决纠纷，努力将矛盾纠纷化解在萌芽状态，全面提高社会治理能力和水平，构建共建共治共享的社会治理新格局。

二、主要做法

（一）守正创新赋能，让纠纷解决有底蕴讲和合

一是贯彻落实习近平法治思想。切实把习近平法治思想贯彻落实到非诉社区创建全过程，吕巷镇立足矛盾纠纷的预防和多元化解，紧扣纠纷解决主线，运用习近平法治思想，指导非诉社区创建实践。二是发掘吕巷历史和合文化。从小白龙文化、胥浦文化、璜溪文化、千年银杏文化、"三个百里"上海后花园文化中，汲取和丰富矛盾纠纷调处的和合理念，融入非诉社区创建，探索打造"非诉和合"品牌。三是理清非诉社区创建思路。提出"非诉挺前，和合吕巷"创建主题，确立"党建引领、源头减争、非诉挺前、和合共商"工作主线，

营造"有事好商量、有事大家议、有事我帮你"的社会氛围。

(二)搭好组织架构,让纠纷解决有平台有人做

一是搭好非诉主架构。成立由镇党委书记、镇长任组长的非诉社区创建工作领导小组,制定下发《吕巷镇深入推进"非诉社区"建设实施办法》,下设办公室,组建一个工作专班、三个专项工作组,全力推进创建工作。二是绘好非诉线路图。将非诉社区创建工作纳入镇"十四五"规划,纳入党委、政府重要议事日程,纳入村居领导班子年度基本指标考核评价体系,强化各项保障和考核机制,加强系统谋划和整体推进,着力绘就非诉社区创建工作线路图。三是选好非诉调解员。健全镇、村人民调解委员会,通过培养、引入、志愿相结合,组建一支专职调解员、兼职调解员、法官、律师组成的"非诉"专兼职调解员队伍。与法院、司法局等单位合作,对调解员及村居干部进行培训,培养一批"法律明白人""法治带头人"。

(三)注重服务排忧,让纠纷解决有温度暖民心

一是深入一线察民情。深化"2055"工程、"民警兼任村官"工作机制,赋能"巷邻坊""百千万"工程,落实"三访三联四到位"工作机制,了解民意、反映民意、解决问题。二是跨前一步暖民心。实行每周三镇领导带班接访,通过一名领导、一名律师、一名心理师、一名专业部门负责人、一名调解员"五合一"制度,推行"四访四到位"工作机制,通过接访、约访、下访、回访,确保群众诉求合理的解决关心到位、诉求无理的教育引导到位、生活困难的帮扶救助到位、行为违法的依法处置到位。三是联动一体解民忧。整合法官、公安、律师、调解员、"老娘舅"、心理咨询师等资源力量,推进矛盾纠纷化解"访调、公调、诉调、专调、疏调、律调、省际联调、非诉与无讼"八个无缝对接,实现矛盾纠纷快速有效解决。

(四)多元共建共治,让纠纷解决有威信出水平

一是在协助司法调解上下功夫。坚持非诉挺前、诉讼断后,与区法院联合做好诉前、诉中、诉后工作协同,成立镇巡回审判工作站、村居诉源治理工作室,通过诉讼审判、司法调解,提高法律的权威性和公信力,实现诉讼判决一个案子、法治教育一个圈子、影响带动一个村子。与区司法局联手,布局全镇公

共法律服务站、点,推动"村村有顾问,事事依法行"。二是在协调行政调解上下功夫。加强对镇有关行政执法单位执法行为的法治审核,与行业调解、专业调解组织联动,实现辖区内矛盾纠纷第一时间掌握、第一时间响应、第一时间联调,减少矛盾发生量、降低对抗性、减小波及面。三是在做实人民调解上下功夫。镇级成立1个非诉讼服务中心,整合综治中心、人民调解、信访服务,实现"一门式受理、一站点服务、一揽子解决",让人民群众少跑腿。12个村(居)成立非诉讼服务站,通过"一站二约三有四团"("一站"即村居非诉讼服务站;"二约"即村规民约、埭上公约;"三有"即有事好商量,有事大家议,有事我帮你;"四团"即法律服务团、道德评判团、村民议事团、百事公益团)服务群众;在宅基埭头成立非诉讼服务点和非诉驿站,把公共法律服务力量和"两代表一委员"等调解资源整合起来,通过人民调解出诊法化解矛盾、解决纠纷。在企业成立吕巷镇汽车配件制造行业非诉服务站,定期开展法律服务进企业、职工法律援助、普法宣传等活动,从源头上减少诉讼增量,建设和谐劳动关系,切实保障职工群众的获得感、幸福感和安全感。

三、工作成效

通过非诉社区创建,将非诉讼纠纷解决机制挺在前,联动多方力量,将矛盾化解阵地前移、触角延伸,从源头上预防和减少诉讼案件的发生,不断提升基层社会治理能力和治理水平,夯实基层社会治理共同体。

（一）非诉挺前,畅通非诉讼纠纷解决机制多维度提升社会治理

在镇党委、政府的积极推动下,多元主体积极行动,深入探索,形成了党组织、村(居)、社会成员广泛参与多场景的社会治理格局,目前已形成了较为完善的非诉讼纠纷解决的路径:党建路径以暖民心为前提,通过发挥基层党组织战斗堡垒作用,实现非诉挺前;预防路径以少发生为目标,通过群团等各单位开展源头预防,实现标本兼治;解决路径以能解决为原则,通过发挥多元调解力量,实现定分止争;文化路径则以谋长远为标准,通过学校、普法队伍等开展理念宣传教育,固本培元文化育人。通过党建、预防、解决、文化四条路径,全方位开展非诉讼纠纷解决,加强了社会成员之间的情感连接,增强了社会成

员间的互动,夯实人人有责、人人尽责、人人享有的社会治理共同体。

(二) 以点聚面,运用法治思维预防化解矛盾纠纷修复社会关系

吕巷镇在非诉社区创建中探索提出了和解、调解、化解非诉"三解"工作法,和事佬"三劝"(即第一时间劝开、分别单独劝说、时机成熟劝和)和解在前、"老娘舅"出诊调解在前、"公道伯"联动化解在前,努力做到矛盾不上交,平安不出事,服务不缺位。联合区法院、区司法局等多部门力量,发挥镇巡回审判工作站、村居诉源工作室、公共法律服务站点作用,积极开展非诉讼服务,切实预防化解矛盾解纷,有效提升社会成员间的信任水平,修复社会关系。自2021年3月吕巷镇巡回审判工作站、村居诉源工作室成立至今,已成功调解了10余起村民追索劳动报酬案,并通过诉调对接等方式,由法院出具民事调解书,赋予了调解协议强制执行力,减少了当事人的诉讼时间及成本,修复了社会关系。

(三) 人民至上,坚持服务群众的民本观打通服务群众"最后一公里"

在非诉社区创建过程中,吕巷镇坚持"人民至上"理念,通过非诉讼纠纷解决机制帮助群众解决实际困难,达到案结事了、定分止争的效果。太平村非诉讼服务站用法律、真心、真情促进各方达成赡养协议,夹漏村多措并举解决焚烧干稻草纠纷,干巷居委会抓住根源化解弄堂归属纠纷……一系列矛盾纠纷通过非诉讼方式被化解。同时,通过非诉服务,及时将不稳定因素消除在萌芽状态,主要成效体现在"三减":主动通过工作减少矛盾发生量;矛盾发生后尽可能减少对抗性;控制范围减少矛盾的波及面,形成"非诉和合、幸福吕巷"的乡村治理新格局。统计显示,2022年,吕巷镇通过非诉解决矛盾纠纷2 473起(劝和1 085起,人民调解169起,信访化解1 219起),与2021年同比上升17.3%;诉讼案件立案450起,同比下降8.5%。一升一降的背后,体现了"非诉社区"创建的实际成效,将矛盾纠纷化解在基层,将平安吕巷创建延伸到基层。

2021年7月5日,时任金山区委书记胡卫国在新华社内参第47期《上海基层探索"非诉社区"社会治理新形态》上批示:"非诉社区是我们在实践中形成的社会治理新品牌,希望继续在实践中丰富其内涵,并全力在全区进行

推广。"

四、创新启示

"非诉社区"创建,是创新基层社会治理的新模式,也是对诉源治理的积极探索,推动市域社会治理现代化试点工作踔厉奋发、勇毅笃行,为提升基层社会治理现代化水平、夯实基层社会治理根基打下了坚实基础。"非诉社区"创建,需要以最广大人民根本利益为根本坐标,让基层社会充分发挥情感治理的内在优势,将人民对美好生活的追求、参与基层社会治理的需求结合起来,进行本土化创新。"非诉社区"创建,构建"社会调解优先,法院诉讼断后"的递进式矛盾分层过滤与化解体系,从源头上减少诉讼增量,切实增强群众的获得感、幸福感和安全感,具有一定的推广价值。下一步,吕巷镇将继续坚持把非诉讼纠纷解决机制挺在前面,持之以恒推进"非诉社区"创建,唱响"非诉歌",全力营造全社会共建共治共享的良好氛围,为实现"幸福吕巷"的目标不断努力。

第二节 夹漏村理事会上决事议事,巷邻坊里自治共治

一、案例背景

夹漏村地处吕巷镇西端,村域四面环河,西南与浙江省毗邻,朱平公路南北贯穿村域中心。村域面积3.87平方千米,耕地面积226.67公顷,辖21个村民小组、723户,户籍人口2 483人。

当今,随着经济社会的高速发展,社会面貌发生了深刻变化,社会结构日趋复杂。落脚在村域基层,村民的生活水平不断提高,对美好生活的需求日益广泛,对民主、法治、公平、正义等方面的需求也日益增长。为解决这一现实问题,吕巷镇夹漏村紧紧围绕"创新社会治理,加强基层建设"目标,以村民需求为导向,立足村域实际,不断创新服务群众的工作方法,积极探索新形势下乡村社会治理新模式。2016年12月,夹漏村成功申报国家级"以村民小组或自

然村为基本单元的村民自治试点单位",推进乡村治理民主化管理,成为上海市唯一入选村,经过几年实践,取得了积极成效。

二、主要做法

(一)加强党建引领,推动共治自治联动

成立2022年新一届村民理事会,选举产生理事会成员93名,与时俱进完善理事会章程,优化理事会"工作清单",构建一套科学、完整的民主管理制度体系。注重党建引领,将理事会与"巷邻坊"党群服务点优势互补,合力打造(学习教育集中点、民生事务受理点、村民自治议事点、社情民意反映点、代表委员联络点、志愿公益汇聚点、综治平安守护点)"七点合一"的综合性党群引领自治平台。通过在"巷邻坊"点开展常态化活动,夯实基层党建阵地功能,推动基层群众参与村级事务管理,激活村民自治意识。例如,在"五督三查"垃圾分类工作中,通过在"巷邻坊"点开展系列活动,普及了垃圾分类知识,每月评选垃圾分类"新尚户",让村民从置身事外到参与其中,营造了党员带头、群众广泛参与的良好互动氛围。

(二)规范议事体系,引导村民参与共治

以"村民小组理事会"为村民自治平台,引导村民参与自主管理。2016年,邀请华东理工大学社会系专家驻村调研,形成理事会章程、工作清单、培训制度、激励制度等规范化自治制度,实现村民自治有章可依。引入专业社会组织,以专业服务和丰富资源为村民提供更贴心、精准的服务,激发村民参与自治热情。聚焦村民关注的需求问题,理事会与村委会共议开展"爱心助餐"为老项目,由理事会志愿者志愿送餐,实现村民互帮互助共治,解决独居老人吃饭难问题。截至2022年12月,累计送餐48 061人次。2019年9月,夹漏村"爱心助餐"项目荣获上海市"十佳公益基地"称号。以夹漏村4组理事会为试点,初步形成《移风易俗认可意向书》,并经全组27户村民代表签字认可,通过探索倡导红白喜事简办、勤俭节约等,由点及面推动移风易俗,弘扬文明新风。

(三)丰富治理模式,激发村民共治活力

夹漏村发挥理事会作用,搭建多元平台,积极开展形式多样的村民自治活动。在"巷邻坊"新增法律咨询功能,律师坐诊"巷邻坊"为村民宣传法律知识、解答法律问题,协助村委会调解各类矛盾纠纷。弘扬志愿精神,制定志愿者激励制度,以"一分积一元"的形式,鼓励村民参与志愿服务。理事会以"情""理""道""德"为切入点,及时出面解决邻里纠纷,把矛盾化解在萌芽阶段。例如,在环境整治、畜禽退养等攻坚工作中,村委会以村规民约为抓手,发挥党员先锋模范作用,理事会对不配合的村民晓之以情、动之以理,加大家园共建理念的宣传,不断教育和转变村民思想,有效推动整治工作的开展。

三、工作成效

(一)村民参与治理建设,提升村民自治主人翁意识

理事会成立后,通过开展志愿服务"爱心助餐"、垃圾分类"五督三查"、移风易俗"白事、喜事简办"等,切实解决村民的实际需求,让村民参与其中,村民从原先的被动接受转为主动参与,自身的主人翁意识得到加强,幸福感和满意度得到提高。

(二)依托村民"老娘舅",缓解村委会人员不足难题

理事会成员不仅有退休老干部、综治社保队员,还有村务监督委员会成员、"巷邻坊"党群服务点负责人等。他们从群众中来,到群众中去,处理问题灵活、有人情味,更易被村民接受。如在"幸福家园"建设、疫情防控、农民集中居住等工作中,通过村民身边的"自家人"推动工作,大大提高了沟通效率,降低了沟通成本,确保了工作的顺利推进。

(三)整合多方资源,搭建自治共治服务平台

通过引进社会资源,搭建多方参与的治理平台,以理事会和"巷邻坊"点为纽带,引导村民及各方力量共同参与村级事务管理,提升了管理成效。如在疫情防控期间,夹漏村热心村民、社会各界人士纷纷奉献爱心,共战疫情,共计捐款46 910元,形成了共治合力。

四、创新启示

夹漏村通过"巷邻坊"点与村民小组理事会形成互补,以"近、快、活、多"

的特点,有力破解村级治理的难点、痛点问题,提高了村民自治的意识和能力,提升了村民的获得感和幸福感。"近"为一个组一个点,方便群众就近反映诉求;"快"为第一时间发现问题,快速处理解决;"活"为理事会成员是组内村民,处理问题灵活、有人情味,更易被村民接受;"多"为随着村民自发的各项活动增多,村民不出组就能参与。夹漏村以村民自治促进社会治理创新,推动了村民的自主管理、民主决策、社会监督,激发了村民的主人翁意识,促进了基层民主的深入发展。

第三节 干巷居委会打造"五色服务"社区志愿服务模式

一、案例背景

吕巷镇干巷居民区总面积约为 2.32 平方千米。居民区总户数为 3 472 户,常住人口 8 152 人(其中户籍人员 1 377 人、非户籍人员 2 719 人,外来人员 4 056 人),房屋 1 697 幢,下辖居民小区 11 个(其中封闭式小区 5 个、开放式小区 6 个),属于老、旧、新小区组成的城乡接合社区。面对新冠疫情,吕巷镇干巷居民区党总支将社区治理和疫情防控两手抓,以"共建共治共享"治理理念"排兵布阵",充分调动居民参与社区治理的主动性和积极性,在良性互动中不断破解难点问题,严格织密"防控网",着力打造"线上招募、线下服务、党群同心、公益同行"的"五色服务"社区治理新模式。

二、主要做法

(一)"红色引领服务"打造党员先锋

充分发挥党员的先锋模范带动作用,结合"三会一课"、主题党日等组织生活,开展内容丰富、形式多样的党员志愿活动,将党员志愿者服务队打造为社区志愿者队伍的先锋,不断推进党建和社区治理双向融合。防疫期间,党员志愿者们逆向冲锋,道口 12 小时轮班执勤、统计数据、发放物资,带领其他队伍加班加点始终扎根于基层一线,布下防疫"行动网"。

(二)"橙色守护服务"激活善治力量

为保证辖区平安有序,组建一支由退休老师、老党员、热心居民组成的平安志愿者队伍,每日学校门前等重要交通道口引导行人安全通过,及时阻止电瓶车乱停乱放等现象,尽力减少高峰时期的道路拥堵,严格保证辖区内的平安稳定。防疫期间,平安志愿者们兼职"跑腿代办员",每天专人上门收取垃圾,保证居民的日常生活,同时,与居民区内的超市加强联系,临时提供外卖服务,由工作人员送至小区门口,再由居民区的"跑腿代办员"送至各居民家门口,真正解决了居民生活所需。

(三)"黄色关爱服务"帮扶弱势群体

为关爱社区弱势群体,及时了解辖区内空巢老人、孤老、困难群体的基本情况,将空巢老人、残疾人等特殊人群记录在册,并组织"老伙伴"志愿者服务队,与需要帮助的老人一对一结对,定期开展如修剪头发、清洗衣物、代办相关事务等上门帮扶服务,让老人们真正感受到"空巢不空、孤老不孤"的老年生活,促进社区和谐稳定。防疫期间,一位集中隔离的泰国入境人员因年老且患有高血压、心脏病等多种慢性疾病,每日需服用十几种药物,志愿者及时联系其家人,做好了所需药物的补给,确保老人的身体健康。

(四)"绿色护行服务"共创美丽家园

为保持辖区环境卫生,创建文明社区、美丽家园,定期开展社区绿色护行活动,如垃圾分类入户宣传活动、每日违法违建巡查志愿者服务、每月党员护水先锋活动和"河小青"护水净水文明实践志愿服务活动等,糟坊河和干巷塘在志愿者们的努力下摆脱了脏乱差的景象,焕然一新。防疫期间,组织做好辖区消毒工作,对每个小区每天进行消毒工作,志愿者定期检查垃圾分类情况,保证居民群众的安全。

(五)"蓝色讲解服务"普及法治理念

为提高社区居民法律意识和法制观念,整合社区资源,组织律师、法律工作者、调解员、社区民警等形成流动志愿者队伍,开展如宪法宣传、防非法集资、防电信诈骗、禁毒宣传等普法宣传活动,并利用辖区"巷邻坊"党群服务点,到居民身边讲授法律知识和安全防范措施,使普法更加深入居民群众心中,同比2021年辖区电信诈骗的发案率有了明显的降低。防疫期间,定期向居民发放疫情防控注意事项,宣传相关法律法规和卫生防疫知识,让居民能够正确了解相关知识,不走弯路,引导全社区增强法治观念和防护意识。

三、工作成效

（一）社区志愿服务全面推进

借力"巷邻坊"党群服务点,成立"邻里守望·先锋驿站",根据各网格辖区的所需所求,发布"我们的家园,我们来守护"志愿者招募令,广泛发动居民区的党员和群众参与志愿活动,获得积极响应。2022年防疫期间共招募志愿者200余名,开展志愿服务时长约3 839小时,对辖区所有来沪外地人员进行了详细登记,保证了辖区防疫需求。老伙伴活动共有20名志愿者为100名独居或高龄老人服务,上门为老人谈心读报,做健康宣传,保证了他们的晚年生活。日常平安巡逻、护校服务共有18名志愿者,每天为辖区平安巡逻、保证学校上下学有序进行,共计上报网格案件32件,完成率达100%。

（二）社会治安环境有效改善

"五色服务"志愿者队伍最大限度地将辖区内消防安全、治安状况、矛盾纠纷等纳入"视线",有效化解了辖区内社会治安管理的死角和盲区。2022年,辖区内报火警0起,火灾发生率同比下降100%,电信诈骗案件2起,同比下降60%,入室盗窃案件0起,同比下降100%,各类刑事立案数量均呈下降趋势。另外,组织"蓝色服务"志愿者开展防电信诈骗宣传讲座3场、法律知识讲座2场、禁毒知识讲座2场,成功调解15起矛盾纠纷,增强了辖区居民防范意识,为提升社会治安环境和居民满意度打下了坚实的基础。

（三）社区弱势群体普遍满意

社会治理创新必须把以人民为中心的理念贯穿到思想和行动中,居委会通过"黄色关爱服务"提供帮困服务,帮助辖区困难老人解决身边困难。2022年,德馨为老服务社为社区老人开展1场便民服务,主要有理发、磨剪刀、维修小家电、修补衣物等,共计帮助老人50余人次。在辖区老年活动室为老人开展了4场健康讲座,讲解老年人需要注意的健康小知识,共计参加人数160余人次。另外德馨为老服务社安排17名志愿者为34位行动不便或子女不在身边的老人配药上门服务，帮助他们解决了配药难的问题。

四、创新启示

干巷居委会将五色志愿服务作为培育和践行社会主义核心价值观的重要途径，落细落小落实到日常生活。通过党建引领，"四治一体"基层社会治理体系建设全面发力，培育"我为人人，人人为我"的五色志愿服务文化，将开展五色志愿服务与创新社区治理有机结合，把志愿服务与党建、计生、文明创建、民政工作等深度融合。下一步，干巷居民区将继续做到线上招募、线下服务，党群同心，公益同行，充分调动居民参与社区治理、社区服务的积极性，有效构建与居民良性互动的社区治理、服务新模式。

第十七章
石化街道：自治共同体参与基层治理

第一节　石化街道居民参与"爱心点名"，提升基层治理温度

一、案例背景

石化街道户籍人口数约5万，其中60周岁以上老年人口19 116人，占比约38.2%，孤老、独居等老人达1 944人，占老年人口的10.17%。为积极应对辖区日趋严重的老龄化态势，石化街道党工委以党建引领下"四治一体"基层社会治理体系创新工作为抓手，以滨二居民区实行10多年的"高温点名册"为参考，梳理总结可复制推广的工作经验，在辖区内全面推开"爱心点名"行动，着重做好孤老、独居、纯老、高龄等特殊人群的关心关爱工作，让辖区老年人感受到"老来不缺爱，社区有关爱"的社区温度，全力助推社区治理不断创新、取得实效，有力提升辖区居民幸福感、获得感、安全感。

二、主要做法

（一）强化组织保障，紧紧抓住党的领导这个根本

一是加强组织领导，形成工作合力。充分发挥党工委"总揽全局、协调各方"的领导核心作用，成立由党工委书记和办事处主任担任组长，相关职能部门共同参与的领导小组。通过定期召开工作例会、健全完善行动责任制等方式，落实好信息通报、考核督促等相关制度，切实形成工作合力。二是坚持组织引领，共推爱心项目。用好区域化党建"朋友圈"优势，挖掘辖区内爱心企业资源，建立由30多家企业组成的"爱心企业库"，推出"爱心点名"行动志

服务公益项目,得到爱心企业积极认领,切实为特殊关爱人群提供公益帮助,解决实际困难。三是挖掘社区力量,组建服务团队。注重整合社区资源,将机关干部、结对共建单位党员、社区在职及退休党员等群体纳入"爱心点名"行动志愿者团队,并把"爱心点名"行动纳入志愿服务公益积分制,发掘组织更多的志愿资源投入"爱心点名"行动,切实形成守望相助、邻里互助的浓厚氛围。

(二)强化全民参与,紧紧抓住协商自治这条主线

一是研究方案居民全程参与。围绕"爱心点名"点什么、谁来点、谁保障等关键问题,集思广益多次召开居民协商会议,充分听取辖区各级党组织、社会组织、居民区"三驾马车"意见,逐步明确主要目标人群,梳理收集服务需求,不断完善行动方案,为"爱心点名"行动指明了方向。二是特殊情况大家共同处置。对于部分居民区在实施过程中遇到的特殊关爱人群出现身体不适或意外去世等特殊情况,调整设置特殊案例协调处置工作小组,邀请居民区"三驾马车"人员代表、老党员代表、楼组长代表共同参与处置,并制定完善《石化街道特殊关爱人群紧急救助处置流程图》《石化街道特殊关爱人群意外去世处置流程图》,明确处置流程、责任分工,确保各类特殊情况得到及时有效处置。三是各方积极探索长效管理路径。探索将参与"爱心点名"行动、尊老敬老有关内容纳入居民公约,通过居民公约和社区居民集体力量强化教育、监督和管理,促进常态长效。结合"福鑫宝"、精彩为老服务等项目,探索建立特殊关爱人群为老服务一条龙、主动关爱和紧急求助服务相融合的工作体系,切实让关心关爱服务保障到位。

(三)强化依法依规,紧紧抓住为民服务这个核心

一是按需定制公共法律服务指引。健全完善《石化街道居民区为老服务法律指引》(分居委会版、老年人版),主要包含老年人权益保护原则、老年人所在居委会法定义务、遗赠遗嘱材料清单、老年人去世后居委会相关法定义务等8个方面内容,为合法规范处置特殊关爱人群相关事宜打造了模板、勾勒了路线。2022年以来,运用法律指引顺利调处6起老年人、特殊关爱群体涉法事件,受到居民欢迎。二是打造多元化公共法律为老服务供给体系。以"滨海法谈"

为平台,以"以案释法"为主要形式,组织老年居民开展各类与生活密切相关的法律法规知识普法宣传,不断满足老年人群体日益丰富的公共法律服务需求。建立居民区顾问工作评价和动态调整机制,引导居民区法律顾问定期为社区老年人提供人民调解、法律咨询等服务,不断强化"有问题找法"的意识。三是上门服务打通为老"最后一公里"。与区公共法律服务中心联动,将公证、人民调解等区级资源注入街道居民区公共法律服务清单,并为街道弱势群体、老弱病残等行动不便的特殊群体,提供上门服务,优先办理老年人法律咨询件、调解件,实现老年人等特殊群体办事"免排队、零等待"。与石化市场监管所联合形成《关于开展消费纠纷联动调解促进矛盾纠纷多元化解工作方案》,通过"人民调解""消费调解"联合发力,高效化解老年人消费纠纷。截至2022年年底,共受理消费纠纷39件,均成功调解,挽回消费者经济损失共计约18.6万元。

三、工作成效

(一)提升"自治"水平,为社区治理增添活力

街道领导班子成员走访了全部26个居民区,其间开展了总计39场座谈会,收集了各类意见、建议,不断完善为老服务自治体系,让"爱心点名"见实效。高度关注特殊老年人群的现实需求,及时帮助解决老年人生活中遇到的实际困难和问题,有效处置突发意外状况,切实保障老年人身体健康和生命安全。有效处置诸如九村许某去世后产生的医疗费用、财产分配等事宜,切实将矛盾解决在社区,化解在基层。

(二)深化"法治"思维,为社区治理加强保障

街道对老年弱势群体、老弱病残等行动不便的特殊群体,开展"优先办""上门办",逐渐形成多元供给的公共法律服务机制和共建共享的服务格局。2022年以来,运用《石化街道居民区为老服务法律指引》,顺利为石化九村、十村、桥园、三村、七村等居委会的6起老年人、特殊关爱群体事件处理出具法律建议,受到居民欢迎。

(三)营造"德治"氛围,为社区治理注入能量

充分发挥党员先锋模范带头作用,结合居民区老人人数与实际情况,进行

"小"老助"老"老结对,通过定期走访、开展活动等形式,消除老年生活的孤独感,也有效减少了独居、孤寡老人的安全隐患问题。同时,呼吁子女孝老爱亲,增强赡养老人的责任意识,弘扬尊老爱老的传统美德,营造浓浓的爱老氛围。

（四）坚持"共治"理念,为社区治理激发活力

"爱心点名"行动以党建为引领,动员社会各方力量参与志愿为老服务,充分发挥居委干部、养老顾问、楼组长、"老伙伴"志愿者等作用,形成守望相助、邻里互助的社区独居长者照护模式,全面做实辖区重点老人、困难老人的日常照护和关爱服务。同时,加强责任落实,部门联动,不断强化老年群体相关突发事件处置能力,及时有序稳妥处置各类突发事件,切实杜绝各类冲击社会道德底线现象的发生。

四、创新启示

石化街道以开展市域社会治理现代化工作为契机,以党建引领"四治一体"基层社会治理创新为抓手,坚持党工委领导、办事处主导、社会参与、全民行动相结合,整合辖区资源,切实有效化解社会治理中为老服务工作的难点。石化街道将持续围绕人民群众所急所需,以全面满足社区群众需求为核心,不断优化"服务"与"治理"的关系,并依托联勤联动管理平台建设,提升科技服务管理效能,为辖区内特殊关爱人群提供坚强保障。

第二节　辰凯居民区构筑美丽街区治理共同体,奏响共建共治共享交响乐

一、案例背景

辰凯居民区始建于1997年,沿街有餐饮店、美容美发店、房产中介、服装店、水果店等多种业态。过去,部分商铺为了招揽顾客,一定程度存在环境脏乱、争抢客源、跨门营业等问题,影响了周边环境及居民生活,同时给社会治理带来挑战。为切实解决这一问题,2018年以来,辰凯居民区党总支(以下简称

"党总支")积极发挥党建引领作用,以周边蒙山路(卫清—龙胜路)路段沿街商铺治理为试点,将区职能部门派出机构请进来、坐下来,与居委会、社会组织、商铺、居民等多元主体,组成美丽街区治理共同体,形成"多方协商协作、商铺依规经营、社区居民认同"的自治共治模式,不断提升基层治理活力和质量。

二、主要做法

(一)党建引领、全员参与,画出最大"同心圆"

自2018年以来,在党总支的积极争取下,小区实施了美丽家园改造,不仅全面提升了环境面貌,还解决了房屋渗水、漏水、开裂等困扰居民多年的老大难问题,但小区外沿街商铺不规范经营导致的一系列问题却给居民日常生活带来了影响。为从根本上扭转这一局面,在街道的大力支持下,党总支充分发挥"总揽全局、协调各方"作用,将社会治理范围从居民区墙内拓展到墙外,积极探索建立以党总支为圆心,区职能部门派出机构、居委会、社会组织、商铺业主、居民共同参与的党建"同心圆",着力构建各方围着"圆心"转、齐抓共建"一盘棋"的美丽街区治理"共同体"。

(二)精准排摸、民主协商,寻找最大"公约数"

在推进过程中,党总支坚持将精准排摸、多方参与、民主协商作为依托,通过各方共同商议并取得一致意见,解决群众诉求,提升环境面貌,构建良好营商环境。一是做好排摸,筹备协商。在开展协商之前,充分排摸沿街商铺及其业主情况,最终挑选出12名热心、有责任感的商铺及业主代表作为"美丽街区"治理共同体议事会成员。二是多方参与,形成合力。邀请市场监管、市容环卫、城管税务、交通等多个职能部门共同参与协商工作推进会,就街区业态各类问题进行深入的探讨交流。三是协商共谋,群策群智。在协商工作推进会中,各职能部门对"美丽街区"治理共同体规约、架构、运作原则和机制进行讨论和酝酿,对美丽街区治理共同体运作提出意见建议,为建立可行有效的制度机制打好基础。

(三)搭建平台、健全机制,奏响最美"交响乐"

在美丽街区治理共同体运行过程中,党总支坚持将搭建平台、健全机制、加强指导作为工作的重中之重。一是搭建平台,破解难题。建立由党总支、区职能部门派出机构、居委会、社会组织、商铺业主、居民共同组成的"美丽街区"治理共同体议事会,结合商铺业主和经营者基于自身实际情况及诉求,就自身最关心的问题向区职能部门提问,职能部门及时做出回应和解答,共同解决实际问题。二是健全机制,长效常态。以协商工作坊为载体,讨论形成"美丽街区"治理共同体《商铺规约》和议事会日常运作机制,如会议机制、调研机制、联络机制、反馈机制和激励机制等,为治理共同体顺畅运作打下了坚定基础。三是聚焦重点,加强指导。积极邀请第三方社会组织现场指导"美丽街区"治理共同体议事会运作,并提出建设性意见。区职能部门派出机构结合各自职能,将日常巡查、处置及宣传深入社区和商铺,形成长效管理的新机制。四是回应需求,共治共享。疫情期间,商业治理共同体成员主动回应居民区需求,参与社区疫情防控,如上门核酸采样、常态化点位扫码志愿服务、全员核酸扫码等活动,构建商铺与社区有机融入、互帮互助的治理格局。

三、工作成效

辰凯居民区通过构建"美丽街区"商业街区治理共同体,引导沿街商铺融入社区治理,使其正视在社区治理中的主体地位,成为基层治理的积极参与者、行动者。

(一)盘活社区资源,激发社区治理的内生动力

一是凝聚合力,多元主体活力得到发掘。区职能部门、街道相关部门、居民、商铺业主和经营者及物业、业委会都在社区治理中起到了积极推动作用,充分体现了1+1大于2的成效。二是强化职责,各方在规矩中谋发展。共同体相关方根据自身的角色与定位,在《商铺规约》的约束下,明确各方职责,享受各自相应的权利,履行各自应尽的义务,通过有各方代表参与的议事会共同解决实际问题,共同推进"美丽街区"建设。

(二)凝聚治理共识,推动区域治理走向全域治理

一是创新模式,形成共识。"美丽街区"治理共同体组建以来,形成"多部门协作帮助商铺业主规范经营取得社区认同"的管理新模式,就沿街商铺垃

圾分类、健康示范圈建设等议题进行了探讨,形成社区治理共识。如"公勺公筷、禁止野味、全面禁烟"的倡议,成为沿街餐饮店的一致行动。二是延伸共治,齐创和谐。辰凯居民区依托治理共同体,引导商业街区融入社区治理。比如在"新冠疫情联防联控"工作中,共同体的构建优势显现,居委会迅速将防控提示传达至各商铺,在落实体温监测、返沪隔离等措施上得到了大家的理解和配合。

四、创新启示

一是坚持党的领导是构建"美丽街区"治理共同体的根本保证。在居民区党总支的推动下,社区治理方式从行政命令式转为依法协商式,是打造共建、共治、共享的社会治理格局的重要基础。二是推动多方参与是构建"美丽街区"治理共同体的有力支撑。发挥居民区党组织的引领作用,充分激发社区居民和商铺业主的主人翁意识,努力实现人人参与、人人尽力、人人共享的共建、共治、共享格局。三是加强制度建设是构建"美丽街区"治理共同体的有效保障。"美丽街区"治理共同体议事会及相关制度机制的建立,不仅为社区治理搭建了各方力量共同参与的自治共享平台,而且为推动平台的常态化运行与良性发展提供了重要保障。

第三节 山鑫居民区党建引领社区治理"三驾马车"并驾齐驱

一、案例背景

山鑫阳光城小区始建于1999年,属于早期商品房,地处金山区最繁华的商贸、金融、交通中心。小区内有多层居民楼132幢、居民1530户、实有人口4537人。由于小区属于学区房,附近有幼儿园、小学和初中对口实验小学及蒙山中学,所以整个小区居民以中青年居民为主(居民结构呈现"三多一强"特点,即高学历高收入人群多、机关干部多、中青年居民多,参政议政意识强）。小区居委会、业委会和物业被认为是社区治理的"三驾马车",但如何在实际工作中让三者产生合力是一个难题。积极探索最大限度地发挥好居委会、业委会、物业公司这"三驾马车"资源共享和优势互补的作用,是社区党总支一直在探索的问题。

二、主要做法

（一）精准谋划,在组织架构上创先,由"各司其职"变"组织统领"

注重发挥党的组织优势,使居民区党总支成为引领社区的"轴心",统筹推进社区综合治理。一是建立"1+3+X"管理模式,突出党建核心力。（"1"即居民区党组织；"3"是居委会、业委会、物业公司；"X"是社区党员群众、驻区及共建单位等其他力量）,以服务型党组织建设为抓手,以"支部领导团队、党员融入团队、团队凝聚群众"为工作要求,推动组织共建、资源共享、实事共做,不断完善社区自治共治架构。二是强化"两会一司"组织建设,突出党建统筹力。在街道社区自治办、社区党建办、建管中心等职能部门指导和帮助下,在小区业委会中成立党的工作小组,同时积极探索和打造红色物业。通过把党组织有效嵌入业委会和物业公司,切实强化社区基层党组织的领导核心作用。

（二）多方协力,在制度保障上创先,由"单打独斗"变"协同作战"

探索居委会与业委会成员的交叉任职机制,以居民区联席会议和居民协商工作坊制度为保障,不断提升社区管理服务,使民生"小事"走上"大"台面,及时有效解决群众的急难愁问题。一是交叉任职,实现力量共融。由居民区"两委"委员兼职业委会成员,实行交叉任职,从而在日常工作中实现有效对接,精准发力。同时,通过党组织的全覆盖,不仅对居委会党建工作和居民服务工作提供了良好的组织保障,也实现了资源共享与力量共用。二是构建平台,深化协商议事。每季度召集小区三位一体商讨物业达标考评及季度工作完成情况。对社区管理难点、居民群众切身利益的问题,定期召开会议研究协商。引入专业的社会组织共同参与,对居民十分关注的房屋维修基金使用和公共收益问题,建立规范的管理使用制度,对每一笔资金使用进行追踪确认,确保业委会、物业科学高效规范运作。

（三）顺势而为，在平台载体上创先，由"低挡前进"变"高挡提速"

通过以"大"化"小"、化"小"为"无"，逐步解决居民所愁难解事。一是以组团式联系服务群众提升沟通效能。结合原有联系服务群众机制，制定了组团式联系服务群众方案，并按块区划分责任楼道，对所负责的居民家庭定期走访，了解民情。建立"1530民生传达室"，搭建居民群众与物业、业委会的沟通平台，提升社区急难愁问题的反馈及解决效能，推动小区"无违创建"、平改坡、美丽家园建设等工程项目一一落实，实现了从物业公司"无事不见面，见面无好事"到"事先多沟通，遇事多协商，难事共解决"的转变。二是以党员志愿服务机制提升管理效能。结合居民区党建服务站点建设，以党建项目为抓手，依托党员志愿服务机制，组建以党组织为主、"三驾马车"为辅的层级服务体系，持续深化社区"大管理"机制，提升管理效能。

三、工作成效

通过党建引领"三驾马车"齐驱并进、相互协作，不仅实现了管理"全覆盖"、民需"全响应"，也让各项服务真正实现了"零距离"。

（一）创新小区党建模式，打通小区治理末梢

通过党组织的全覆盖，为居民区党建工作和居民服务工作提供了良好的组织保障，同时也实现了资源共享与力量共用。收集了各类意见、建议，引入了专业社会组织共同参与小区治理，建立规范的管理制度。2019—2021年，小区通过"三驾马车"齐心协力，共获得6个改造项目，投入项目资金5 000余万元，大大改善了小区的技防设施短缺、小区停车难、安全管理落后的现状，从根本上解决了困扰居民十多年的房屋渗水问题，居民的安全感、满意感指数直线上升。

（二）党建引领协商议事，激发居民自治热情

建立以党组织为核心的资源整合区域化党建工作模式，实现服务民生等方面的持续深化与优势互补。山鑫阳光城小区与临近的维多利亚广场（维多利亚B2区地块）原为一个整体，按原规划山鑫置业拟将两者整体开发，两块

区域共用一个垃圾中转站。故小区建设时，未考虑垃圾箱房等配套设施。因维多利亚 B2 区地块至今仍开未发，垃圾中转站的建设难以落地，居民生活垃圾清运受到严重影响，群众反响极大。通过居民协商工作坊平台，邀请了反对和支持的居民一起坐下来共同协商，通过多次沟通协商、改变建造方案，反对的居民终于让步妥协，同意建造垃圾房。在居民协商的过程中，让居民充分感受到居民区"三驾马车"为民服务的工作态度，充分理解居民区工作的难处，从而支持社区建设工作。

（三）依托党员志愿服务，推进社区治理转型

居民区党总支一方面积极挖掘小区内部资源，寻找党员志愿者，成立专业的志愿服务组织，另一方面针对不同年龄层次居民的需求，开设了亲子阅读班、书画班、烘焙班、舞蹈班、手工坊等各类兴趣班。其中，社区特色项目如"阳光妈妈"公益互助社、"阳光烘焙坊""1530 民声传达室"等党建特色项目在自我管理、自我服务中为维护社区和谐发挥了积极作用。"阳光妈妈"公益互助社每年参与公益义卖 5—6 次，共筹善款 3 万余元，主要用于节庆走访弱势群体、制作手工月饼送给孤寡老人等，做到取之于民、用之于民。"1530 民生传达室"的微信群内，一旦小区里出现护栏坏了、路灯不亮、车窗未关等情况，居民通过手机发送一条微信就有居委、业委会和物业公司出来对接。居民足不出户就可以自己管理自己的事情，实现了社区治理的转型升级。

四、创新启示

山鑫居民区围绕关于"创新社会治理，加强基层建设"的相关要求，积极探索居委会、业委会、物业公司"三驾马车"协同治理社区工作机制，坚持强化社区共治"1+3+X"管理模式，发挥好资源共享、优势互补、协调联动的作用，不断破解社区治理难题，持续提升社区治理效能，切实提高了辖区居民群众的获得感、幸福感、满足感，开创了社区治理的新局面。

第十八章
高新区:"德治"培育
社会治理内生动力

第一节 以"德治园区"建设释放文明引领力

一、案例背景

上海湾区高新技术产业开发区前身为上海金山工业区,是市级九大工业区之一,历经发展与创新,形成了22.8平方千米高新技术产业集聚的现代化产业园和20.4平方千米人文荟萃美丽宜居的居民社区产城融合一体化发展新局面。辖区范围内原来的大量村民变为居民,但思想意识、生活习惯却没有一起转变,社区"里与面"的不和谐显现;"新园区人"助推了园区发展,但比例倒挂、归属感不强、价值观多元化也为精细化社会治理增加了难度。面对这些碎片化、分散化、矛盾化的治理难题,高新区深化创新党建引领下"四治一体"基层社会治理体系创新转型工作,探索打造"德治园区",为加快推进市域社会治理现代化德治善治打下坚实基础,推动社会治理行稳致远。

二、主要做法

以"党建+德治"的形式倡导以德润身、以德治家,积极挖掘培育富有地方特色和时代精神的新道德文化,以人文素养涵养社区精神、提升社区品质,以良好德治沁润社会文明风尚。

(一)以学促德,强化典型引领

坚持把崇德向善作为引领,传承上海市(第一批)红色资源名录"新街暴动"红色基因,深入挖掘红色文化,培育富有地方特色和时代精神的新道德风尚,让红色基因和种子激励一代代后人不忘初心,砥砺前行。发扬榜样力量,将辖区内近几年培育的先进人物、先进事迹整理编撰成《榜样的力量》一书,讲好身边人身边事,诠释社会公德、职业道德、家庭美德、个人品德的风采。通过"鑫社区"微信公众号平台、新闻专栏等推送身边的榜样系列文章,不断彰显道德模范的示范引领作用,让居民群众学有榜样、行有示范,激励更多人向上向善向美。

(二)以文养德,深化实践培育

坚持文化引领厚培德治文化,深化群众性精神文明创建活动,充分利用上海市见义勇为纪念广场、朱行中学德治培育基地、市民文化礼堂、新时代文明实践站点等活动阵地的宣传教育优势,将党史宣讲、文明实践、科普教育、家风传承、典型引领进行整合宣传,突出百姓讲、百姓演、百姓听,形成"文化+"的效应。探索将德治、德育元素融入非遗文化"朱行染缬""金山渔秧",带入社区、校园、乡村,推动"最后一公里"文化工作更富实效。

(三)以评树德,提升全民素养

广泛推进社会公德、职业道德、家庭美德和个人品德建设,树立"朱行榜样"品牌的影响力和引领力,开展身边好人、最美家庭、最美党员志愿者、五个十佳(十佳村居民、十佳新园区人、十佳员工、十佳志愿者、十佳组长)等群众性模范以及文明村居、文明单位、文明家庭创建等评选表彰、评先争优活动,把群众身边"看得见、摸得着、信得过、学得来"的先进典型推选出来,通过身边典型的学习宣传活动,以点带面辐射周边群众,引导群众讲道德、守道德,提升群众素养,厚植道德底蕴,推动形成文明乡风、良好家风、淳朴民风。

(四)以规立德,滋养文明乡风

坚持教育引导、实践养成、制度保障三管齐下,建立"村规民约+德治+信用"新模式,将传承优秀文化、弘扬传统美德纳入村规民约。集思广益共同制定程序规范、认可度高、有较强约束力的村规民约、居民公约。开展星级户评选,对好人好事、善行义举大力宣传,量化"文明积分"进行评先奖优;对不文明、不道德现象等,通过扣除积分、减星等方式促使及时纠正改进,激发村民主动参与乡风文明建设的内生动力。

三、工作成效

（一）"好人文化"不断放大效应

近年来高新区好人扎堆，榜样云集，有中国好人5人、全国文明家庭1户、全国劳动模范1人、金山好人50余人、朱行榜样600余人。他们用实际行动播撒文明的种子，"好人文化"效应不断放大。"衡晓慧"造血干细胞志愿服务团队、"朱行榜样"项目建设成果斐然，崇德尚善、见贤思齐在高新区大地上渐成风尚。"朱行榜样"特色项目自2019年年底实施以来，通过组织开展征文比赛活动，挖掘和传递朱行居民区涌现出的一大批先进人物和事例，以"全国向上向善好青年"吴衡、"全国文明家庭获得者"马欢花为代表，在居民区内形成一张张靓丽的名片。在"衡晓慧"造血干细胞志愿服务团队马晓燕、朱慧、吴衡的宣传引领下，高新区的造血干细胞捐献工作目前已有500余名志愿者入库登记，2021年"80后"张琦、顾峰新成功捐献造血干细胞，给患者带去新生的希望。张琦更是在捐献造血干细胞后没多久，就直奔郑州参加抢险。2022年"3·5学雷锋"志愿服务活动的现场，他们5人一起让"好人文化"在高新区散发无穷光芒。

（二）"德治精神"不断弘扬传承

上海市见义勇为纪念广场建成开放以来，全市1 200余名见义勇为英雄的先进事迹、金山好人的优秀事迹，让上海市见义勇为纪念广场成了最生动、最鲜活的德治教育平台。"我们的节日""缅怀先烈 不忘初心"等主题活动一一举办，让本地居民和参观者在健身或参与活动的同时，感受到好人文化和见义勇为的精神。朱行中学"德治园区——文化培育基地"从课程文化、家校协同、德育实践方面加大推进学校道德建设，制定"三爱"育人目标，帮助学生系好人生的第一颗纽扣。1个市民文化礼堂、17个百姓舞台、76个新时代文明实践站点让"5分钟，志愿服务到你身边"不再是一句口号，"一村居一台戏"、每月100余场主题鲜明、内容丰富的学习、演出、实践活动成为改变社区居民精神面貌的助推器。截至2022年，社区共有注册志愿者12 115人，累计开展各类志愿服务活动5 525项，服务时长742 752.5小时，受益群众达到

105 249人次,成功入选2021年度全国学雷锋志愿者服务"四个100"先进典型"最美志愿服务社区"。

（三）"道德涵育"不断培优树标

累计创建区级及以上文明小区、文明村、文明单位62个。每年度评选园区十佳村居民、十佳新园人、十佳员工、十佳志愿者、十佳组长"五个十佳"，发扬高新区人文礼尚、互助参与共享的社区面貌。"好家训、好家风、好家教"家文化的氛围日渐浓厚。2020—2022年,1户家庭获评"全国文明家庭"、1户家庭获评"上海市文明家庭"、3户家庭获评"海上最美家庭"、6户家庭获评"金山区文明家庭"、21户家庭获评"金山区最美家庭"。保卫村金家埭获评"金山区美丽埭示范埭"。以"全国文明家庭"马欢花家庭为代表,一家夫妻档、三代人都是热心志愿者的,比比皆是,形成了小家带动大家、学习美践行美的和谐社会氛围。

（四）"四治一体"不断行稳致远

"村规民约+德治+信用"模式助力了社区事务自治、社区管理共治、社区文明德治、社区秩序法治"四治一体"社会治理目标的实现。在高新区,各村居积极回应发展要求,制定修订了包括土地管理、新村民守则、农房修建、违建整治、环境卫生等在内的村规民约,设置"红黑榜"、建立"评分体系"跟踪问效机制让村规民约更显"小宪法"威力,为"四治一体"工作提供了有效载体。近3年,高新区在乡村振兴示范村建设、美丽乡村建设过程中创新捆绑式推进工作机制,将以户为单位创建模式变成整条埭一起创建的形式,带动整体创建成果的提升。2021年高楼村成功创建"上海市第三批乡村振兴示范村"、2022年高楼村荣获"上海市乡村振兴先进集体"荣誉称号、2022年欢兴村获评"上海市美丽乡村示范村"。

四、创新启示

社会治理现代化既要塑形,也要铸魂,高新区坚持"促养树立"唤醒德治新气象,形成了良好社会风气,促进全社会正气充盈,在全社会形成崇德向善向上的浓厚氛围,有效推动德治长效化。

（一）坚持党建引领社会治理格局

提升基层治理能力和治理水平现代化，任何时候都要坚持党建引领。在高新区已有党群服务站点近百家，要以此为主阵地，通过"党建+服务"上下联动、集结力量，做到"管理全兜底、服务无空白"。推行"亮身份、亮承诺、亮职责、亮实绩、亮结果，争做优秀党员""五亮一争"常态化建设，使队伍的组成更多元，配置更优，特色更突出。不断增强基层党组织的引领力、组织力、号召力，打造共建共治共享的社会治理新格局。

（二）打造崇德向善良好社会氛围

发挥"德治"以文化人、成风化俗的教化作用，探索出一条可复制、可借鉴的"好人文化"精神文明建设与基层社会治理的新路径，着力打造一批充满活力、和谐有序的善治村居。把握道德养成规律，创新教育引导手段，夯实"好人文化"的社会认同，构建"好人文化"的制度生态，让好人建设人人参与，提升全民道德素质和社会文明程度。基础是知，关键是行，要充分挖掘和弘扬"新街暴动"中优秀的基因，用好德育基地、深化创建活动，运用丰富的载体让广大群众在点滴善举中涵养文明新风、道德建设水平全面提升，共护辖区平安。

第二节　高楼村"三个注重"提升矛盾纠纷预防化解"法含量"

一、案例背景

乡村处于国家治理体系的最基层，是社会的终端和末梢，乡村既是产生利益冲突和引发社会矛盾的重要源头，也是协调利益关系和化解社会矛盾的关键环节。乡村振兴，治理有效是基础和根基。上海市金山区高楼村紧邻高新区园区，区域面积大、外来人员多、过村车流量大，矛盾纠纷易发频发。近年来，高楼村在司法所指导下，坚持"前端依法治理、中端排查预警、后端多元解纷"的工作思路，不断优化社会矛盾预防和多元化解机制，健全共建共治共享的社会治理格局,构建起矛盾纠纷预防分流化解的工作链条。

二、案例内容

（一）注重依法治理,推动矛盾纠纷预防在前

普法依法治理是乡村振兴的基础性工程,加强法治宣传教育,树立全民法治信仰,是推动群众运用法治思维和法治方式处理矛盾纠纷的固本良策。

一是建立"治理共同体",提升法治队伍"战斗力"。高楼村充分发挥"法律明白人""法治带头人"的作用,结合乡村振兴、疫情防控等重点工作,宣传《民法典》等群众密切相关的法律法规知识,逐渐成为村民的"法治参谋"。与亭林法庭结对,邀请法官走村入户,开展"宅基上的小法庭"活动,有效提升村民的法治意识。注重发挥榜样的力量,大力宣传中国好人、中国优秀青年志愿者张琦等优秀事迹,引导村民崇法向善、循法而行。疫情期间,高楼村组织"法律明白人""法治带头人"加强法治宣传,让各类"假团长""假亲戚""假理财"无处遁形。

二是完善村规民约,找准依法治理"公约数"。面对乡村振兴建设中的新变化新情况,积极回应发展要求、与时俱进丰富修订村规民约。新修订的村规民约包含土地管理、农房修建、违建整治、环境卫生等,相关内容与村民的日常生活息息相关,针对性、可操作性强,村规民约遵守情况还与村级福利挂钩。同时,"红黑榜"让村规民约更显威力,对于遵守村规民约的村民,纳入村民光荣档案,作为入党、参军、帮困、推优表彰等依据,这份日臻完善的村规民约已逐渐成为村民心中的共识,得到大家的自发认可、自觉遵守。如对"美丽乡村—幸福家园"示范户及待创未创的农户分别在大型宣传栏内进行"晾晒",达到了良好的示范效果。在此基础上,高楼村推动各村民小组制定宅基公约,根据每个宅基的不同特点,因地制宜明确宅基行为规范,村民的规则意识不断增强。

三是加强新村民管理,构建人居和谐"助推器"。高楼村本地常住人口约1900人,而外来务工人员近2500人,大量外来人员涌入带来了群租、违法搭建、环境卫生等社会治理难题。充分发挥新村民在村务管理中的积极作用,

推动新村民积极参与社区建设、精神文明、群文活动等,搭建平台鼓励他们在村级事务管理中建言献策。同时,强化房东"第一责任人"职责,以制度管人,制定统一模板的"租房公约",明确权利义务,交村委会备案,作为办理相关事务的凭证,极大提升了管理的有效性。

(二)注重排查预警,推动矛盾纠纷发现在早

提高预防主动性、科学性,有助于把矛盾纠纷消除在源头、解决在基层、化解在萌芽状态,有效实现排查预警在化解矛盾纠纷中的第一道防线作用。

一是加强网格治理,编密矛盾排查"防火网"。高楼村将全村划为六个网格,六名班子成员担任网格长,每个网格组建一支由"法律明白人""法治带头人"、村民组长、党员代表、乡贤能人组成的骨干队伍,根据工作内容落实专人负责,并将网格细化延伸到宅基埭头,物色群众基础较好、思想觉悟高的村民为埭长,激发村民自治的源生动力。发挥网格化管理"啄木鸟"的监督作用,开展基层巡查发现、信息采集、共治自治等基础性工作,切实履行"应发现、尽发现"的工作职能。特别在疫情防控中,网格化管理发挥了巨大的作用,人员排摸、核酸筛查、道口管控等重点工作,都是由各网格自行完成,网格与网格之间相对独立,又相互串联,形成环环紧扣的防护网。

二是推动民事民议,画出乡村治理"同心圆"。高楼村利用村里的闲置房屋作为"宅基议事厅",作为发现问题、讨论议题的平台。涉及全村经济、社会发展、公共事务和公益事业的重大项目,事关村民切身利益的重大问题都可以在"宅基议事厅"内商议,真正做到民事民议、民事民决。这种以党小组长为召集人,拉家常、谈埭事的"宅基议事"形式,得到了老百姓的一致认同。在"未来岛"项目建设中,征地范围内村民的生活保障问题迟迟未解决,高楼村通过民事民议的方式,最终在村法律顾问和司法所的见证下,确定了"参保"名单。同时,高楼村还根据不同人群分类施策,比如针对妇女群体,成立"知音姐妹议事堂",成为妇女群众献计献策、广开言路、增进感情的平台。

三是建立随访制度,把准民情民意"风向标"。建立健全规章制度,细化"随访"工作职责、任务分工、矛盾纠纷处置标准等规范,组建随访工作小组,由班子成员分片包干,定期走访。高楼村有低保困难家庭11户、残疾人90

人、空巢老人12人、重症患者10人，这些都是弱势群体，他们大多家人都不在身边。疫情期间，随访工作专班施行一电话一上门，随时掌握人员动态，确保调解和随访工作标准化、规范化、精细化。

（三）注重多元解纷，推动矛盾纠纷化解在小

建立多元化、立体化的纠纷化解体系，是推动矛盾纠纷实质性化解的必由之路，有利于提升基层社会治理法治化、规范化水平。

一是传承发展高楼经验，用足提升"工具箱"。随着经济社会的发展，乡村结构由原来"一元"向"多元"结构转变，人员也由先前的"熟人社会"向"陌生人社会"转变，给基层工作带来了不小的压力，而高楼村处于园区大开发大建设中心，由此也引发不少的矛盾纠纷，高楼村干部因势而变，趁势而上，发扬"贴上去""靠上去"的好做法，把矛盾化解机制前置，发扬"三个不关门""两个吃饭头里"（三个不关门，指村委会双休日不关门、老年活动室全年不关门、医务室中午不关门；两个吃饭头里，指利用早上、晚上老百姓吃饭时间走访入户）的高楼经验，充分发挥村调委会、法律明白人、乡贤、老干部的作用，主动上门入户，把矛盾化解于萌芽。

二是加强解纷阵地建设，守好种好"责任田"。不断强化公共法律服务室的矛盾化解功能，由法律专家"坐诊"，为村民答疑解惑，提供法律服务。2021年，共解答法律咨询32次，参与调解8起，修拟法律文书12份，签订调解协议书17份，办理法律诉讼和法律援助各1起。其中涌现出了一批典型案例，比如，在"乡村振兴为民综合服务中心项目"推进过程中，有两家企业合同到期后拒绝搬离，并索要搬迁补偿款，极大影响了工程进度，在沟通无果后，高楼村邀请法律顾问一起参与调解工作。通过多次释法明理，该纠纷得以圆满解决。在2022年疫情中，其中一家企业在得知村里防疫物资紧缺，还特地捐赠了一批消毒物资。

三是强化线上功能，跑出解纷"加速度"。畅通服务渠道，建立微信工作群，村工作人员变身"客服"，随时解答村民问题，做到有求助必回应，在2022年疫情中，因封控时间过长，村民没做好充分的准备，导致物资缺乏，经常在群里发牢骚，有的还带有负面情绪，工作人员第一时间予以回应，耐心疏导解释，取得村民的理解，避免发生群体性的舆情事件。同时开通24小时服务热线，

应急处置突发事件。

三、绩效评价

近年来,高楼村坚持探索矛盾前端预防和多元化解,实现了两个下降:一是信访率下降,多年未发生去市、去区的集访事件,真正做到了"小事不出组,大事不出村,矛盾不上交"。二是发案率逐年下降,从2019年6起、2020年2起,到2021年0起,成功创建"零发案"社区。近年来,高楼村先后荣评"上海市乡村振兴示范村""上海市乡村振兴先进集体""上海市民主法治示范村""上海市实有人口管理星级居村委""金山区示范性公共法律服务工作室""金山区平安小区""金山区反邪教优秀小区"等。

四、创新启示

法者,治之端也。高楼村在建设法治乡村的过程中,一是尊重乡村特点,突出一个"实"字。根据村域特点因地制宜开展依法治理,采取适合村民"口味"的方式,把抽象的法律变成深入浅出、通俗易懂的群众性语言渗透到千家万户。二是注重整合资源,突出一个"聚"字。积极搭建各类平台,整合培育"法律明白人""法治带头人"等专业力量和"新村民"等社会力量,形成了矛盾纠纷预防化解的强大合力。三是立足群众需求,突出一个"准"字。做细排查预警网格,做实公共法律服务,做深民主协商议事,用心用情用力解决好人民群众在法治领域的急难愁盼问题。

第三节 恒康居民区以"网格·家"织就精细化治理小区

一、案例背景

恒康居民区是高新区开发建设进程中形成的农民动迁安置基地,区域面积10.38万平方米,总户数1 582户、4 545人,居民来自高新区9个行政村和全国各省市,其中租户、来沪人员1 800多人。存在"五多",即老人多、重大病者多、无镇保户多、出租户多和来沪人员多,居民区人口结构复杂,流动量大,特别是在综治稳定、社区服务、疫情防控等方面,存在"难管理、服务难"问题。近年来,恒康居民区深化恒康"家文化"党建品牌建设①,在居民区9个网格基础上,建立"网格·家"社区治理模式,把社区治理触角细化到网格管理神经末梢,同时创新网格工作机制和方法,形成了"以人为本,人人参与"的精细化治理小区。

二、案例内容

（一）完善"网格·家"组织架构,打好精细化治理基础

恒康居民区围绕社区精细化社区治理,坚持人民至上理念,创新提出"网格·家"社区治理模式,在"四网合一"社区网格化管理基础上,进一步延伸细化管理神经末梢,把社区治理触角细化到楼道、家庭和家庭成员。

一是完善网格组织架构。延伸细化网格管理组织建设,细化"网格·家"社区治理组织架构。在居民区9个网格原有网格长、指导员基础上,设立34个网格楼宇长,以"五个之家"成员为主体,在93个楼道设立93个网格员,每个网格员负责管理一个楼道,联系楼道每个家庭。

二是建立网格管理机制。网格员每天早、晚6:30开展一小时网格巡查服务,了解楼道"人地事物情",及时向网格长反映收集和处理的情况。按照家庭、楼道、网格、居委会四级管理组织架构实现居民区管理信息的上报。

三是健全网格考核机制。根据上海市民公约、恒康居民公约、恒康防火公约、物业管理有关规定成立"网格·家"考核办法,由网格、物业公司、居委会根据考核办法,对楼道和家庭"人地事物情"进行家庭、楼道、网格季度考核,作为恒康网格年度"十个之星"评比和绩效考核的依据。

（二）创新"网格·家"工作方法,打通精细化治理路径

恒康居民区完善"网格·家"社区治理新模式的工作方法:一是"小圆桌

---

① 家文化,是恒康党建品牌,是以崇尚"好家规"、倡导"好家风"、培育"好家庭"为主题的德治社区模式。通过建立"五个之家"(先锋、军徽、巾帼、银发、青年五个家)开展社区自我管理、自我服务,拥有近300名家成员和志愿者,分布在每个楼道,是恒康居民区社区自治的重要力量。

议事"打通治理通道。通过"小圆桌议事"平台,建立"网格·家"社区治理议事机制。依托家文化凉亭、楼道、一张流动"小圆桌",开展楼道、楼宇、网格议事,居委会、物业、业委会参与网格一月一议。通过规范议事流程,建立"网格·家"社区治理决策制度,按照四级管理组织架构收集居民区需求信息,实现问题责任"定网格、定楼道、定家庭",让楼道治理难点、居民需求做到简单问题立查立改见实效,难点问题商议处理方案及时上报居委会。

二是"文明诚信"家庭评比建立治理抓手。为更好地发挥家庭在传承文明、弘扬美德、促进社会和谐进步中的重要基础作用,居民区组织开展"文明诚信家庭"评选活动,由网格、物业公司、居委会根据"网格·家"文明诚信家庭考核办法和评分标准对每户家庭进行"文明诚信"考核。"家庭文明诚信户"评选结果以"红、黄、绿"三色进行公示,作为推动"网格·家"治理模式的重要抓手。

三是"旅馆式"来沪人员管理提升治理效能。按照"网格·家"治理模式组织架构,由房东、网格长、网格员或威望较高的来沪人员作为出租房屋的服务员,协助网格员每月对出租房屋开展消防安全、平安文明创建等内容检查,实行"红、黄、绿"三色标准"旅馆式"考核,红色的房屋不准出租,限期整改,实现以房管人。

(三)强化"网格·家"科技水平,打造精细化服务平台

为推动市域社会治理现代化,恒康居民区不断完善"网格·家"社区治理科学化、智能化水平。

一是建设"网格·家"社区治理可视化管理系统。系统建立居民区家庭信息档案,依托文明诚信家庭评比窗口、来沪人员管理窗口,通过考核管理机制,实行家庭指标数据的采集输入,系统通过数据分析全面掌握网格管理情况。

二是建立科学化服务平台。依托"网格·家"社区治理可视化管理系统,居民通过平台服务窗口开展线上咨询、办事,线上开展人员流动信息登记、居民日常事务办理。居户人员信息变动居民直接可在手机上申报办理,系统实时反映居民区人员变动数据。

三是打造"三域服务"体系。居民区、社区、区域党建共建企业通过线上链接开展联动共建、资源共享,通过区域资源融入,参与居民区绿色社区、低碳社区、科普示范社区、老年友好社区创建和常态化防疫,打造社区版"山海协作"。

三、绩效评价

恒康居民区通过"网格·家"治理模式开展精细化社区治理和服务,解决社区难题,取得了一些工作成效,主要体现在:

(一)管理"科学化",社区管理效能不断提升

恒康居民区通过"网格·家"治理模式推动市域社会治理现代化,实现人人参与社区自治的良好氛围。在社区治理方面上下联动,处置有效,打通了网格精细化治理末梢,居民通过线上线下无时差参与深化全国文明城区创建、常态化疫情防控、防台防汛、安全环保、综治稳定等社区工作,成功创建"上海市平安示范小区""上海市文明小区""上海市老龄友好社区""上海市无疫小区"等特色社区。

(二)服务"精细化",群众满意度不断提高

恒康居民区通过"网格·家"治理模式开展精细化服务,各网格每月收集政策咨询、调解、民生等信息合计300多条,报送有效信息50多条。在2022年疫情封闭期间,居民区通过网格信息上报,及时按疫情防控特殊事件处理操作规程解决居民就医、丧事等20余起急难愁盼事。各类社区治理问题及时分流,有效处置,"12345"热线量同比2021年下降52%,信访量下降为0,诉讼量下降为0,群众满意度不断提高。

(三)资源"多域化",居民的获得感不断增强

通过"网格·家"治理平台建立的居民区"三域服务"体系,有效促进高新区社区共治。通过区域资源融入,居民区还打造了家文化长廊、凉亭等便民设施,实施建设集中充电桩、多层加装电梯、雨污水改造、房屋外墙维修等为民实事项目,居民的获得感不断增强。在全区疫情呈多点发生,社区防疫物资、生活物资急需情况下,辖区企业、结对单位"雪中送炭",纷纷捐赠,极大地丰富

第十八章　高新区:"德治"培育社会治理内生动力

了物资保障,安抚了群众情绪,增强了做好疫情防控的信心和底气。

四、创新启示

恒康居民区"网格·家"社区治理模式通过小区、街区精细化网格治理体系的改善,实现社区统领、区域共建、村居联动,部门和行业的互联互通、互补互动、有效融合的社区精细化治理共同体,提升了基层市域社会治理现代化水平,畅通融合了精细化社区治理渠道和资源共享,打通了社会治理神经末梢。

后　记

伴随着我国城市化发展的后半程，市域社会治理现代化作为国家治理体系和治理能力现代化的重要依托，必将成为新时代新征程社会治理创新的重要载体，在推动平安中国建设、促进高质量发展中发挥越来越重要的功能和作用。上海作为全国规模最大、经济最发达、社会结构最复杂的超大城市，近年来在全国市域社会治理现代化试点中积累了十分丰富的经验和亮点。现呈现于读者面前的这本书，是中共上海市金山区委政法委员会和上海社会科学院社会学研究所"新发展阶段超大城市治理创新研究"团队联合调研、共同编撰的成果，其中，第一部分总报告（第一章）由上海社会科学院社会学研究所陶希东研究员编撰；第二部分特色经验的第二、三、四章，由上海社会科学院社会学研究所夏江旗助理研究员编撰，第五、六、七章由同济大学社会学系张俊副教授编撰；第三部分基层案例的第八、十三、十五、十六、十八章由夏江旗编撰，第九、十、十二、十四、十七章由张俊编撰，第十一章由陶希东编撰。全书框架结构设计和统稿由陶希东完成。特别需要指出的是，在此成果的研究过程中，金山区委政法委、区相关职能部门、街镇（高新区）等机构提供了丰富翔实的第一手资料、生动案例和调研支持，这对书稿的梳理编撰提供了巨大帮助。在此向金山区相关部门的领导和基层工作者表达最崇高的敬意和最诚挚的感谢！还要感谢上海社会科学院社会学研究所给本书提供的部分出版资助。同时向参考了大量文献的作者们表示感谢！感谢上海社会科学院出版社熊艳编辑的辛勤编辑。

后记

  由于编者能力有限、规定研究时间有限,书中可能还存在很多不足和欠缺,有望在未来研究中进一步深化和创新,期待广大学术同仁和实务工作者与我们一起探讨,共谋市域社会治理现代化的核心要义和政策创意。

编 者

2023 年 3 月

图书在版编目(CIP)数据

上海城市治理报告.2022—2023：上海市域社会治理现代化的金山经验／陶希东主编.— 上海：上海社会科学院出版社，2023
ISBN 978-7-5520-4077-7

Ⅰ.①上… Ⅱ.①陶… Ⅲ.①城市管理—研究报告—上海—2022-2023 Ⅳ.①F299.275.1

中国国家版本馆 CIP 数据核字（2023）第 057142 号

上海城市治理报告（2022—2023）：上海市域社会治理现代化的金山经验

主　　编：	陶希东
责任编辑：	熊　艳
封面设计：	周清华
出版发行：	上海社会科学院出版社
	上海顺昌路 622 号　邮编 200025
	电话总机 021-63315947　销售热线 021-53063735
	http://www.sassp.cn　E-mail:sassp@sassp.cn
排　　版：	南京展望文化发展有限公司
印　　刷：	上海颛辉印刷厂有限公司
开　　本：	710 毫米×1010 毫米　1/16
印　　张：	17.5
字　　数：	260 千
版　　次：	2023 年 6 月第 1 版　2023 年 6 月第 1 次印刷

ISBN 978-7-5520-4077-7/F・727　　　　定价：98.00 元

版权所有　翻印必究